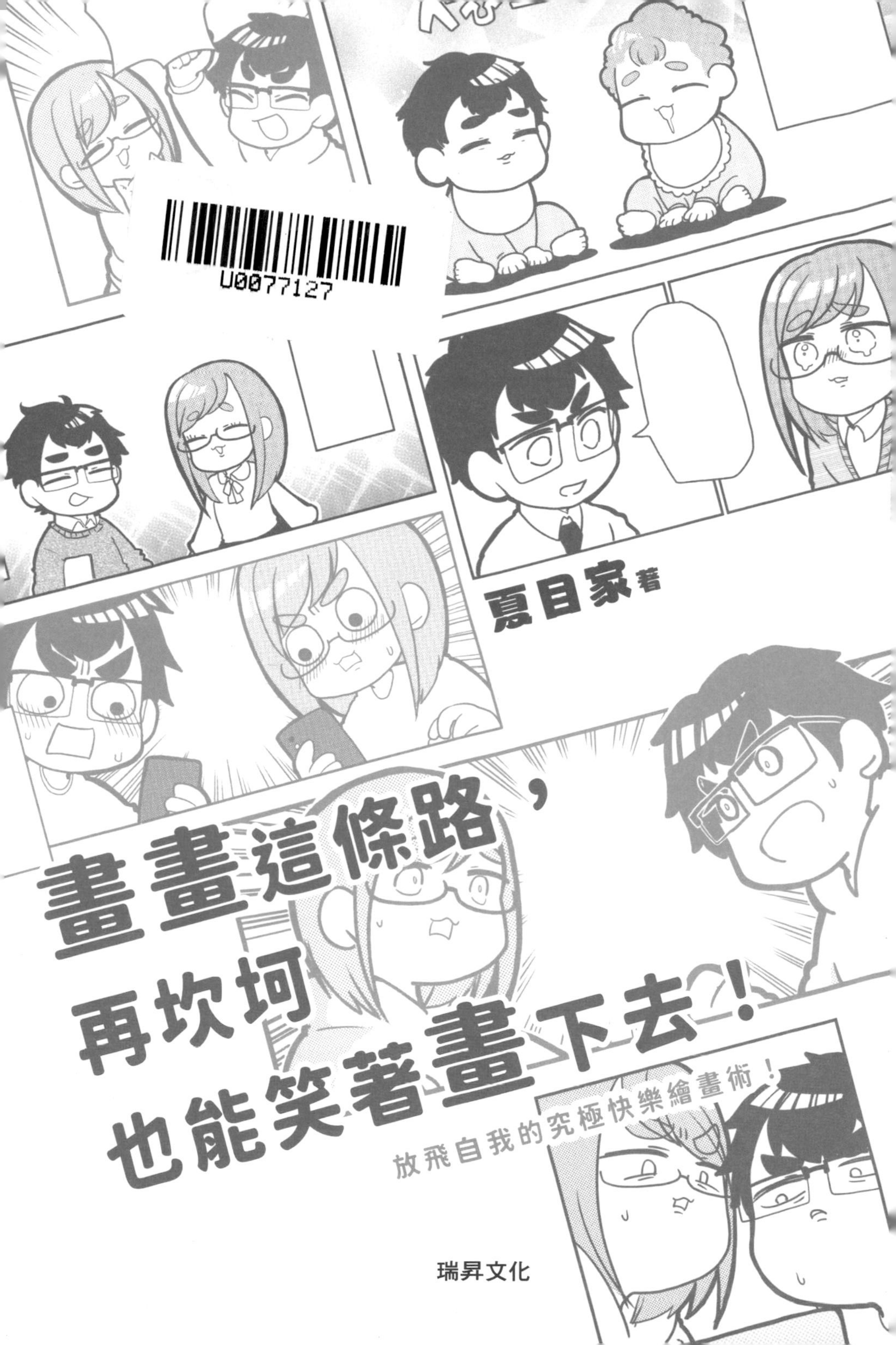

U0077127

畫畫這條路，再坎坷也能笑著畫下去！

放飛自我的究極快樂繪畫術！

夏目家 著

瑞昇文化

Contents

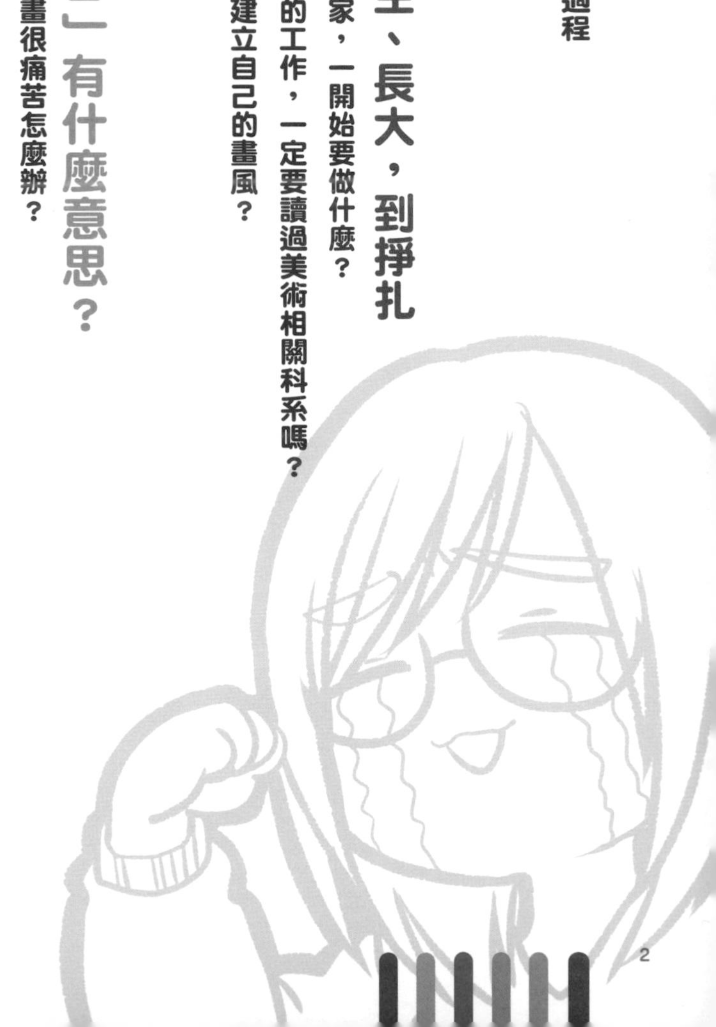

畫畫這條路，
再坎坷
也能笑著畫下去！

放飛自我的究極快樂繪畫術！

夏目家的插畫繪製過程

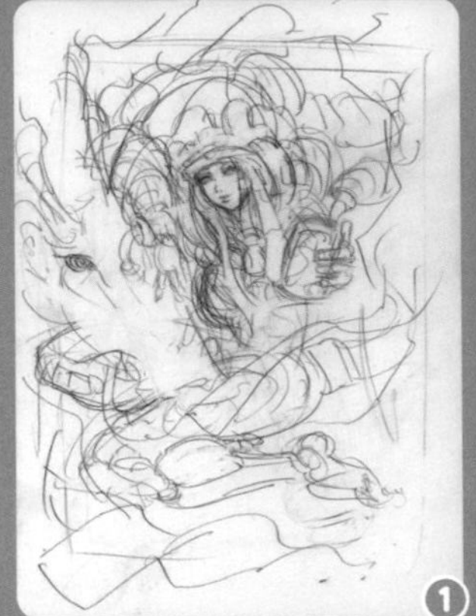

①

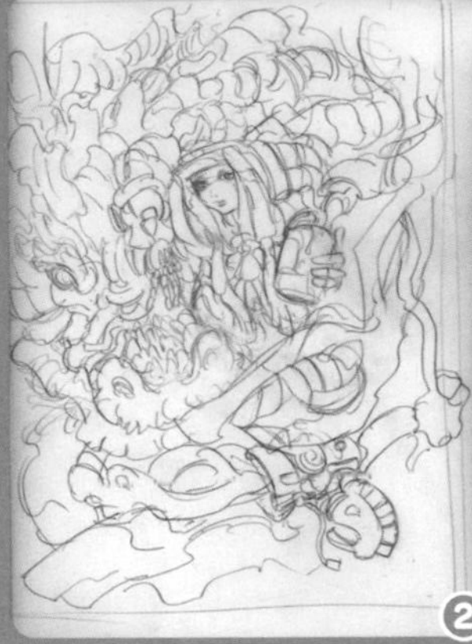

②

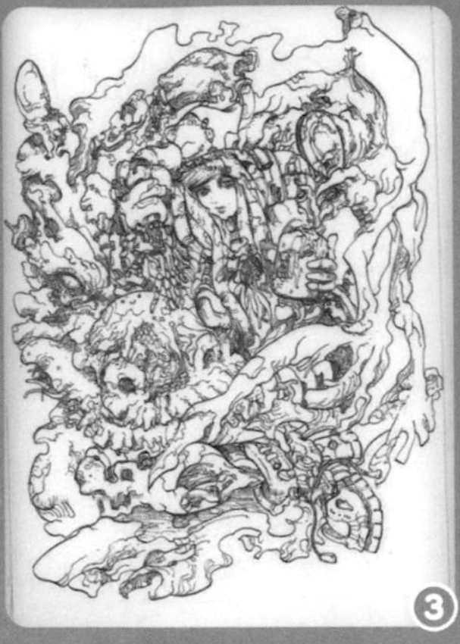

③

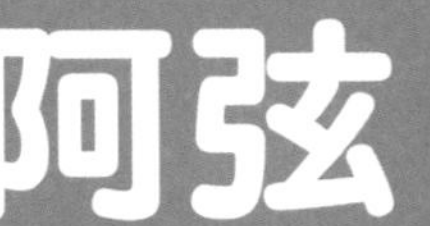

❶ 草稿
❷ 底稿
❸ 線稿
❹ 上色
❺ 完稿

④

⑤

紗耶

❶ 草稿　❷ 底稿
❸ 複寫稿　❹ 線稿
❺ 上色　❻ 完稿

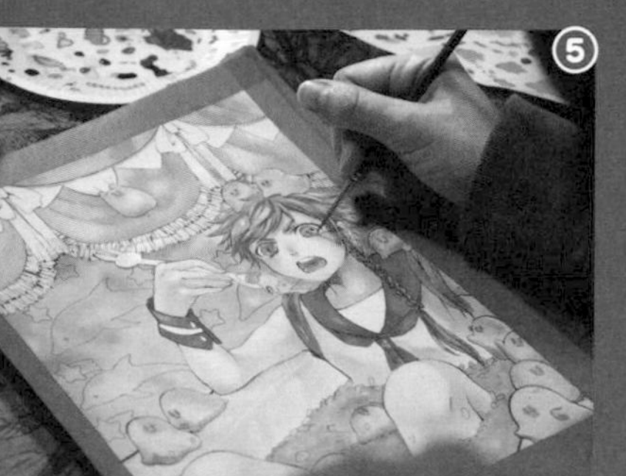
❺

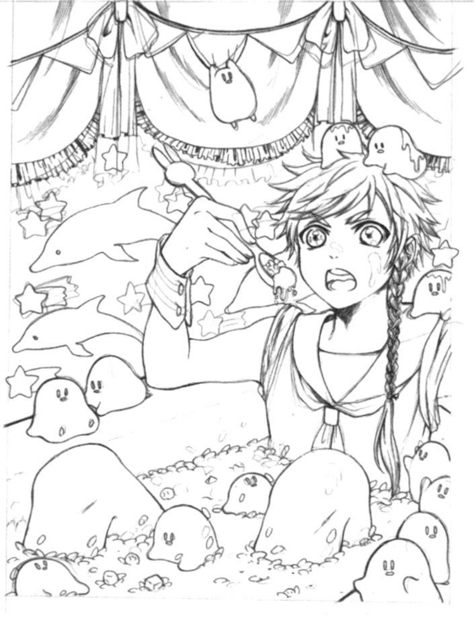
❹

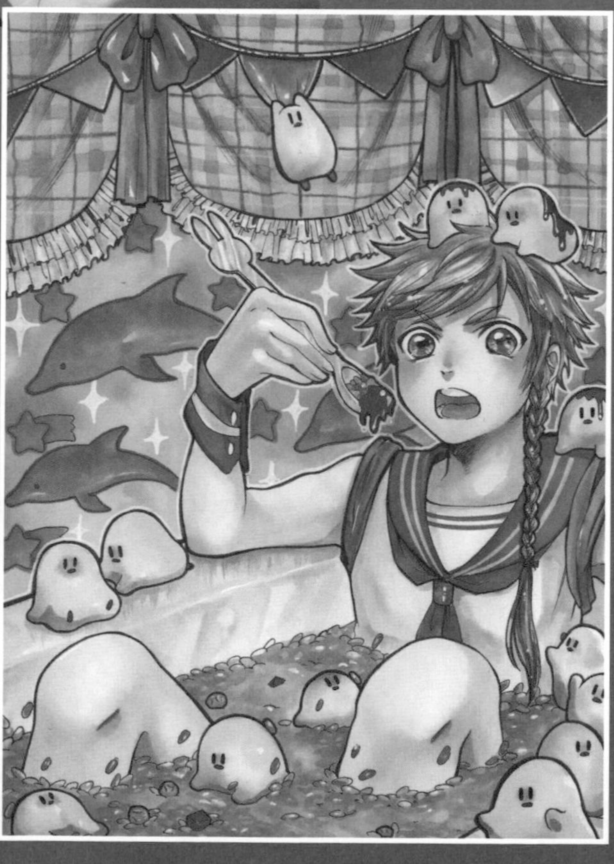
❻

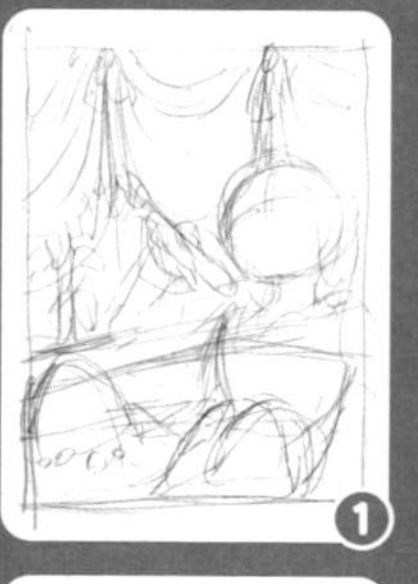
❶

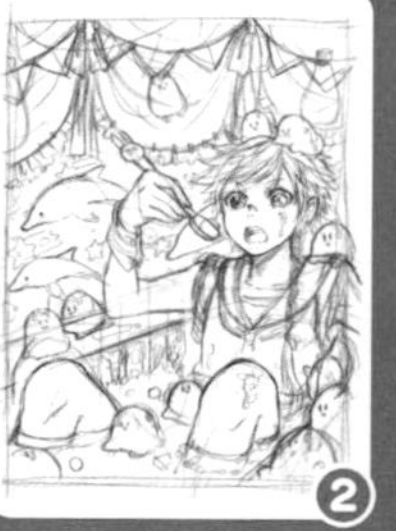
❷

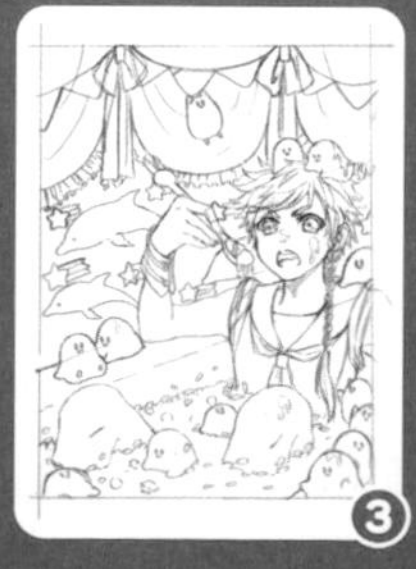
❸

繪畫型 YouTuber 夫妻

夏目家是什麼人？

夏目家是一對 YouTuber 夫妻檔，兩人過去都從事插畫、攝影、影像相關的工作，同時以新人漫畫家身分持續奮鬥。二〇一八年三月他們創立 YouTube 頻道「夏目家遊戲實況」，並上傳了第一支影片。

兩人一開始只做遊戲實況類的影片，二〇一九年開始發揮自身專長，上傳「畫畫影片」並獲得不錯的迴響，於是慢慢轉型成為繪畫型頻道。

他們天天上傳不同系列的繪畫影片，貫徹「享受畫畫」、「用畫畫搞笑」的精神。此外也曾上傳好幾部「繪畫講座」影片供開始嘗試畫畫的新手參考。

本作是兩夫妻第一次出書，也是他們的第一本「漫畫單行本」。

妻 SAYA 紗耶

- 1992 年 3 月 19 日出生 千葉縣人
- 擅長少年漫畫路線的爽朗畫風
- 性癖是「少年的膝頭」
- 負責耍寶
- 在夏目家中擔任失控的角色

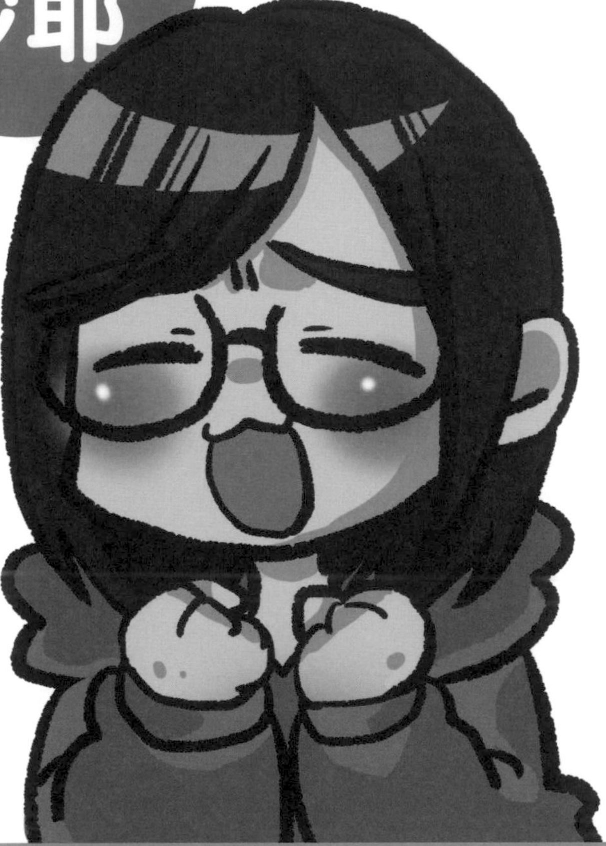

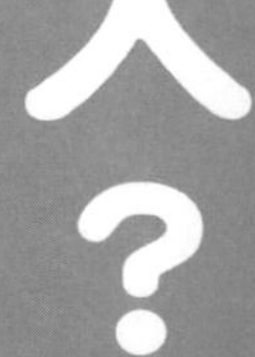

夫

GEN

阿弦

- 1991 年 9 月 15 日出生 千葉縣人
- 擅長類似法國漫畫（Bande dessinée）的冷硬畫風
- 性癖是「身上插著電線的女孩（陰沉表情）」
- 負責吐槽
- 在夏目家中擔任理智的角色

You Tube
「夏目家」系列頻道

夏目家	106 萬人
夏目家遊戲實況	36.2 萬人
夏目家塗鴉間	17.4 萬人
紗耶家【夏目家】	14.9 萬人

Twitter

夏目家	@natsume_sanchi
夏目家阿弦	@natsume_gen
夏目家紗耶	@natsume_hiyoko

Instagram
@natsume.sanchi

TikTok
@natsume_sanchi

You Tube
Twitter
Instagram
TikTok

（2023 年 2 月時的訂閱數）

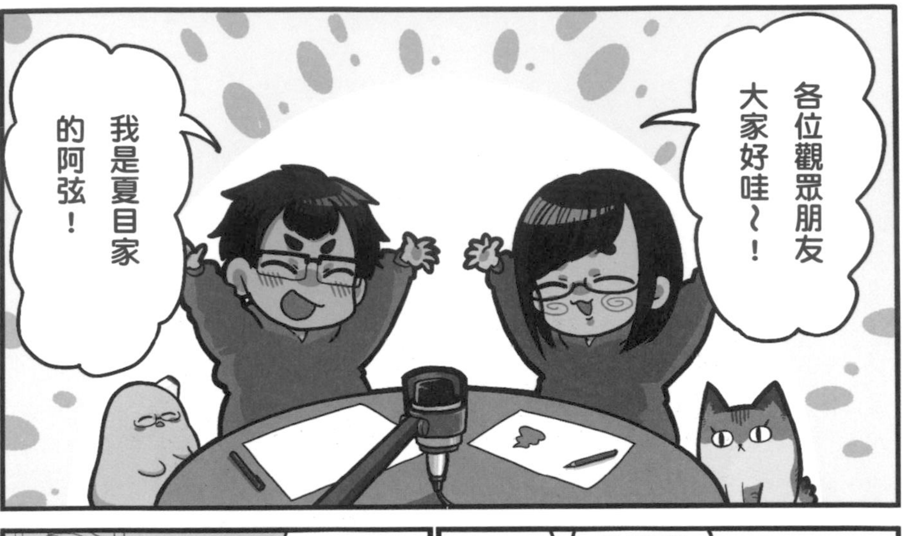
各位觀眾朋友大家好哇～！
我是夏目家的阿弦！

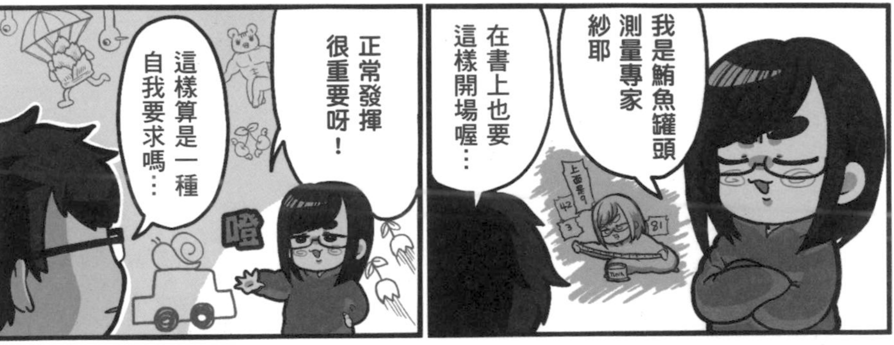
我是鮪魚罐頭測量專家紗耶
在書上也要這樣開場喔…
正常發揮很重要呀！
這樣算是一種自我要求嗎…
嗆

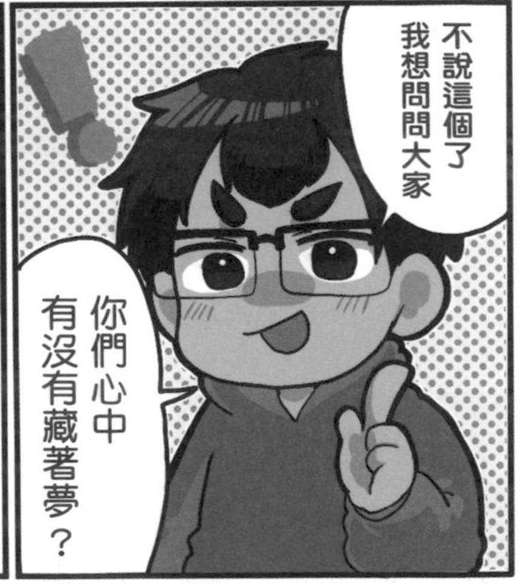
不說這個了我想問問大家
你們心中有沒有藏著夢？

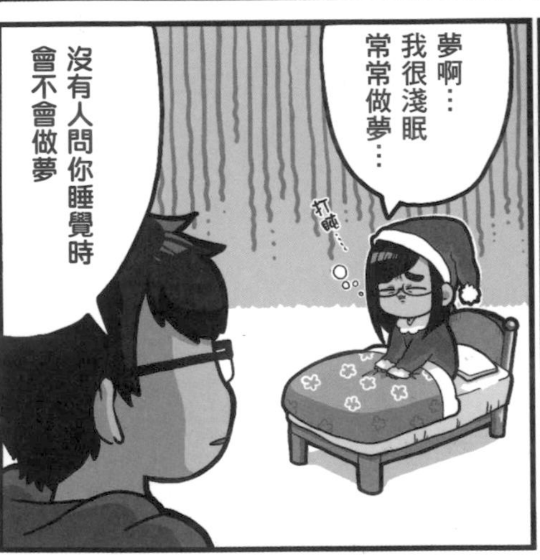
夢啊…我很淺眠常常做夢…
打睏…
沒有人問你睡覺時會不會做夢

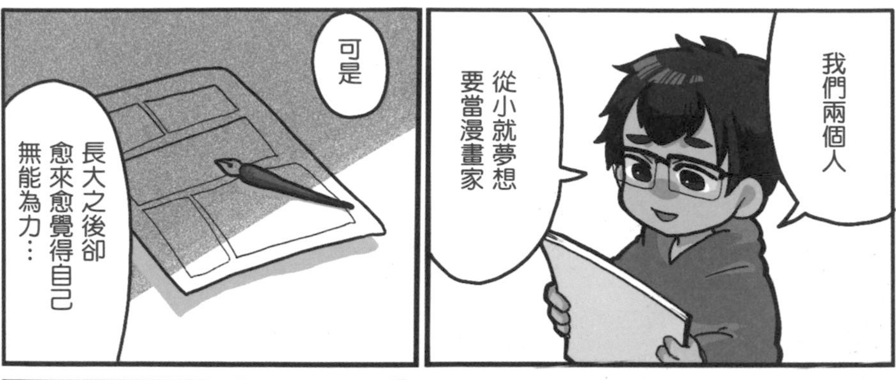
我們兩個人
從小就夢想
要當漫畫家
可是
長大之後卻
愈來愈覺得自己
無能為力…

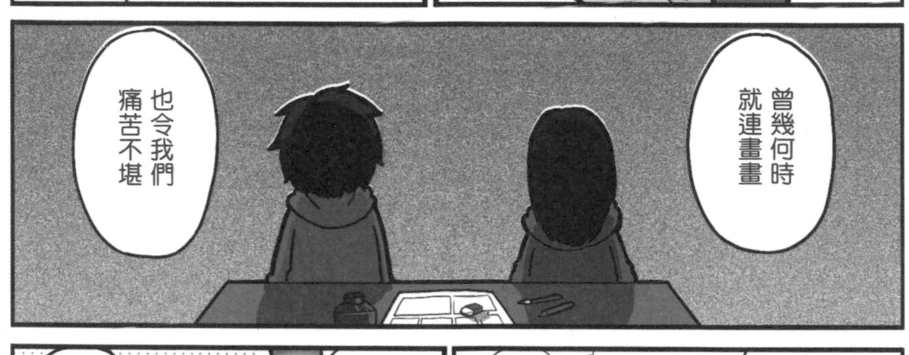
曾幾何時
就連畫畫
也令我們
痛苦不堪

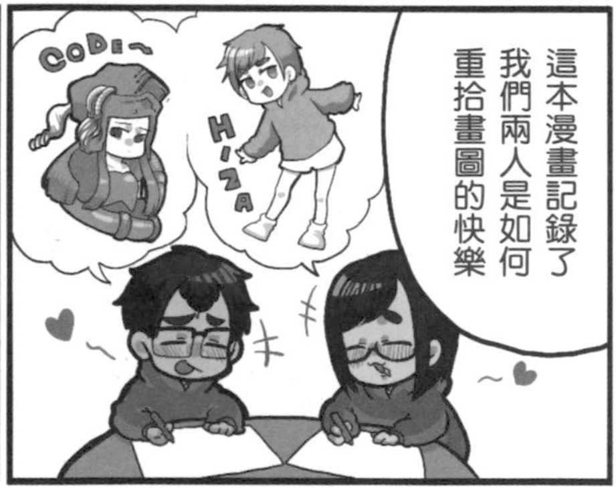
這本漫畫記錄了
我們兩人是如何
重拾畫圖的快樂
CODE~
HIZA

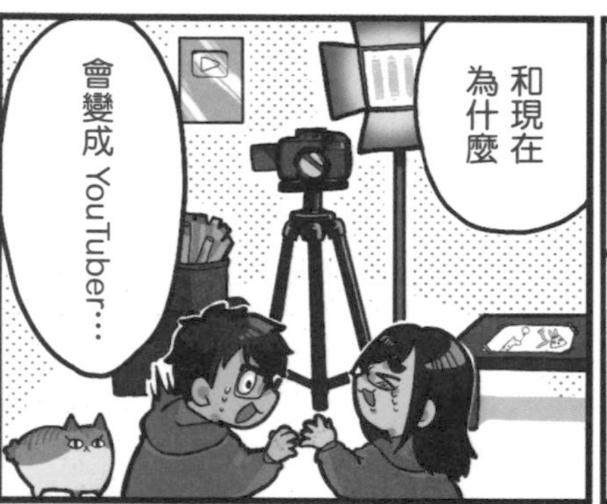
和現在
為什麼
會變成 YouTuber…

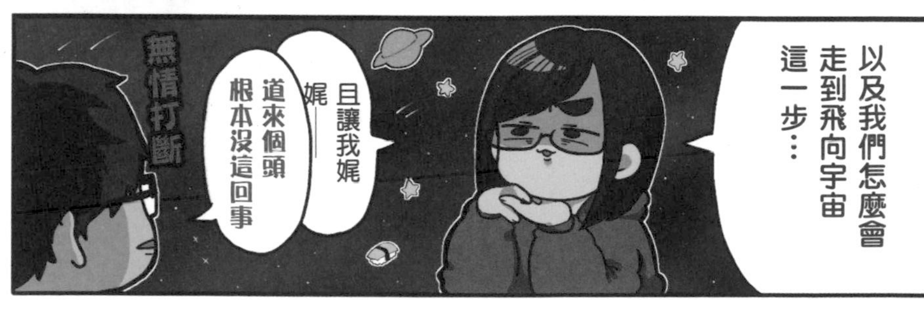
以及我們怎麼會
走到飛向宇宙
這一步…
且讓我娓
娓——
道來個頭
根本沒這回事
無情打斷

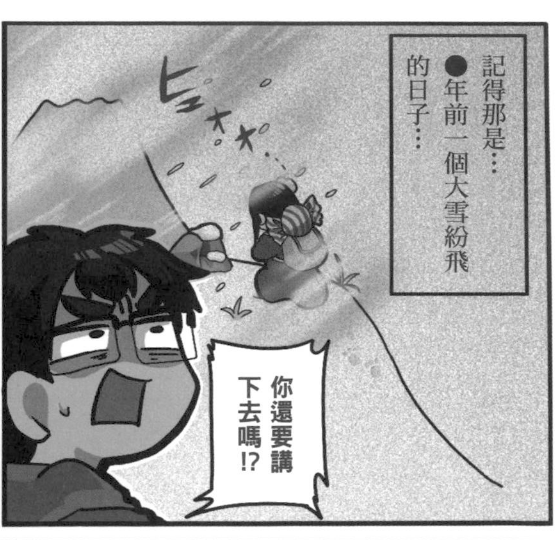
記得那是…●年前一個大雪紛飛的日子…
ヒュォォ…
你還要講下去嗎⁉

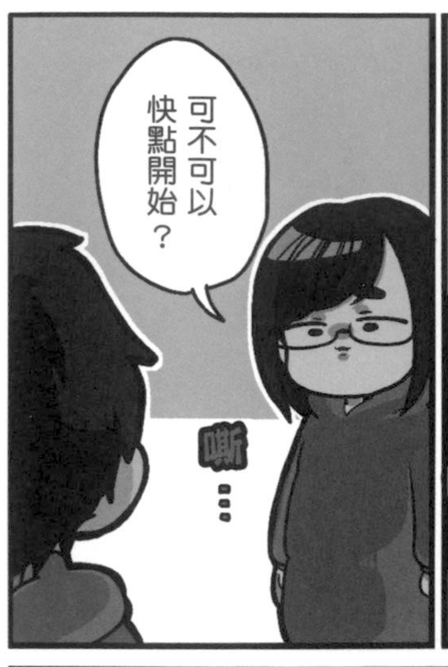
可不可以快點開始？
嘶…

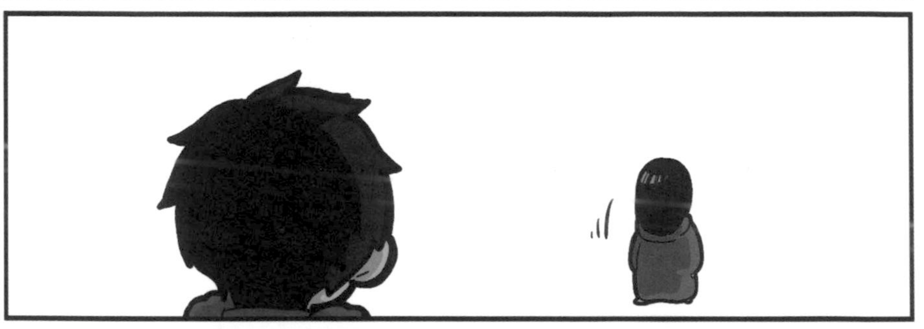

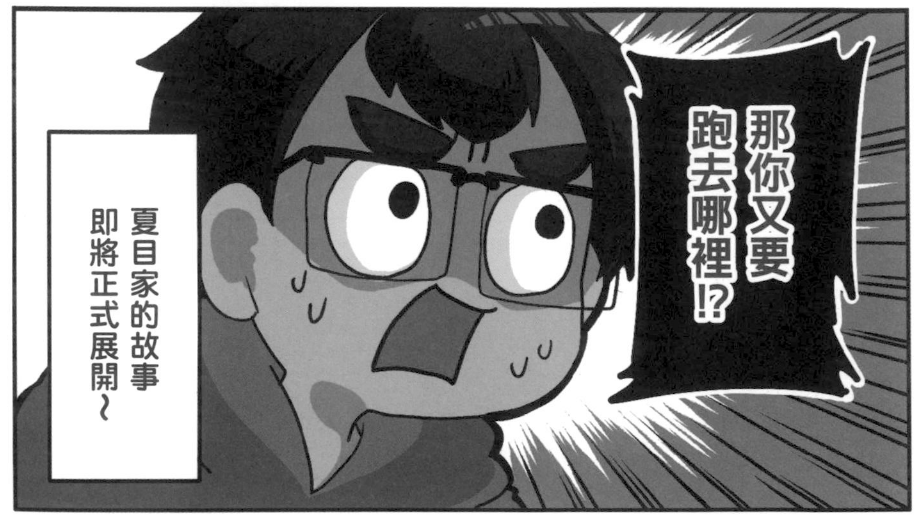
那你又要跑去哪裡⁉
夏目家的故事即將正式展開～

《第 1 章》

從出生、長大，到掙扎

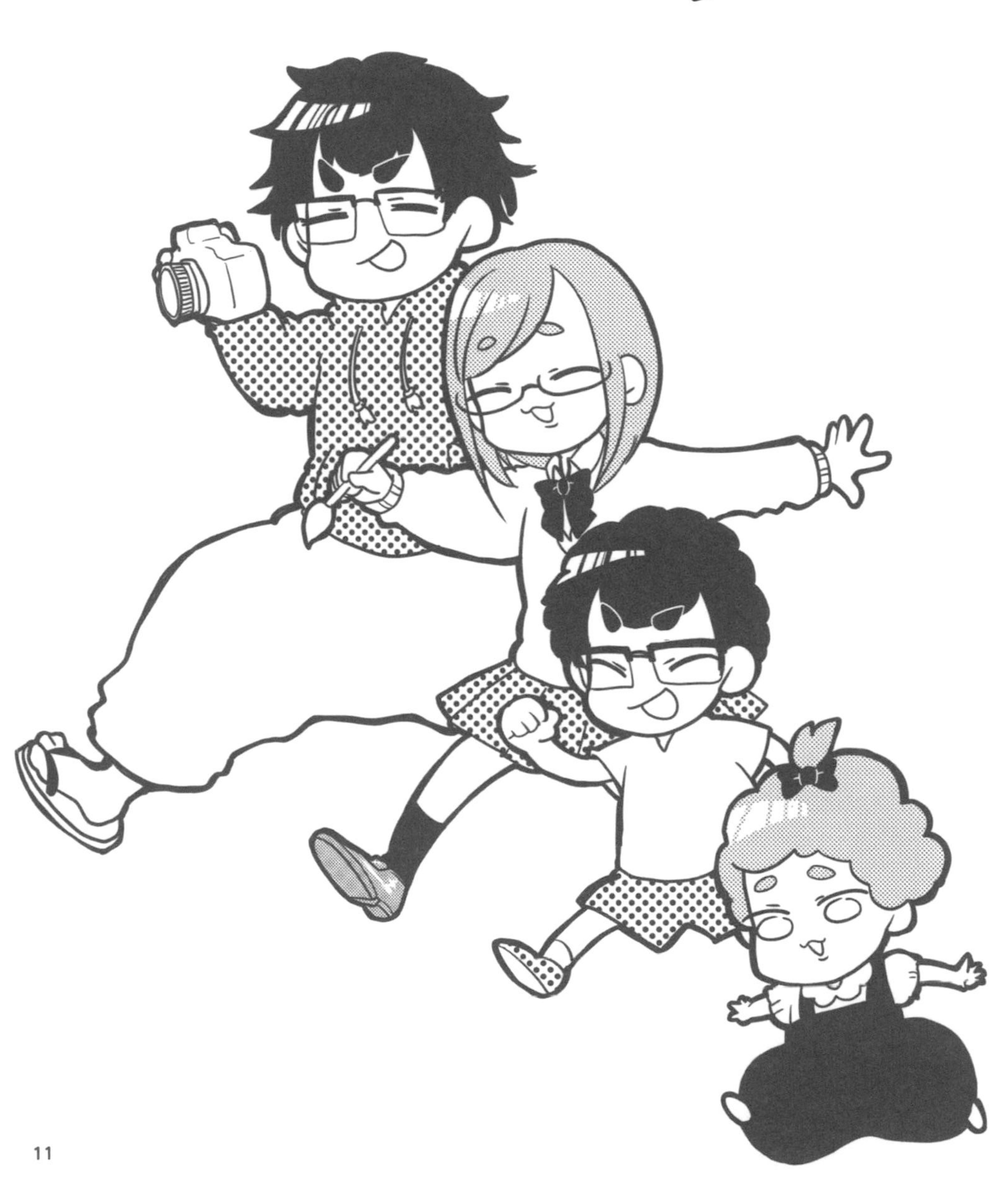

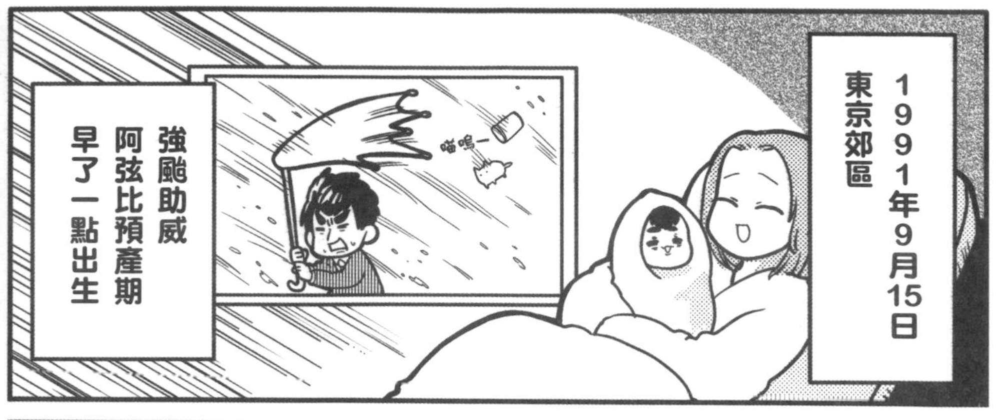

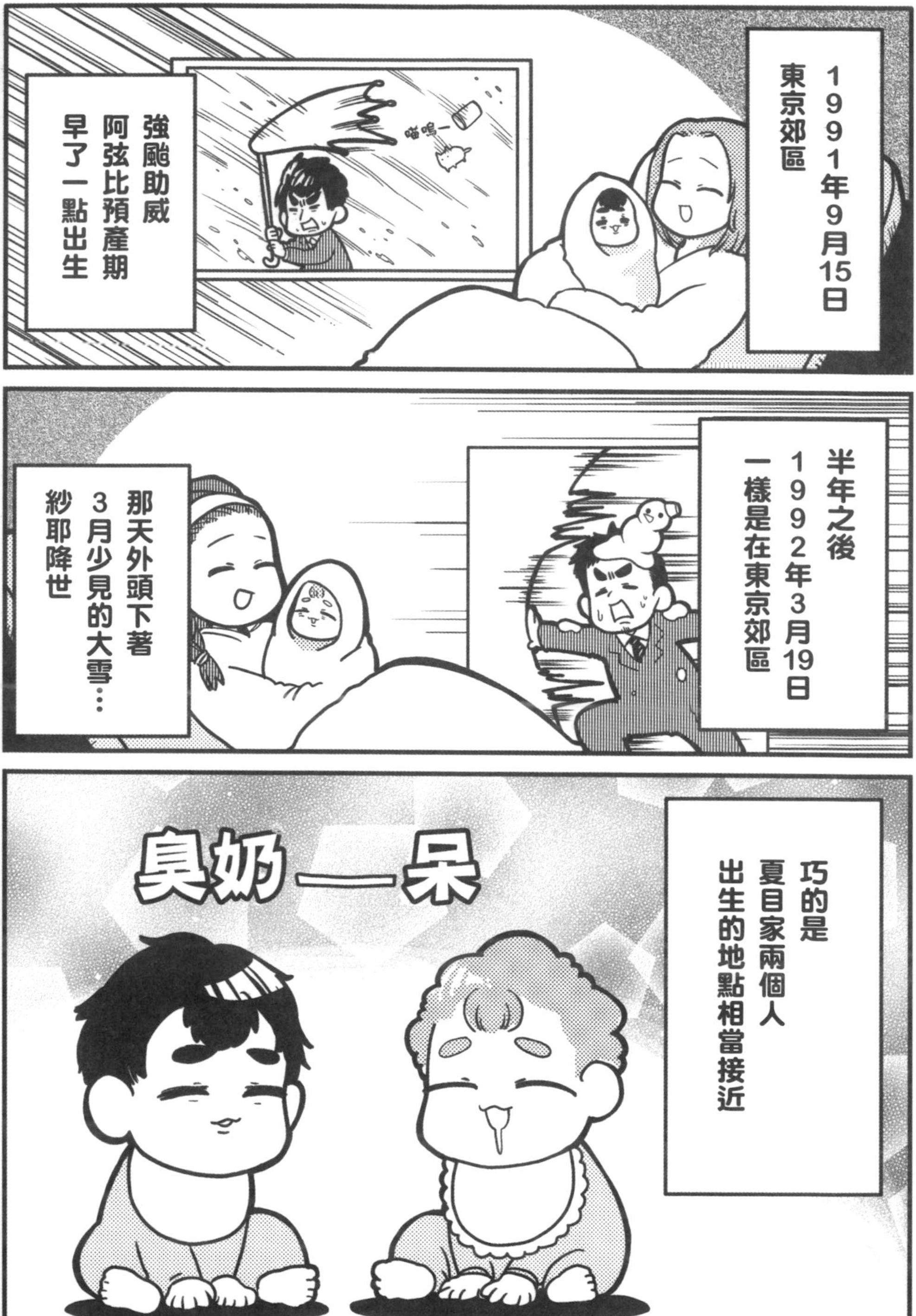

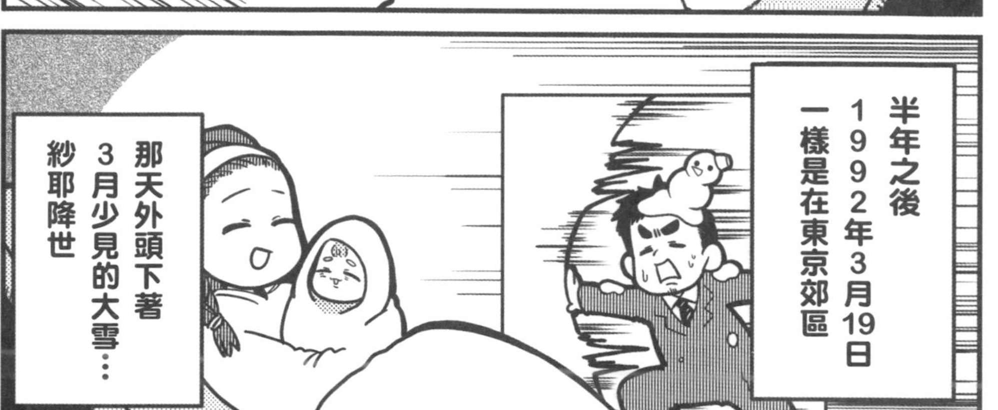

巧的是
夏目家兩個人
出生的地點相當接近

臭奶一朵

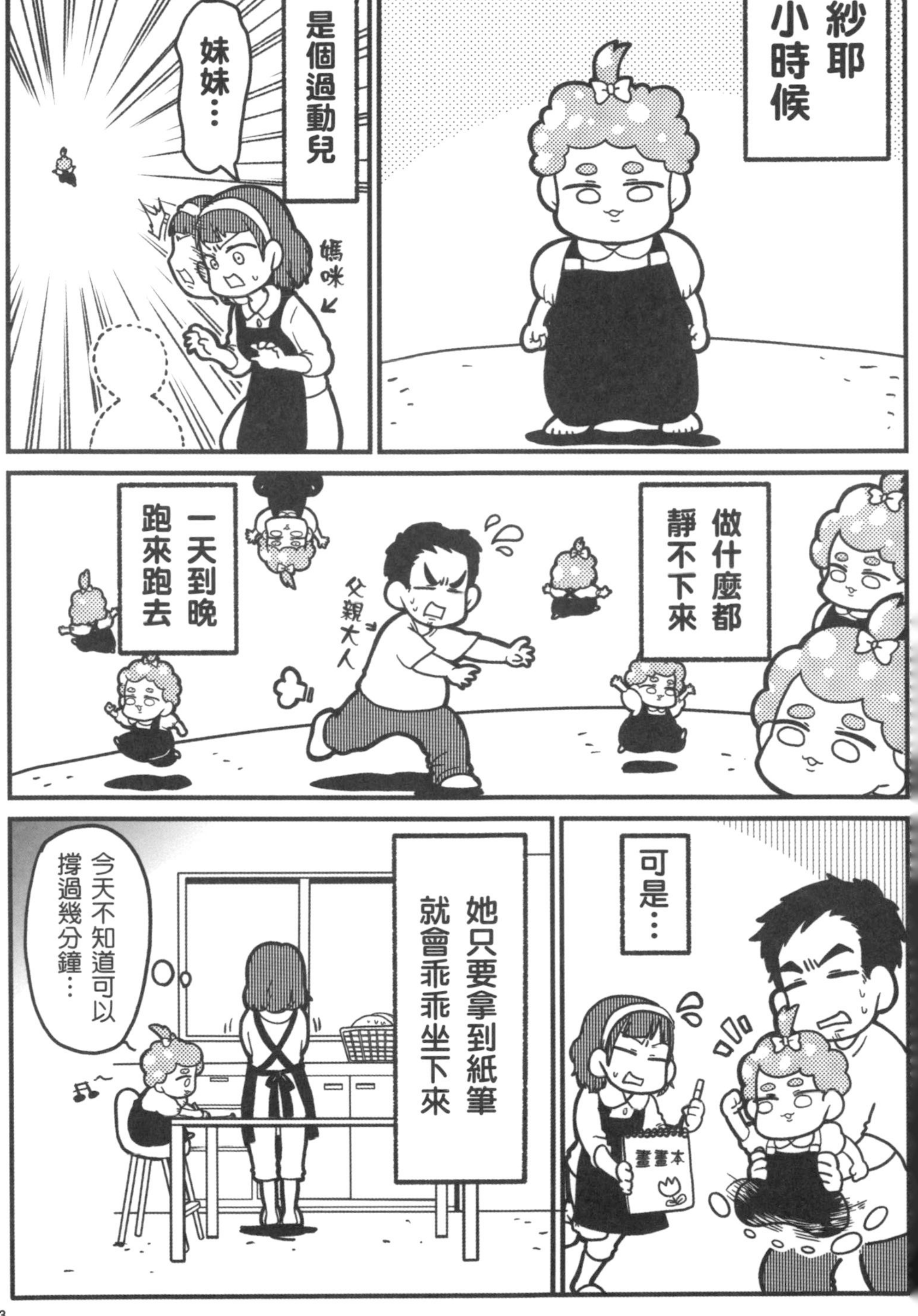
紗耶
小時候
是個過動兒
妹妹…
媽咪
做什麼都
靜不下來
一天到晚
跑來跑去
父親大人
可是…
她只要拿到紙筆
就會乖乖坐下來
今天不知道可以
撐過幾分鐘…
畫畫本

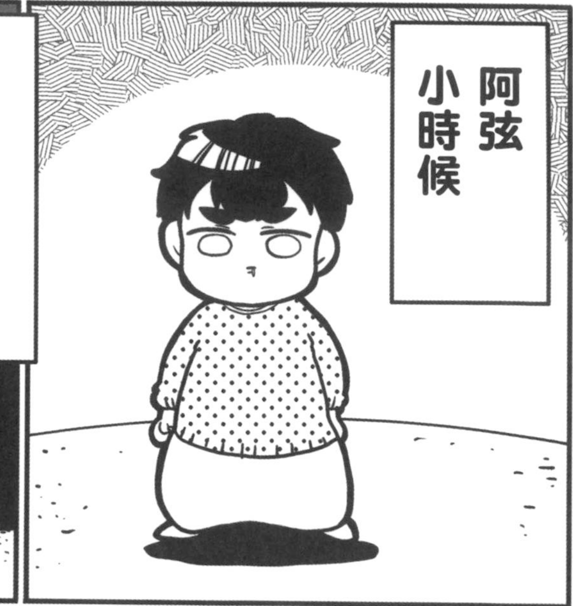

受到車迷爸爸的影響
也瘋狂迷上了車子

瞪
模仿保時捷

而且日本車還滿足不了他
年紀小小就開始瘋外國車

咻
奧迪
換檔
前進

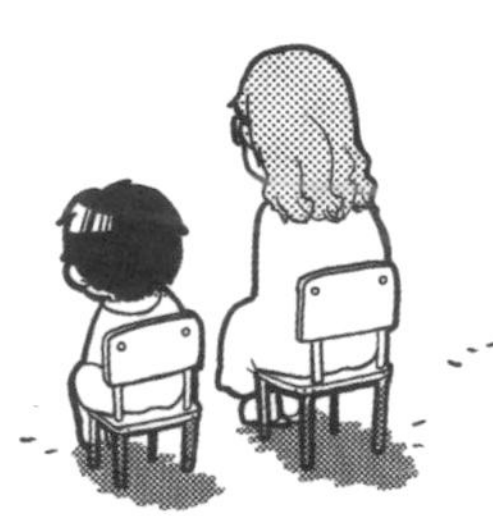

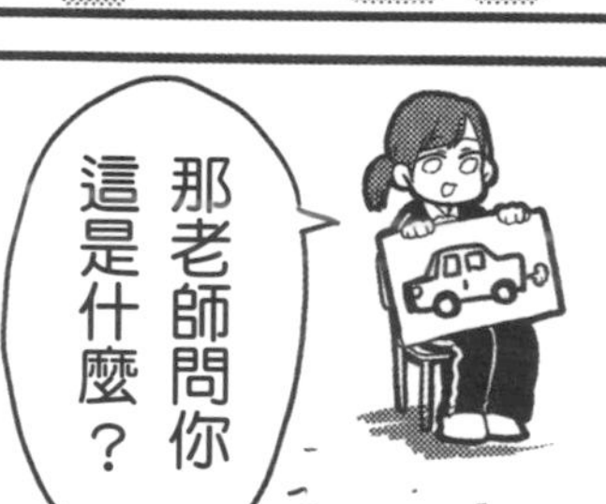

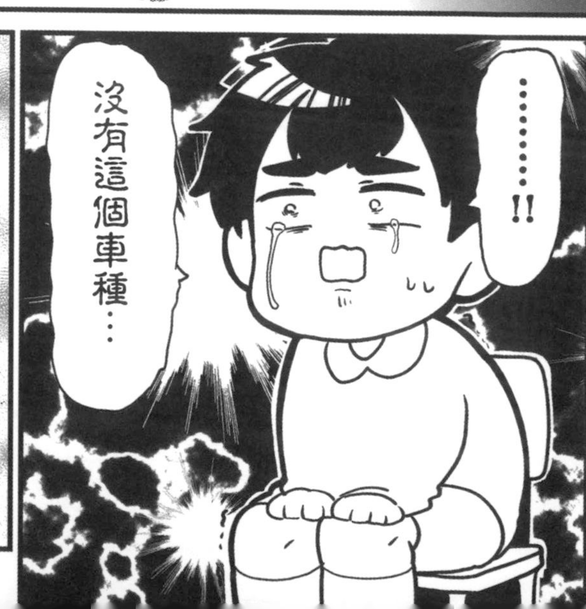

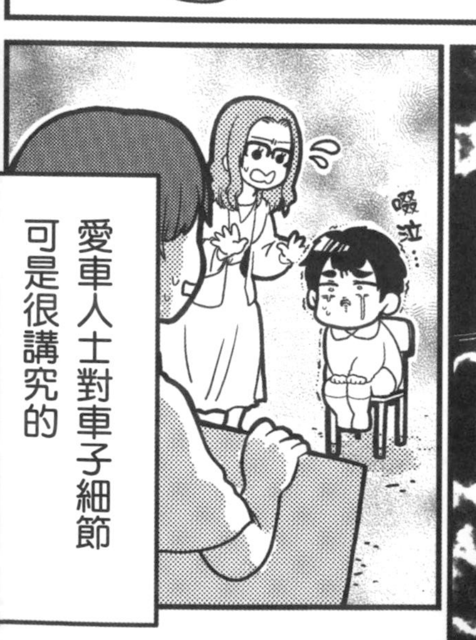

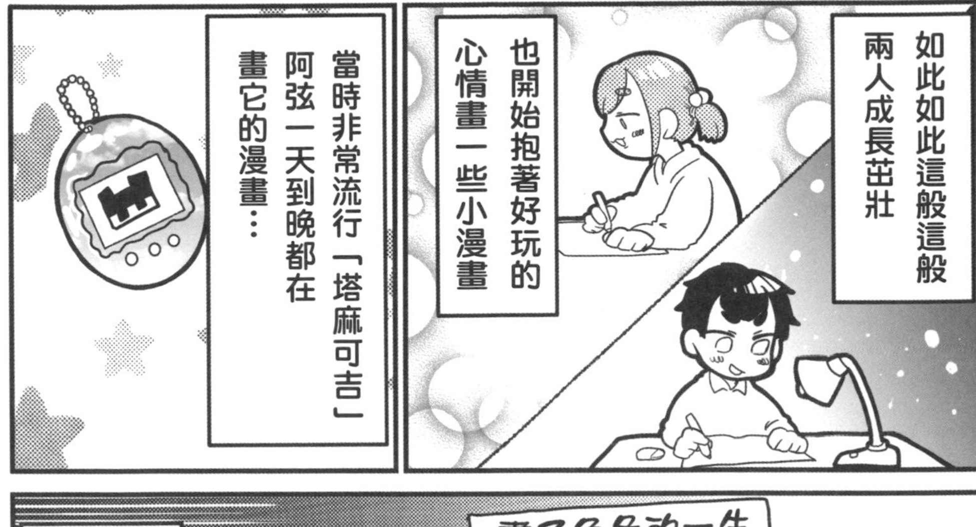
如此如此這般這般
兩人成長茁壯
也開始抱著好玩的
心情畫一些小漫畫
當時非常流行「塔麻可吉」
阿弦一天到晚都在
畫它的漫畫…

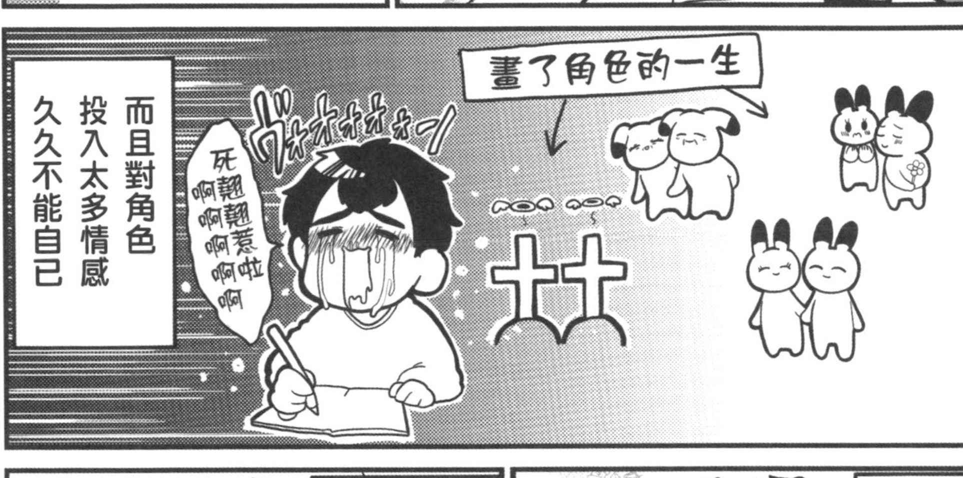
而且對角色
投入太多情感
久久不能自己
ヴォオオオォ～ノ
死翹翹啦啊啊啊啊啊
畫了角色的一生

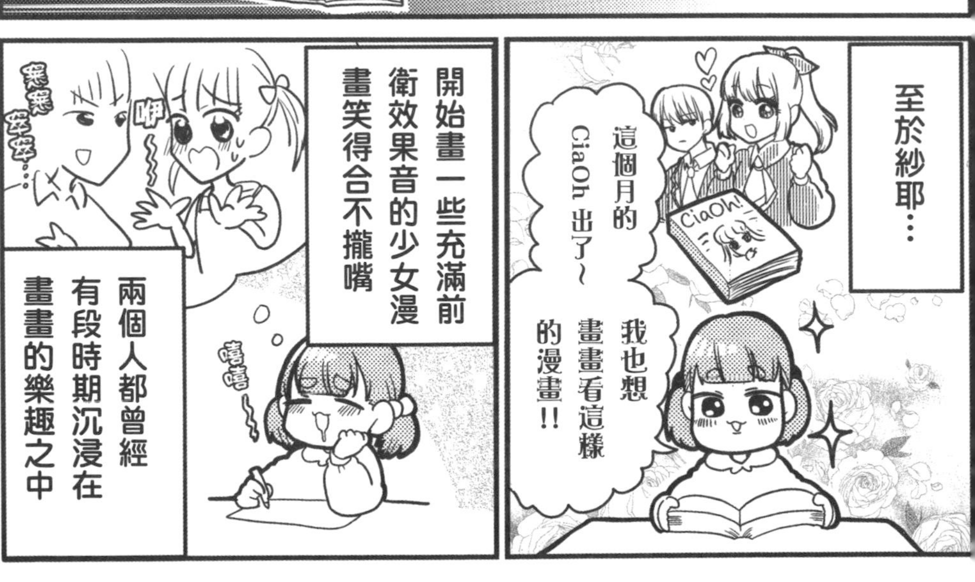
至於紗耶…
這個月的
CiaOh 出了~
我也想
畫畫看這樣
的漫畫!!
CiaOh!
開始畫一些充滿前
衛效果音的少女漫
畫笑得合不攏嘴
咿
兩個人都曾經
有段時期沉浸在
畫畫的樂趣之中
嘻嘻~

對談錄 1

如果想當畫家，一開始要做什麼？

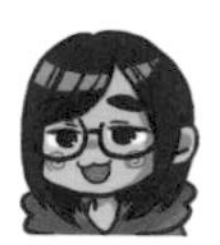

「如果想當畫家，一開始要做什麼～？」好的，這個問題我們請解說員阿弦來回答！

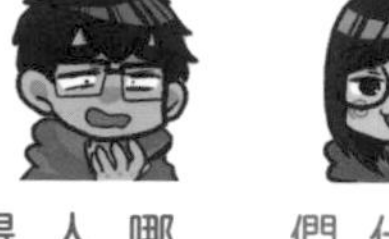

哪有人一開始就把問題丟給別人的!?不過關於這一點，我覺得可以先從單純滿足自己的渴望開始，比方說畫自己喜歡的漫畫角色。

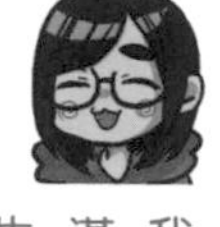

我以前也是因為想畫一些「充滿櫻花色魚鬆和烤茄子的人生」才開始畫畫的呢……。

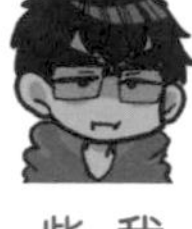

我們篇幅有限，不要拿來講那些有的沒的好不好。

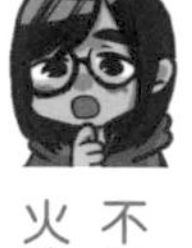

不過我記得我最早好像都是畫火柴人。

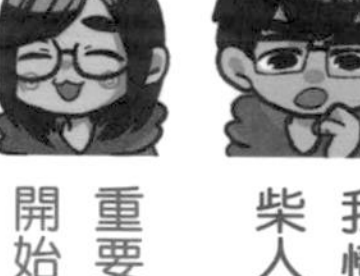

我懂！我以前也會畫那種火柴人動來動去的翻頁漫畫！

重要的是「從畫得出來的東西開始畫畫看」！

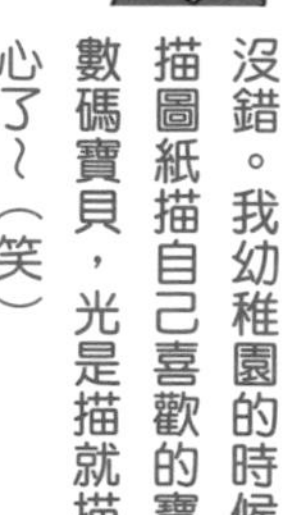

沒錯。我幼稚園的時候也會拿描圖紙描自己喜歡的寶可夢和數碼寶貝，光是描就描得很開心了～（笑）

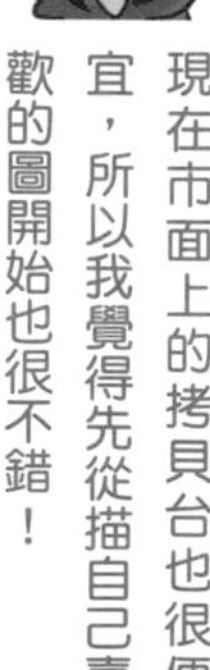

現在市面上的拷貝台也很便宜，所以我覺得先從描自己喜歡的圖開始也很不錯！

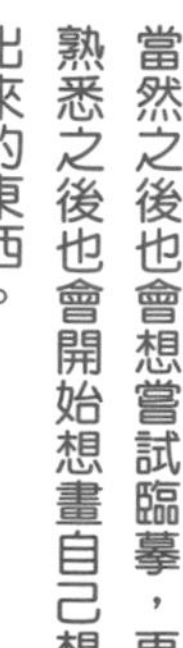

當然之後也會想嘗試臨摹，更熟悉之後也會開始想畫自己想出來的東西。

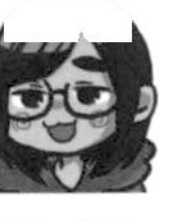

意思就是畫一些讓自己忍不住姨母笑到口水流下來的東西……。

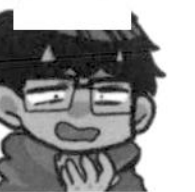

不要講得那麼奇怪啦。（笑）話是這麼說，但我開始習慣畫畫這件事情之後，還是發現了一些值得好好記住的原則……。

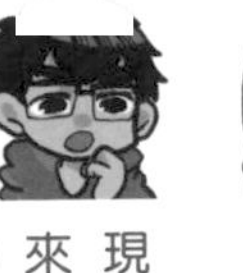

是什麼是什麼！大哥哥快告訴我們！

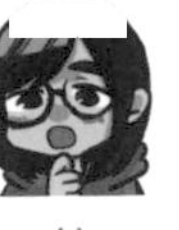

現在是在演哪齣？總之簡單來說有兩點：
①知道自己要畫什麼
②磨練自己的技術

什麼意思呢？

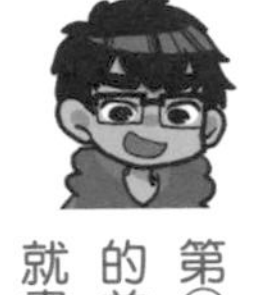

第①點也是畫畫時一個很重要的前提，因為「不知道的東西就畫不出來」。

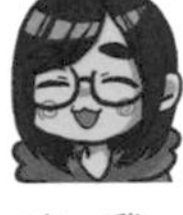

我懂，沒看過外星人當然畫不出外星人囉。

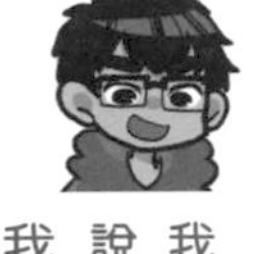

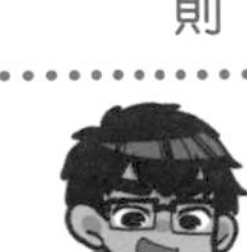

我不是這個意思……但你這麼說好像也不是沒有道理？（笑）我想說的是，假設你想畫「穿水手服的女生」，但是不知道水手服長什麼樣子，那麼畫的時候就會碰上接二連三的「疑問」，比方說緞帶是什麼形狀？裙子又是怎麼樣的褶皺法？

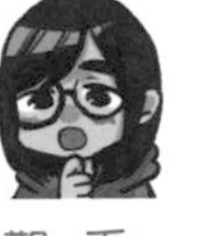

重要的是確實蒐集資料，仔細觀察！

拿英文單字考試來舉例，平常只有快速瞄過的單字可能會在考試時拼錯，但如果背單字時是邊看邊寫，就不會出錯了對吧？

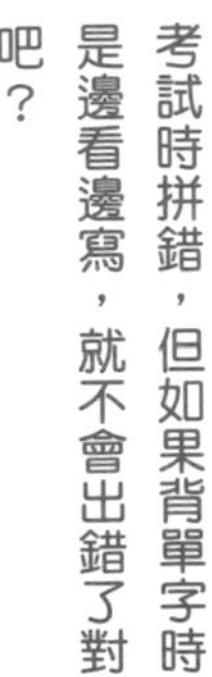

但有時候是就算看了也不見得畫得出來呢！

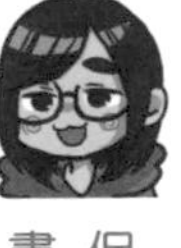

這沒什麼好踐的吧。（笑）第②點就比較單純，假設你技術不夠熟練，就沒辦法好好控制線條的走向。即便腦袋已經有很具體的想像，也沒辦法如實畫出來。

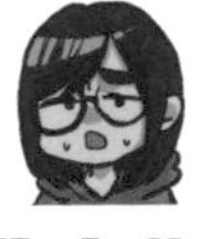

說來說去，畫畫終究只能①充分了解自己要畫的東西，②習慣畫畫這項行為（多畫一點）。

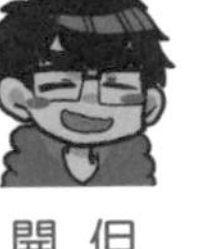

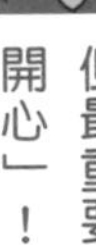

但最重要的還是「自己要畫得開心」！

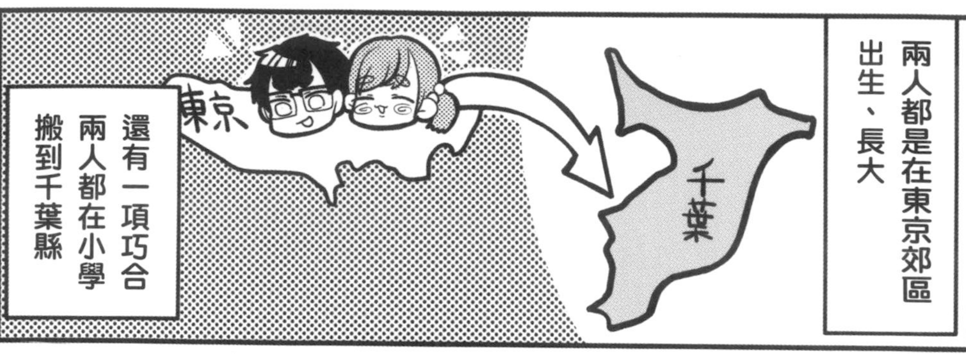
兩人都是在東京郊區
出生、長大
千葉
東京
還有一項巧合
兩人都在小學
搬到千葉縣

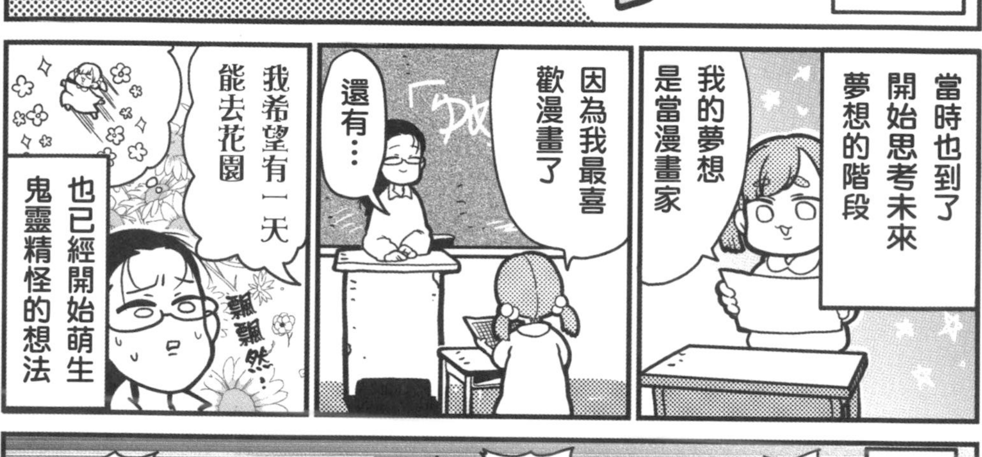
當時也到了
開始思考未來
夢想的階段
我的夢想
是當漫畫家
因為我最喜
歡漫畫了
還有…
我希望有一天
能去花園
飄飄然…
也已經開始萌生
鬼靈精怪的想法

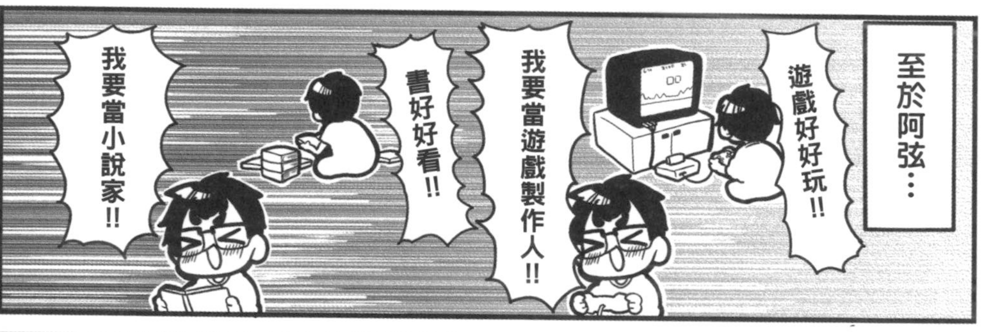
至於阿弦…
遊戲好好玩!!
我要當遊戲製作人!!
書好好看!!
我要當小說家!!

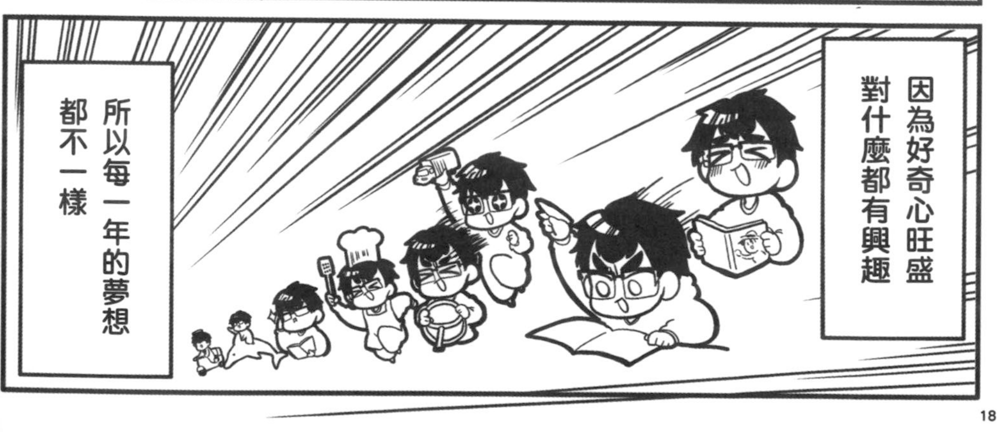
因為好奇心旺盛
對什麼都有興趣
所以每一年的夢想
都不一樣

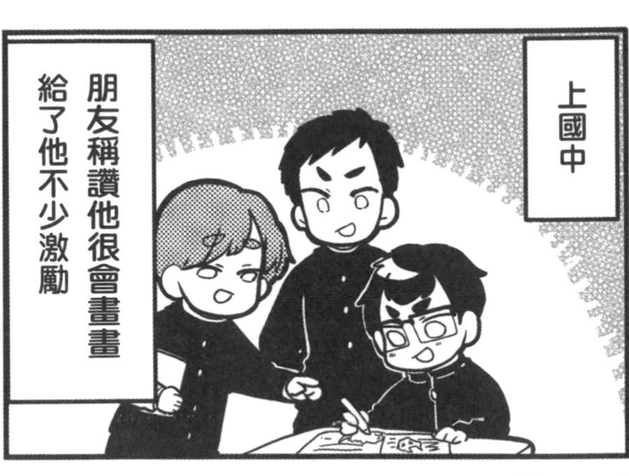
上國中
朋友稱讚他很會畫畫
給了他不少激勵

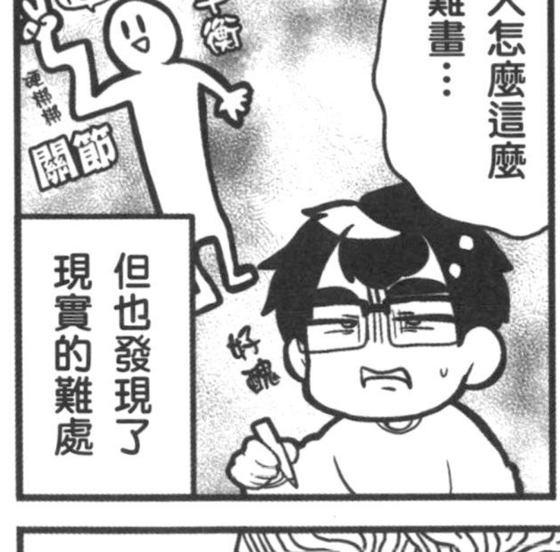
人怎麼這麼難畫…
Yeah
平衡
關節
好醜
但也發現了現實的難處

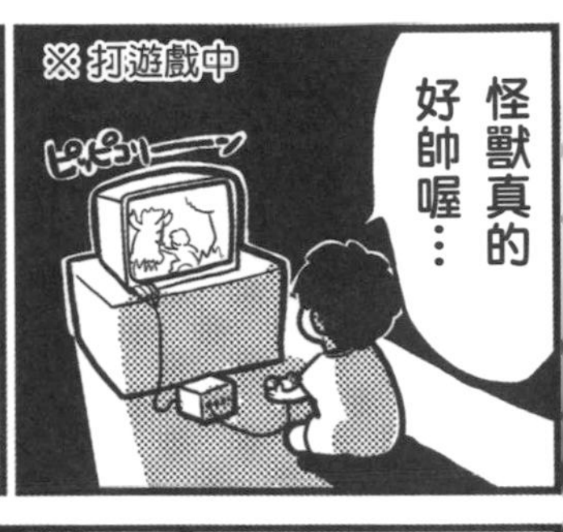
怪獸真的好帥喔…
※打遊戲中
ピポリーン

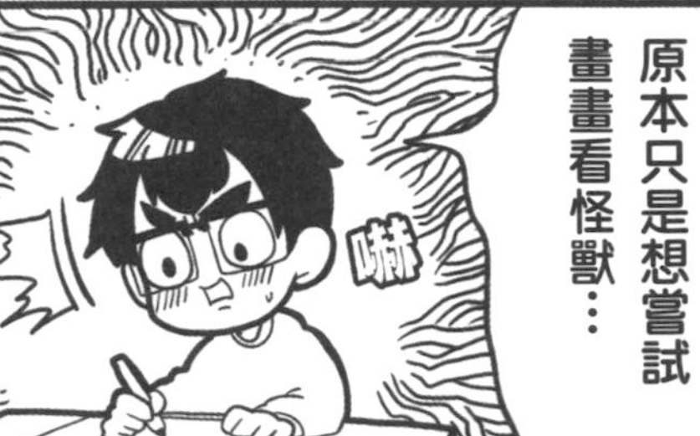
原本只是想嘗試畫畫看怪獸…
嚇
沒想到畫得歪七扭八也有模有樣的!!

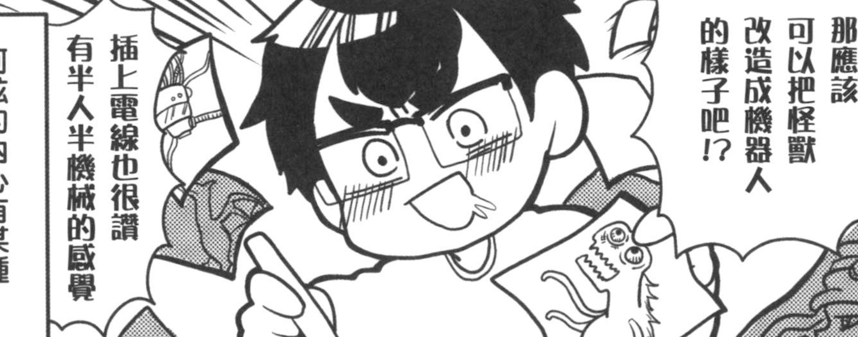
那應該可以把怪獸改造成機器人的樣子吧!?
插上電線也很讚
有半人半機械的感覺
阿弦的內心有某種東西即將甦醒了

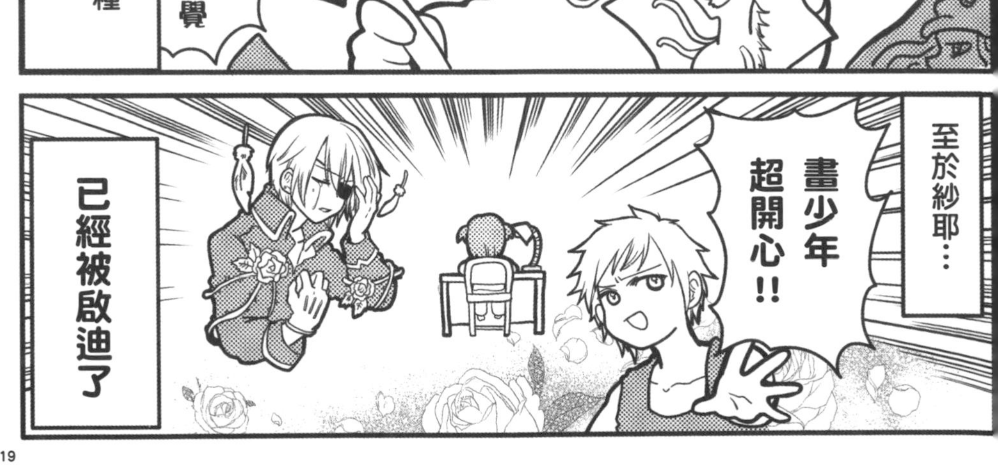
至於紗耶…
畫少年超開心!!
已經被啟迪了

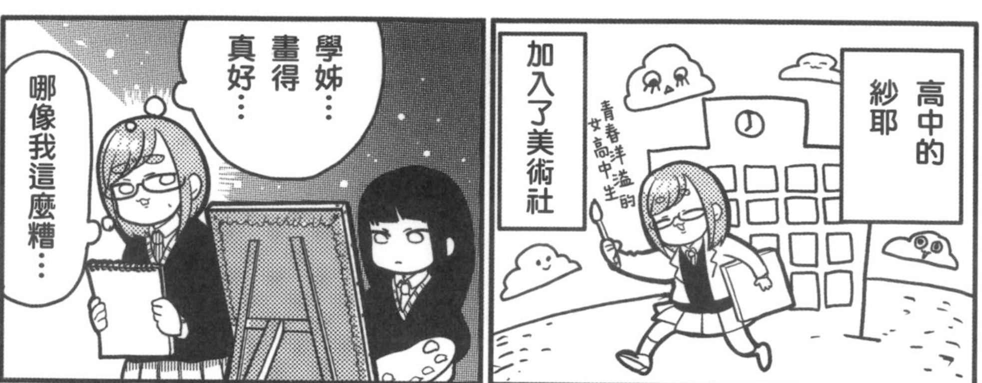
高中的
紗耶
青春洋溢的
女高中生
加入了美術社
學姊…
畫得
真好…
哪像我這麼糟…

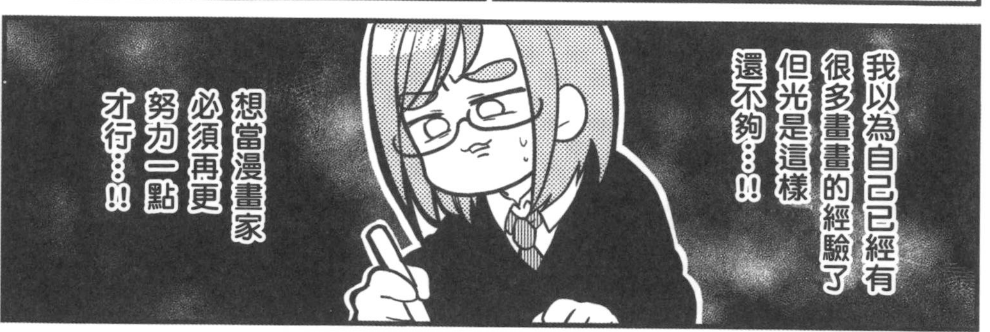
我以為自己已經有
很多畫畫的經驗了
但光是這樣
還不夠…!!
想當漫畫家
必須再更
努力一點
才行…!!

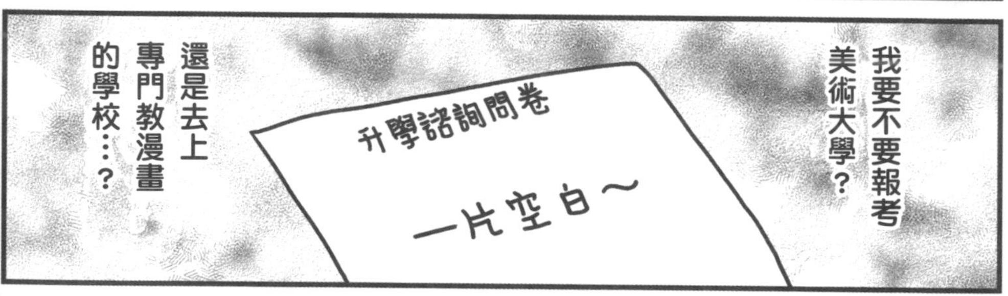
我要不要報考
美術大學？
還是去上
專門教漫畫
的學校…？
升學諮詢問卷
一片空白～

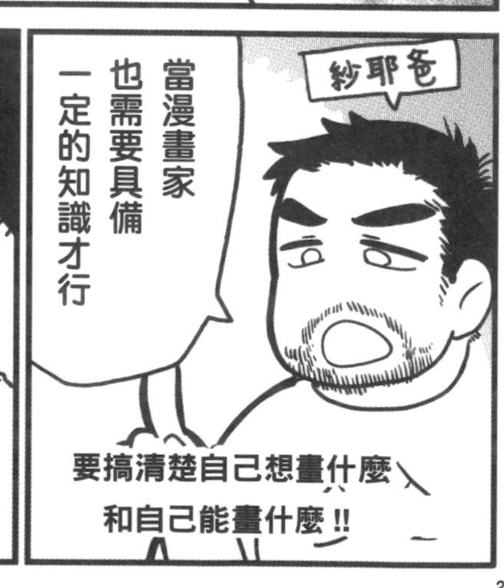
紗耶爸
當漫畫家
也需要具備
一定的知識才行
要搞清楚自己想畫什麼
和自己能畫什麼!!
熱淚盈眶
父親大人

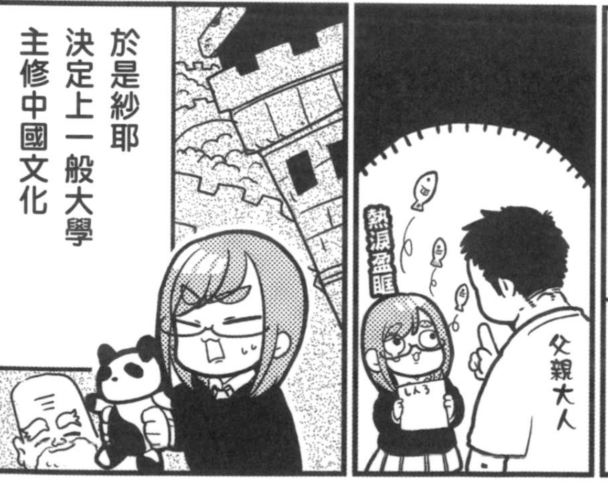
於是紗耶
決定上一般大學
主修中國文化

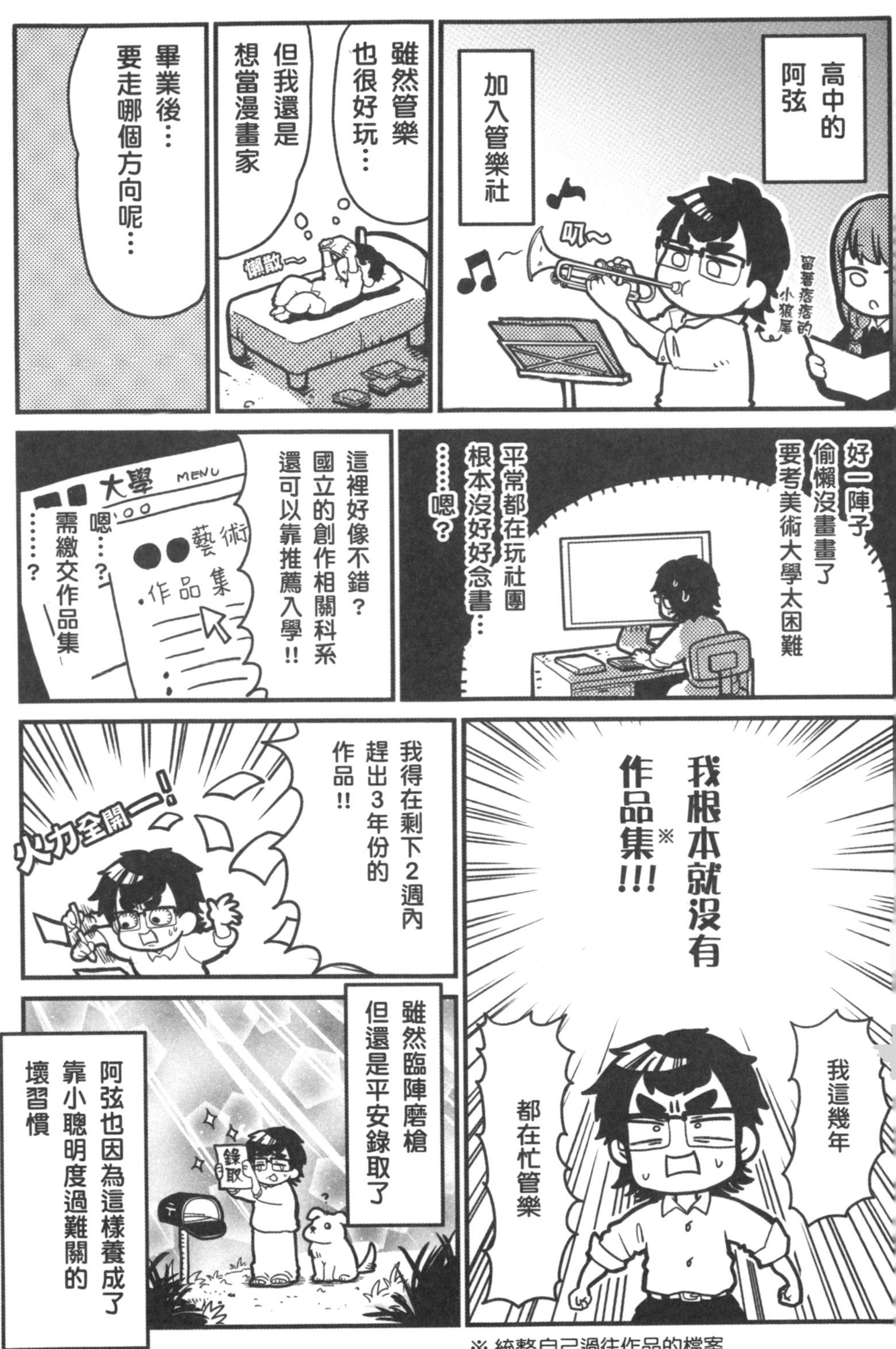

※ 統整自己過往作品的檔案

對談錄 2

想從事畫畫的工作，一定要讀過美術相關科系嗎？

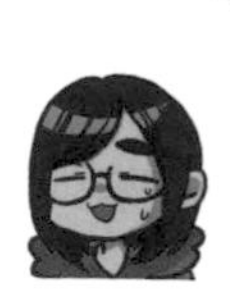

聊到升學……對我們兩個快三十歲的人來說，這已經是將近十年前的往事了呢……你說是吧阿弦……。

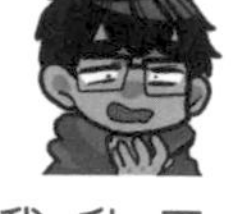

天啊好恐怖……。當時我們在升學問題上也煩惱了很久，但我覺得如果要下一個結論，我會說「選什麼都好」。聽起來好像是在迴避這個對談的主題，但我還是想先告訴各位「沒有選擇是錯的」。

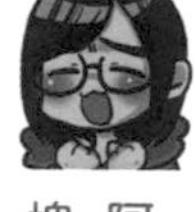

阿弦真會講話～帥呆了～。不愧是令和時代的插秧狂人！

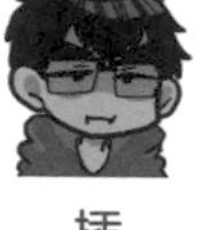

插秧……？這是一種稱讚嗎？

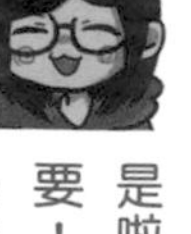

是啦是啦。這種心態真的很重要！無論是找工作還是升學，「當下的經歷」未來一定會派上用場。你細心插下的秧苗，總有一天會結出飽滿的稻穗。

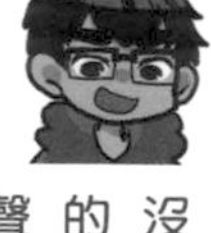

沒想到插秧狂人竟然還有這樣的意思！（笑）不過還是要先聲明，我們兩個都沒讀過「美術相關科系」，所以我們的想法也是建立在這樣的前提之上。

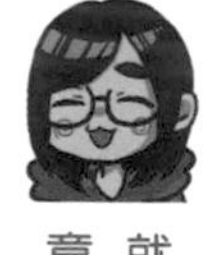

就是說我們的意見也只是眾多意見之一！

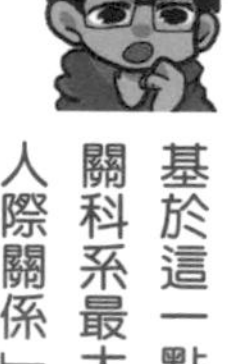

基於這一點，我認為走美術相關科系最大的好處在於「建立人際關係」，包含「認識有創意的同儕」、「打開與業界的聯繫」之類的。

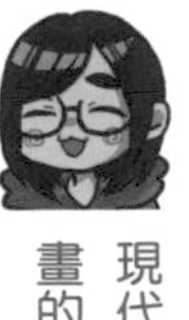

現代什麼都很方便，想要學畫畫的人其實自學也不是不行。

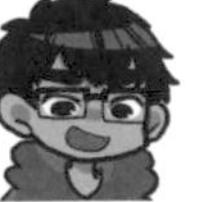

但我還是得說，有人指導真的是一項大大的優勢！

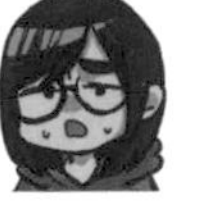

如果苦惱的時候有人可以商量真的會很安心……。

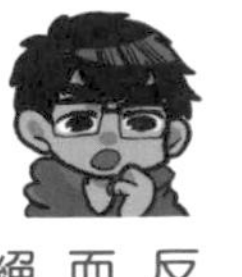

反過來說，就算因為某些原因而無法就讀美術相關科系，也絕對不代表從此再也無法選擇「與繪畫相關的出路」。

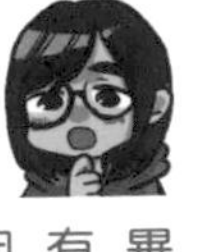

畢竟也牽扯到考不考得上，還有每個人的家庭因素等等原因。

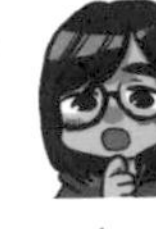

我認為工作的形式其實可以有無限多種，這部分我們後面會再詳細聊聊。

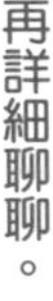

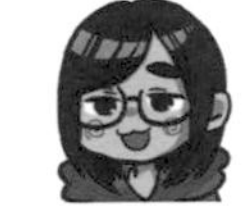

但我知道有時候就算受到正面的鼓勵還是免不了緊張，還是會覺得升學路上「失敗一次人生就結束了」。像我就是悲觀到爆的人，說到意志消沉我可是專家！

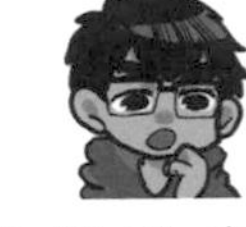

有種「還能多慘儘管來啊」的感覺！（笑）未來出路看似全權掌握在自己手上，但其實我們的想法很容易受到身處環境的影響，不是那麼單純的事情呢。

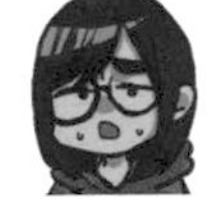

像我本來就很不擅長考試和找工作，這時光是顧自己就快顧不過來了……。

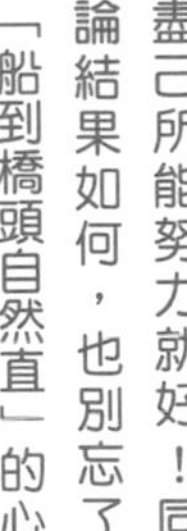

如果一直鑽牛角尖，也會害內心的土壤變得荒蕪，難得種下的「可能性幼苗」也會夭折……啊，我竟然也用插秧來舉例了……好恨啊……。

哼哼，你已經中了我的幻術！

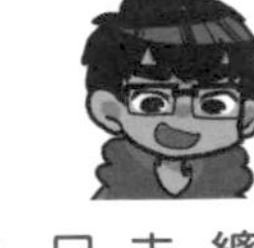

總而言之，我相信對於升學、未來出路感到煩惱的，也不是只有考慮走美術相關科系的人。可以盡量傷腦筋沒關係，可是不要給自己「一定要怎麼樣」的壓力。

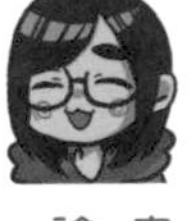

盡己所能努力就好！同時無論結果如何，也別忘了保持「船到橋頭自然直」的心態！

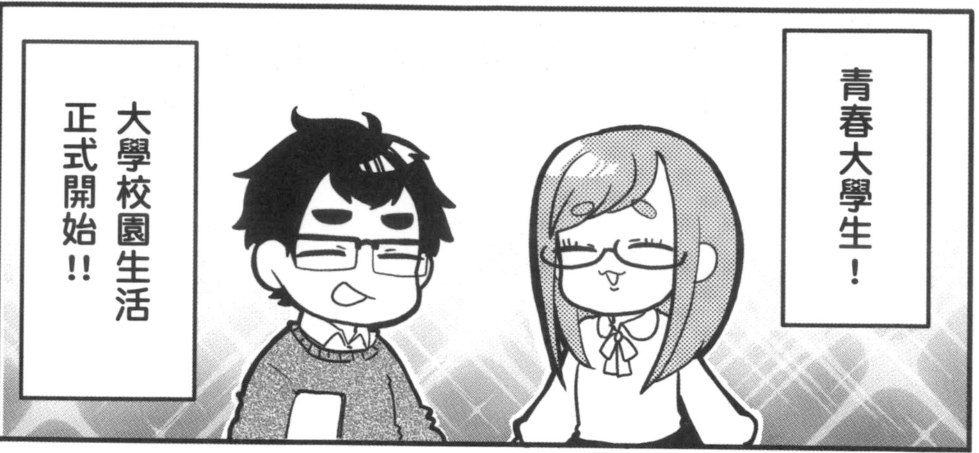
青春大學生！
大學校園生活正式開始!!

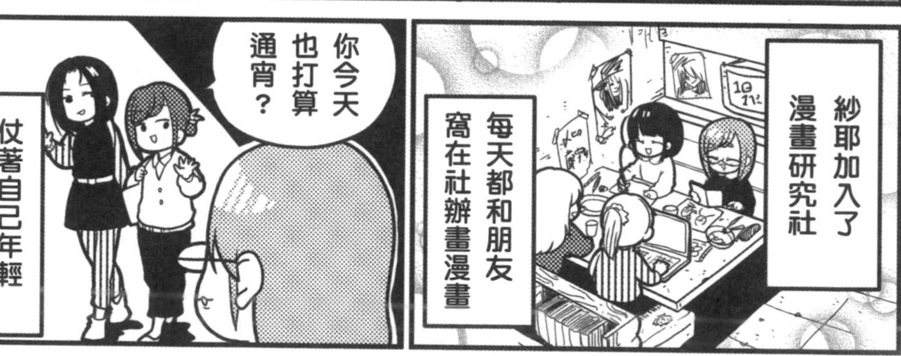
紗耶加入了漫畫研究社
每天都和朋友窩在社辦畫漫畫
你今天也打算通宵？
仗著自己年輕胡搞瞎搞了一番

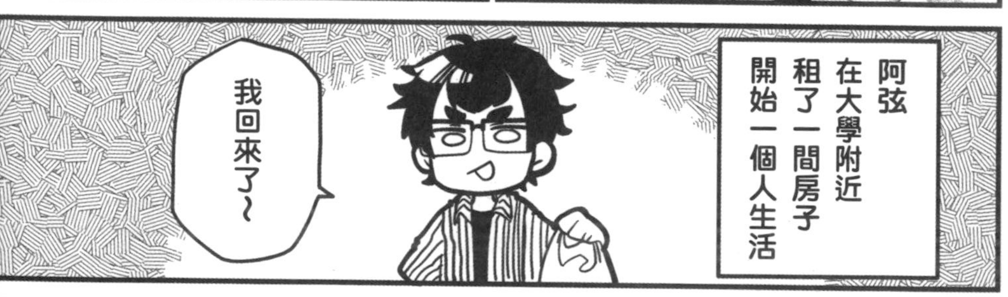
阿弦在大學附近租了一間房子開始一個人生活
我回來了～

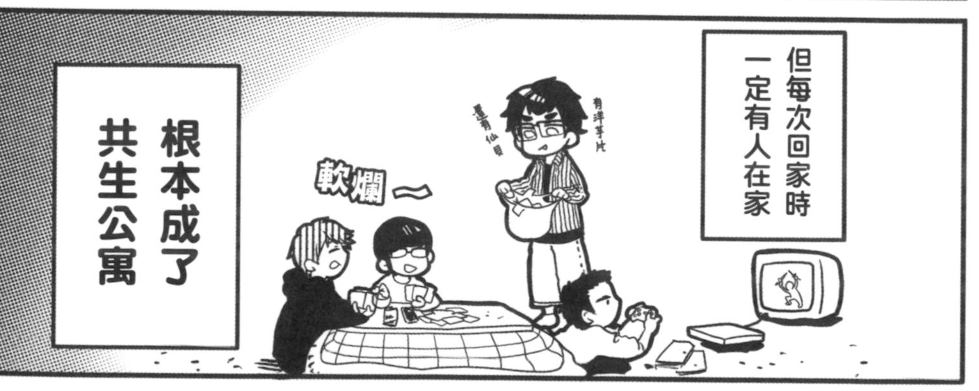
但每次回家時一定有人在家
有洋芋片
還有仙貝
軟爛～
根本成了共生公寓

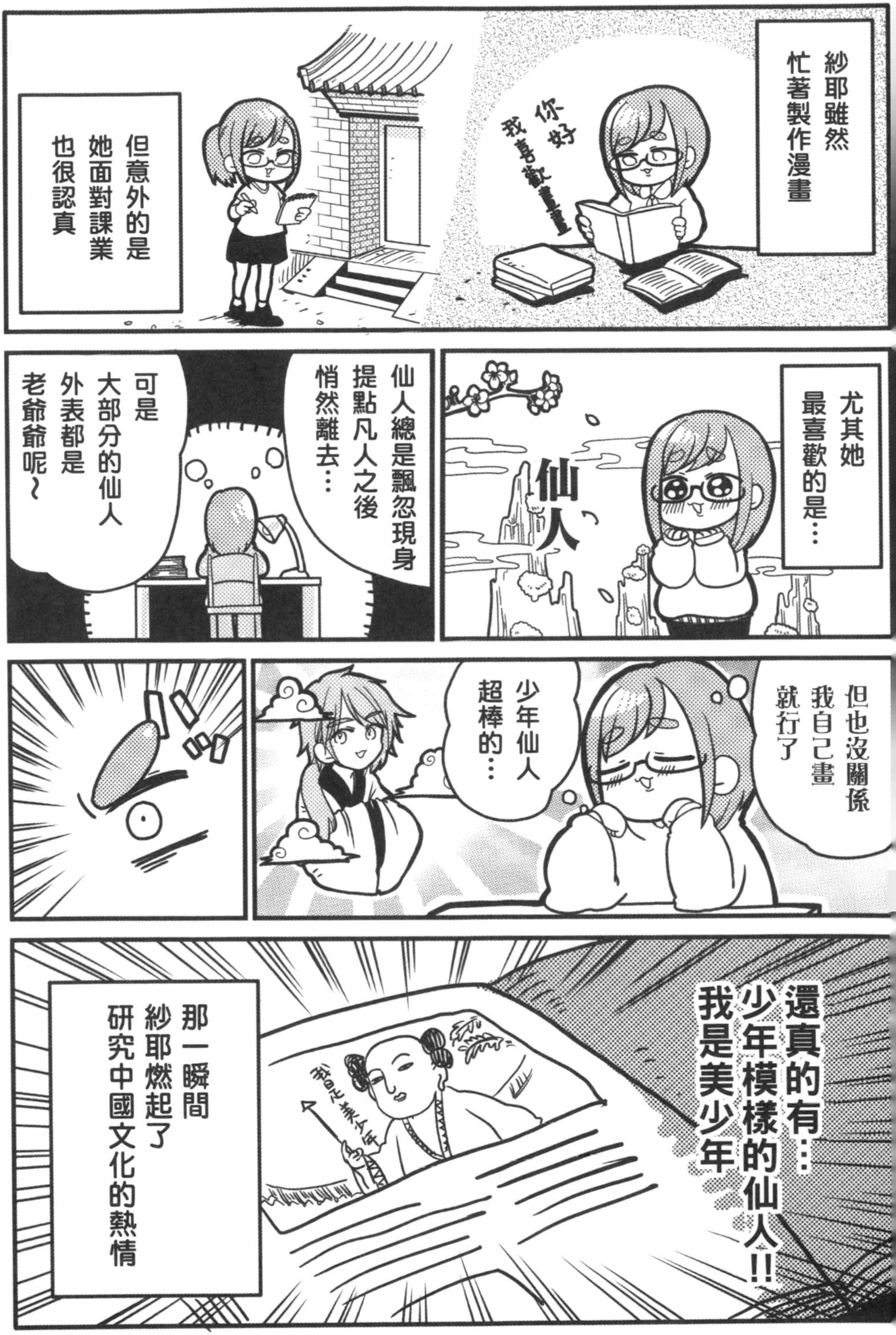

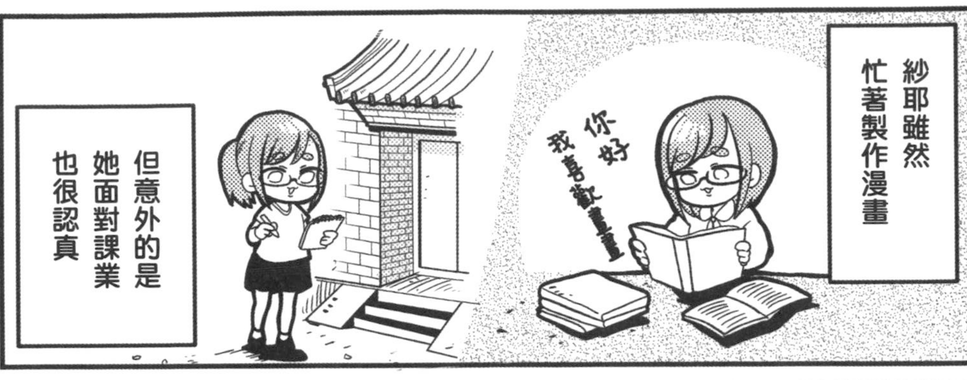

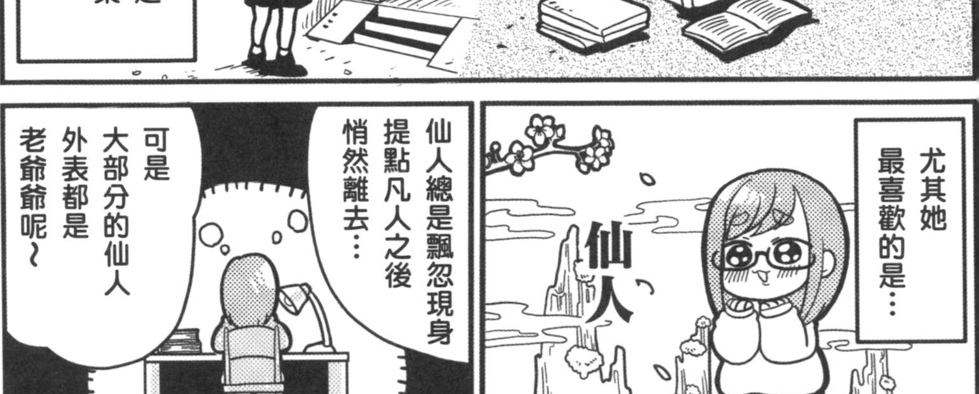

但也沒關係
我自己畫
就行了

少年仙人
超棒的…

還真的有…
少年模樣的仙人!!
我是美少年

我是美少年

那一瞬間
紗耶燃起了
研究中國文化的熱情

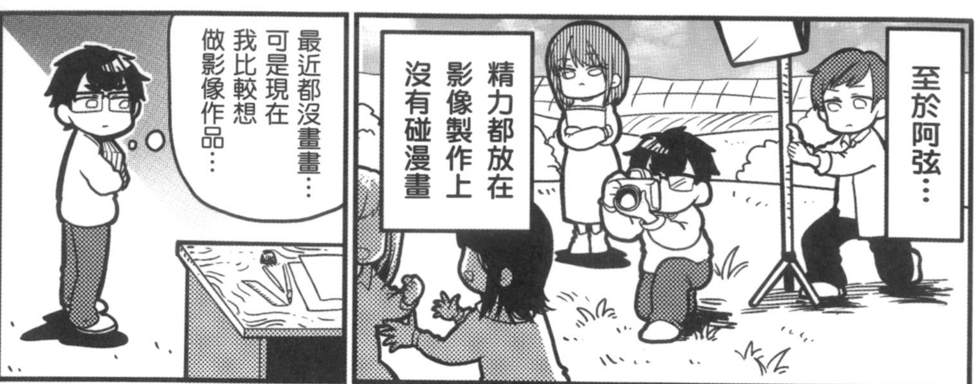

我想提升自己作品的水準…

我必須提高自己的涵養才行!!

數週後

最近怎麼都沒在學校看到你？

怎麼了嗎？

我都在看電影研究劇本之類的…

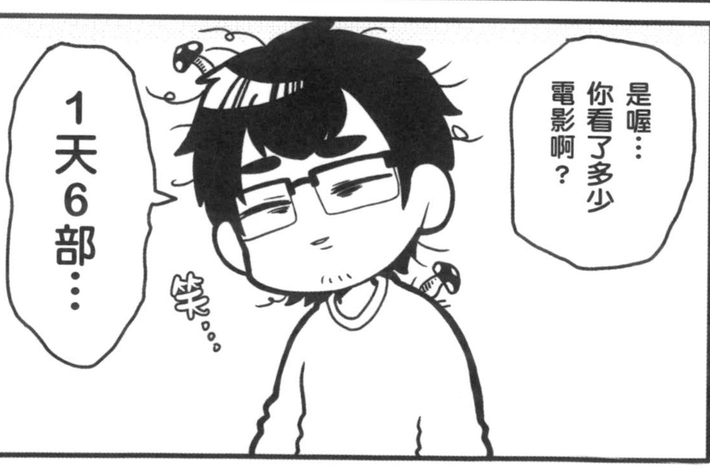

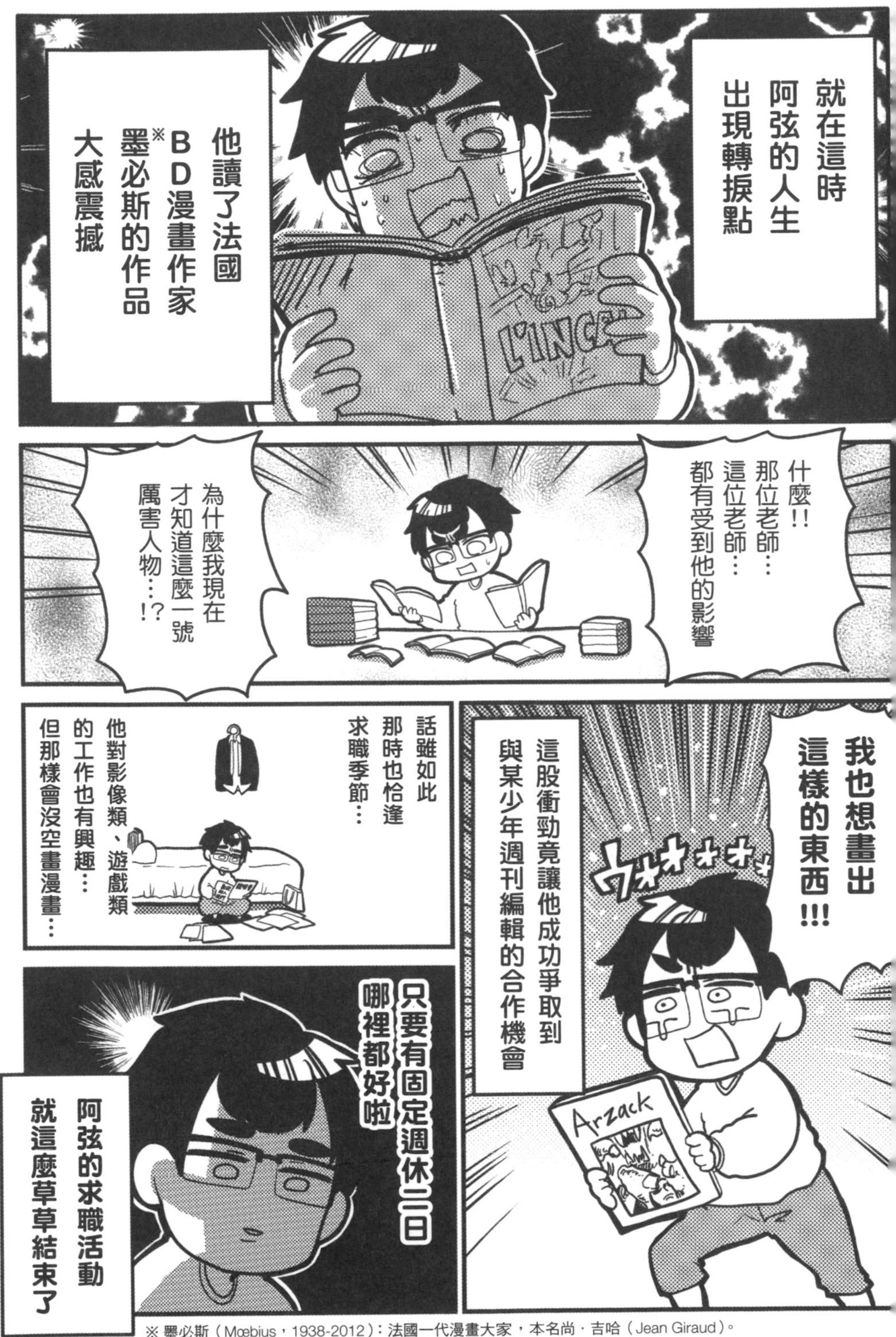

※ 墨必斯（Mœbius，1938-2012）：法國一代漫畫大家，本名尚・吉哈（Jean Giraud）。

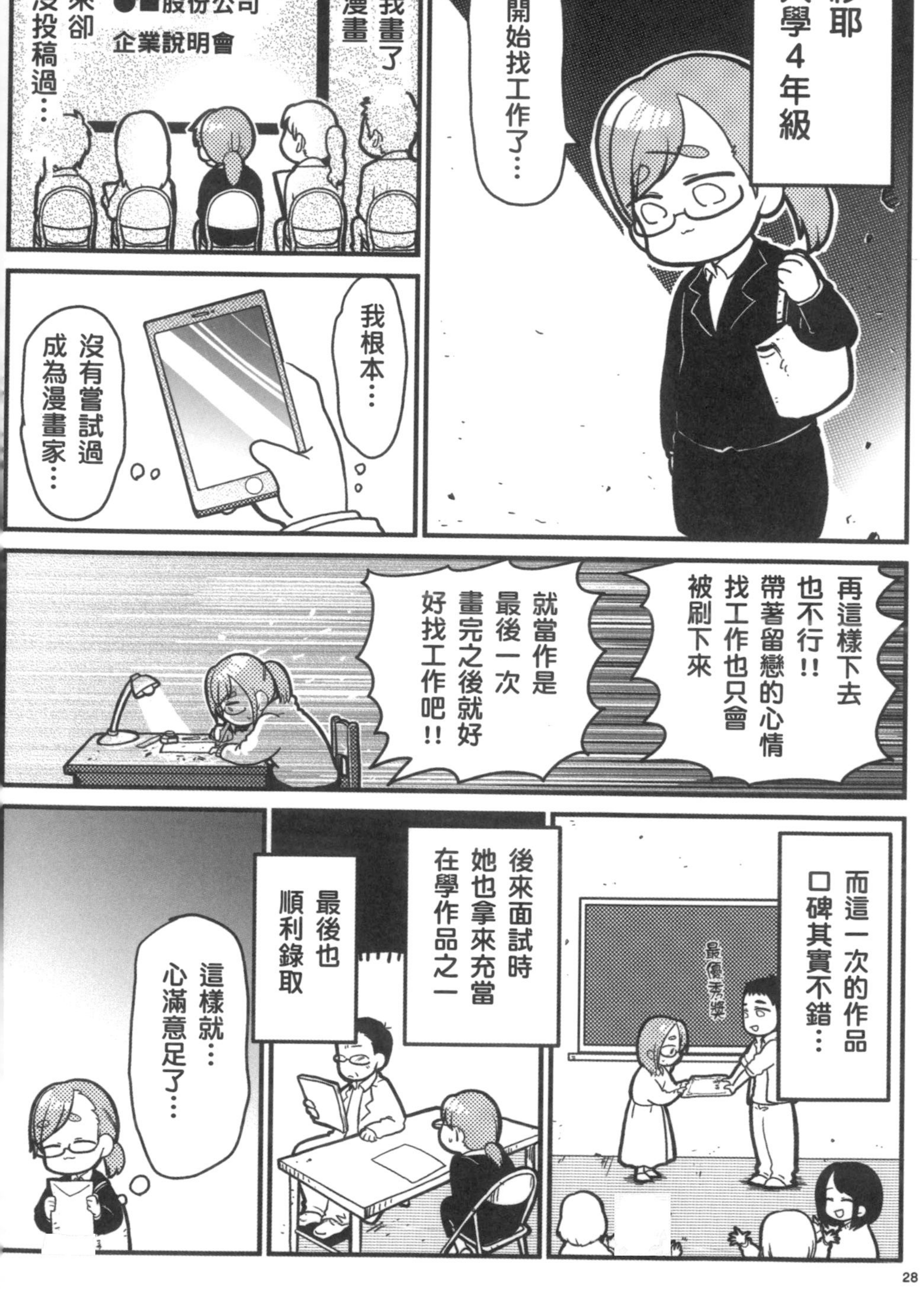
紗耶
大學4年級
要開始找工作了…
雖然我畫了許多漫畫
●■股份公司
企業說明會
到頭來卻從來沒投稿過…
我根本…
沒有嘗試過成為漫畫家…
再這樣下去也不行!!
帶著留戀的心情找工作也只會被刷下來
就當作是最後一次
畫完之後就好好找工作吧!!
而這一次的作品口碑其實不錯…
最優秀獎
後來面試時她也拿來充當在學作品之一
最後也順利錄取
這樣就…心滿意足了…

於是…
我可以嗎…
像我這種人有辦法好好當一個社會人嗎…
工作大不了隨便做一做
漫畫方面有望的話就直接辭職吧
阿弦和紗耶相遇了

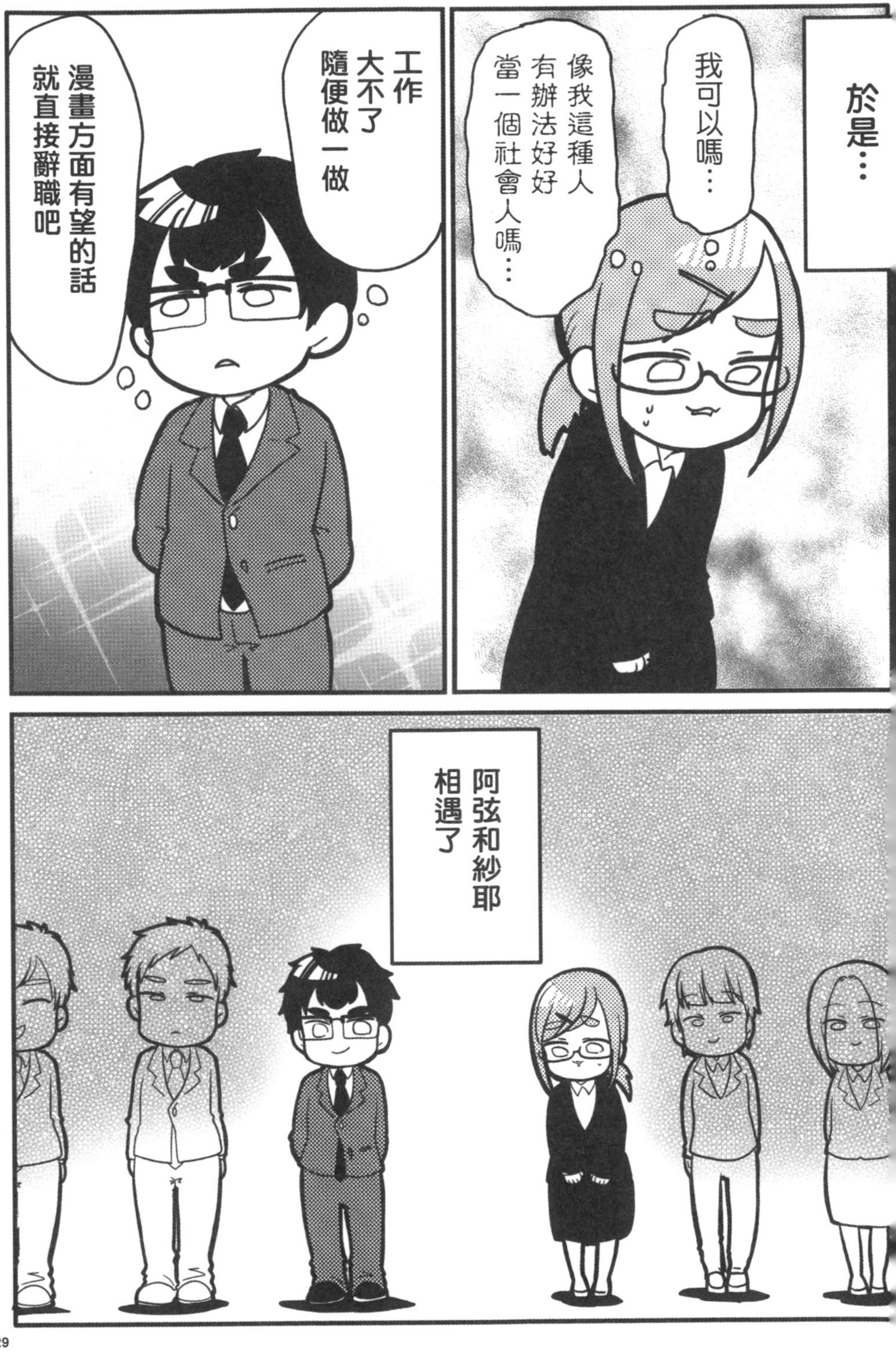

對談錄 3

怎麼樣才能建立自己的畫風？

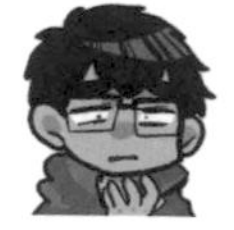

畫風……這大概是我一輩子的煩惱吧……談到這個問題，我的心態可能會變成「大家一起抱頭煩惱吧！」（笑）

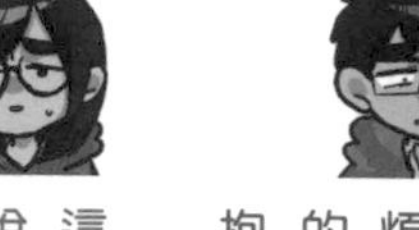

這真的會煩惱到嘔吐……老實說，我一直以來的問題就是畫風太落伍。

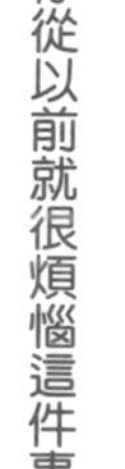

你從以前就很煩惱這件事呢。

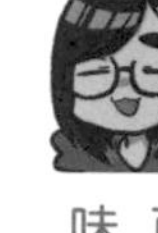

可是我就是喜歡這種「很古早味的圖」，所以才麻煩。

你的意思是，你畫自己喜歡的東西看起來都很老派，但又期望自己能畫出比較現代的畫風嗎？

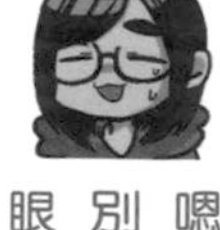

嗯——是這樣嗎……？我特別在意「眼睛」的畫法，因為眼睛會帶給讀者很強烈的印象，所以我經常研究其他漫畫家怎麼畫眼睛。只是從以前到現在一直找不到方向。

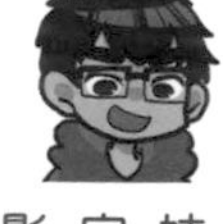

姑且不論好壞，畫風這回事肯定會明顯受到「個人喜好」的影響。偏偏某些領域的工作會要求你畫「現代一點」的東西，所以這也不是說不管就不管的問題。

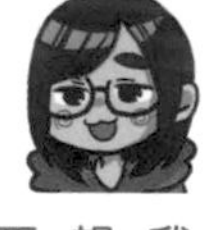

我就是有一種任性的想法，又想隨心所欲畫自己喜歡的東西，又想畫一些能夠感動別人的東西。魚與熊掌，我全都要！

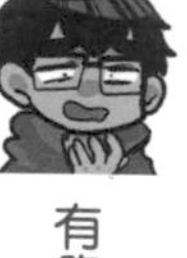

有夠貪婪（笑）

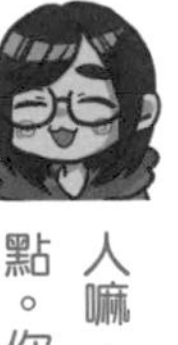

人嘛，總會想活得比較貪心一點。你想宇宙這麼大。

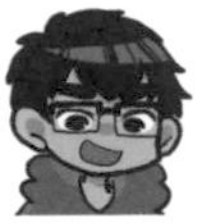

不過對畫畫的人來說，探索畫風的迷茫程度的確跟探索宇宙差不多就是了。

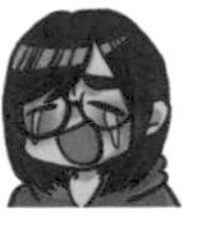

不是，怎麼我們一半的篇幅都在講喪氣話啊！阿弦A夢～幫幫我啦～（哭）

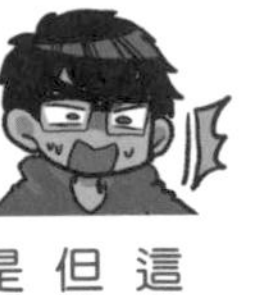

這什麼挑戰版權底線的發言！但說起來，我認為畫風其實就是個人「喜好」的集大成。

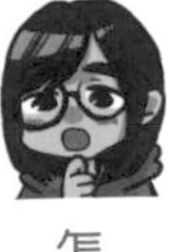

怎麼說呢？

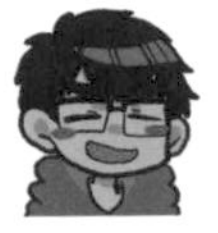

我們過去也看了很多、臨摹了很多自己超敬愛的偉大前輩作品，吸收了他們的精華。但我們終究會透過「自己的濾鏡」提煉他們的精華，而我想這個濾鏡就代表了我們自己的畫風。起碼我是這樣相信的啦。（笑）

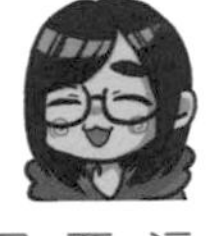

這樣來看，就覺得其實也不需要那麼急著想「建立自己的畫風」。

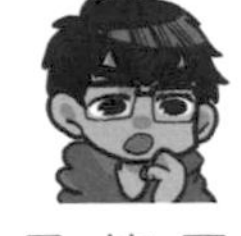

不管是以前，還是未來，我想持續畫畫就是一種創造「畫風」的過程。我們吸收的精華、和我們在提煉精華時的個人濾鏡，都會在過程中一點點改變。

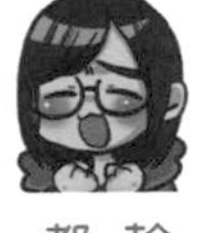

幹嘛～這麼正經八百的，一點都不像我們夏目家的風格！

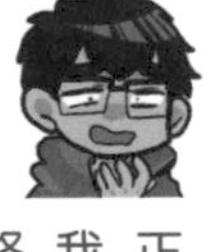

正經也沒什麼不好吧！不過我們兩個人在摸索畫風的這條路上也還只是嬰兒，所以……繼續思索、繼續探索就對了。

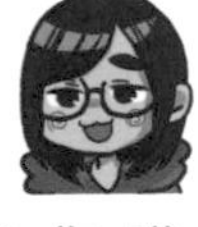

哎唷～還押韻咧！你這個流行說唱歌手！唉……到頭來還是只能天天奮鬥了嗎……為了尋求內心的安寧，我們還是前往亞馬——

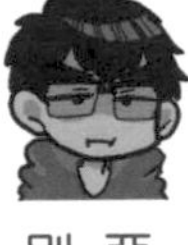

亞馬遜叢林的深處嗎？想都別想。

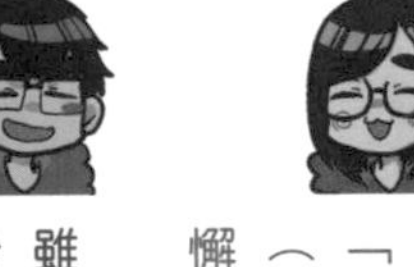

總而言之，也只能好好拿捏「吸收（學習）」和「提煉（應用）」的平衡，堅持不懈！

雖然沒什麼特別的，但這才是最重要的啊這位太太！

你的問題，我們來回答！

Q & A 特輯❶

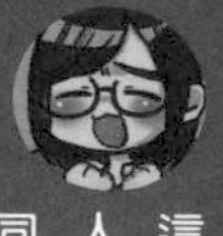

這次真的……很謝謝這麼多人留言問我什麼是「一群共同生活的郵筒」！

太冷門了吧！篇幅沒那麼多，你給我認真回答！

夏目家工作時有什麼堅持嗎？可以的話我想知道你們有什麼一定會遵守的原則。（hiko）

無論如何，自己要做得開心！

我應該跟紗耶一樣！開心最重要！我相信這麼一來對方也會覺得跟我們合作很愉快。

還有「避免做出讓人難過的事情」。這是一定不可以犯的！

想問你們畫圖時最快樂的瞬間是什麼時候？（風間）

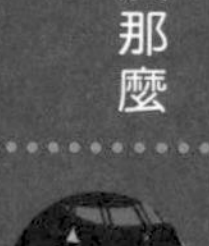

畫出自己也喜歡的表情的時候！還有突然冒出想畫的東西的時候！

我應該是「不打草稿隨手塗鴉的時候」吧。（笑）

阿弦真的很喜歡這種一次定江山的畫法呢……。

你們看起來總是對畫畫樂在其中，但有沒有偶爾覺得畫畫很痛苦的時候？我很好奇如果碰到這種狀況時，你們有沒有什麼可以依靠的心靈支柱？（森林裡的菜穗）

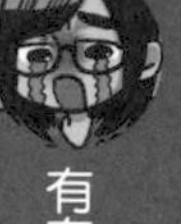
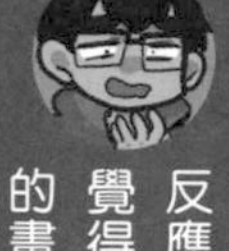

有有有有……。

反應不用這麼大。（笑）我覺得聽到別人說「我喜歡你的畫！」就是我最大的心靈支柱了。

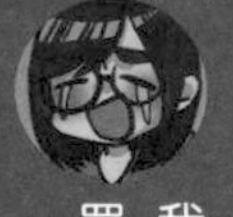
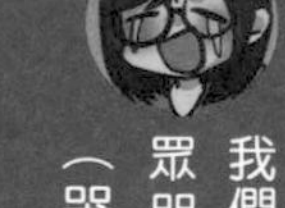

我們一直以來都是靠吸取觀眾朋友的留言過活的……（哭）

你們喜歡對方畫的圖的哪一點？（新夏蒔橙）

我最喜歡她畫的表情。還有線條很乾淨！因為我就畫不出那樣的線條。

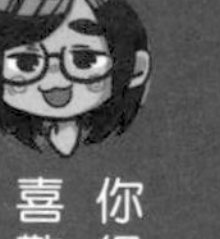

你很懂稱讚嘛。我的話是喜歡阿弦畫的眼睛和姿勢吧……可以感覺到他的癖好呢。

紗耶地理頻道是怎麼想出來的？（鮪魚罐頭）

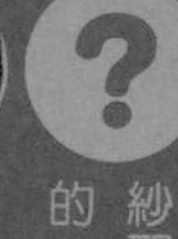

什麼也沒想！

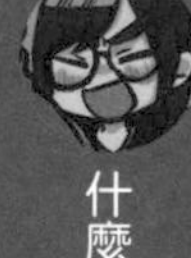

是真的，這對她來說就和脊髓反射沒兩樣。真的很抱歉……。

《第 2 章》

「夏目」有什麼意思？

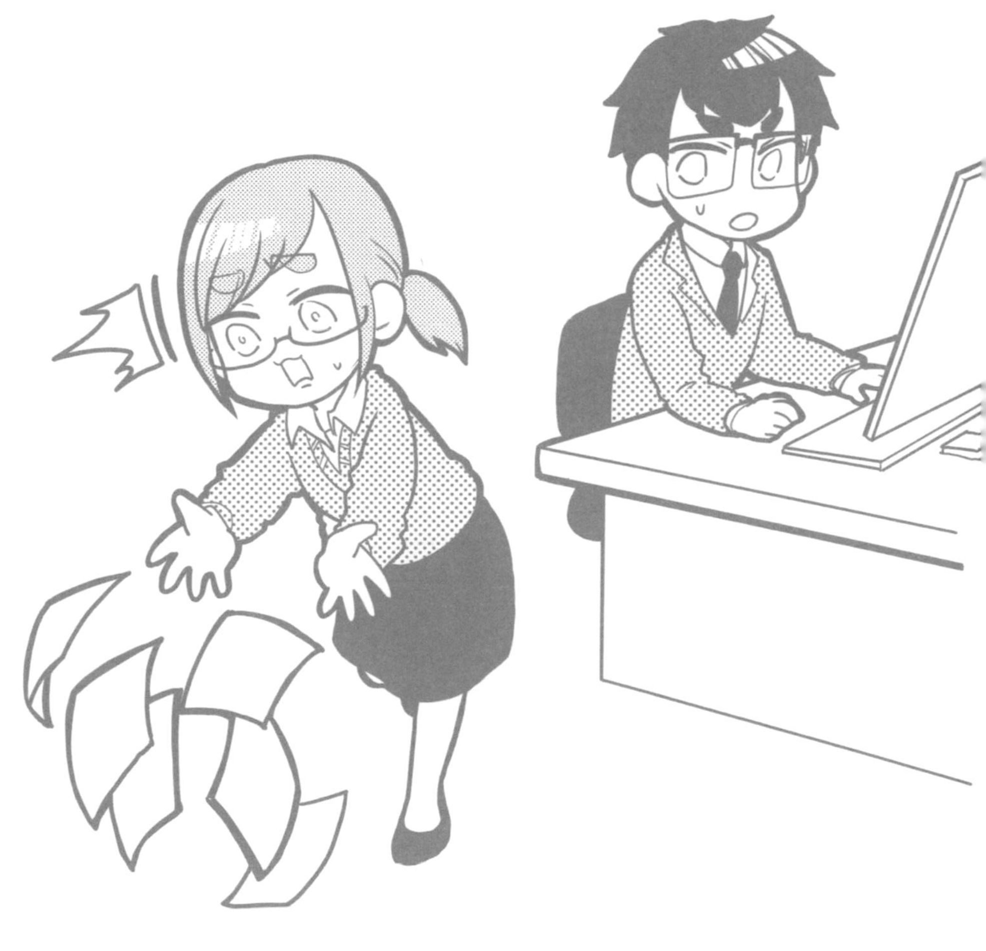

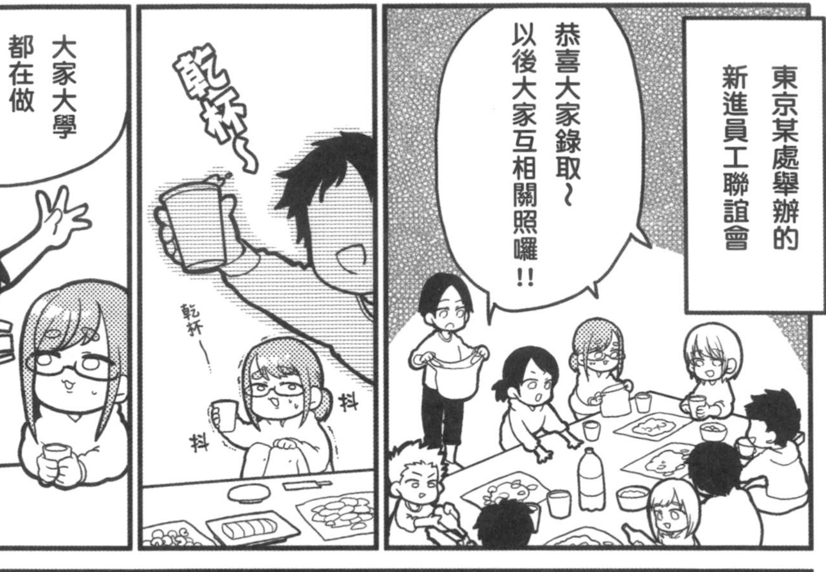
東京某處舉辦的
新進員工聯誼會
恭喜大家錄取~
以後大家互相關照囉!!
乾杯~
乾杯~
抖
抖
大家大學
都在做
什麼啊?
聽我
這邊~!

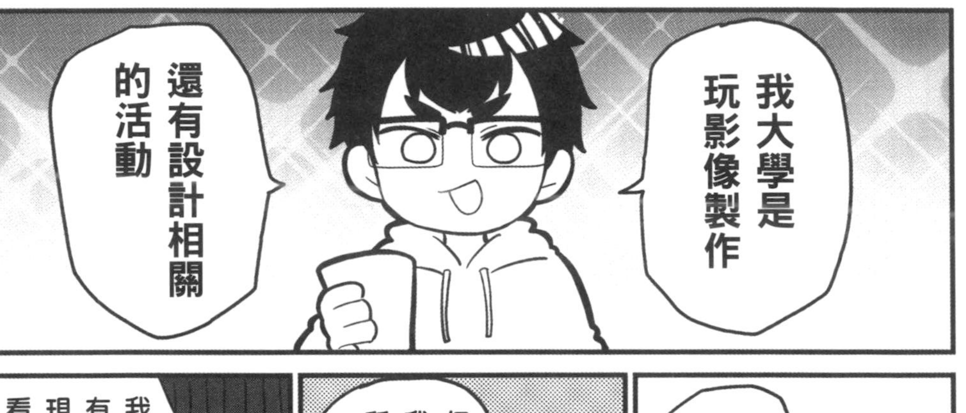
我大學是
玩影像製作
還有設計相關
的活動

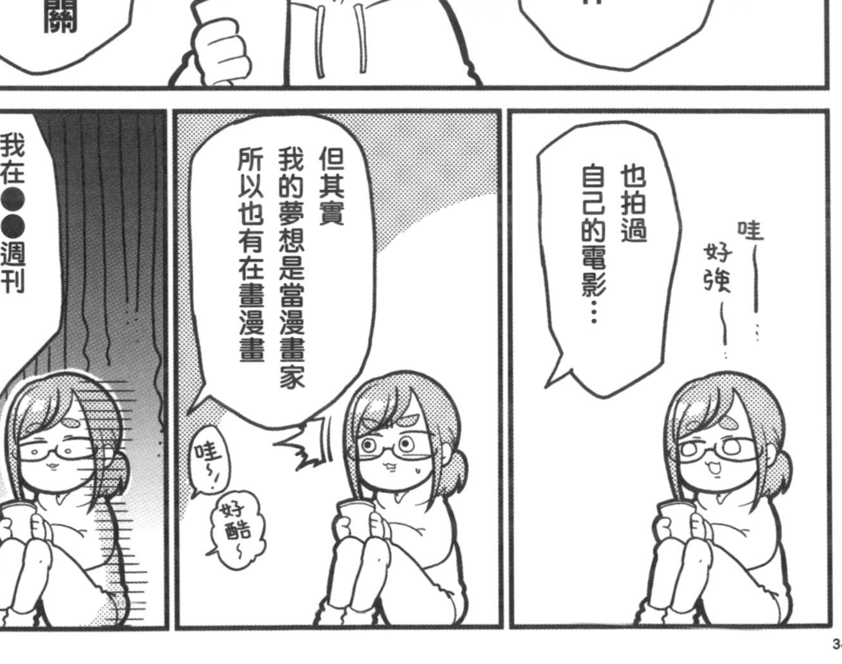
也拍過
自己的電影…
哇——…
好強——…
但其實
我的夢想是當漫畫家
所以也有在畫漫畫
哇~!
好酷~
我在●●週刊
有一個責任編輯
現在正在畫分鏡稿
看有沒有機會連載這樣

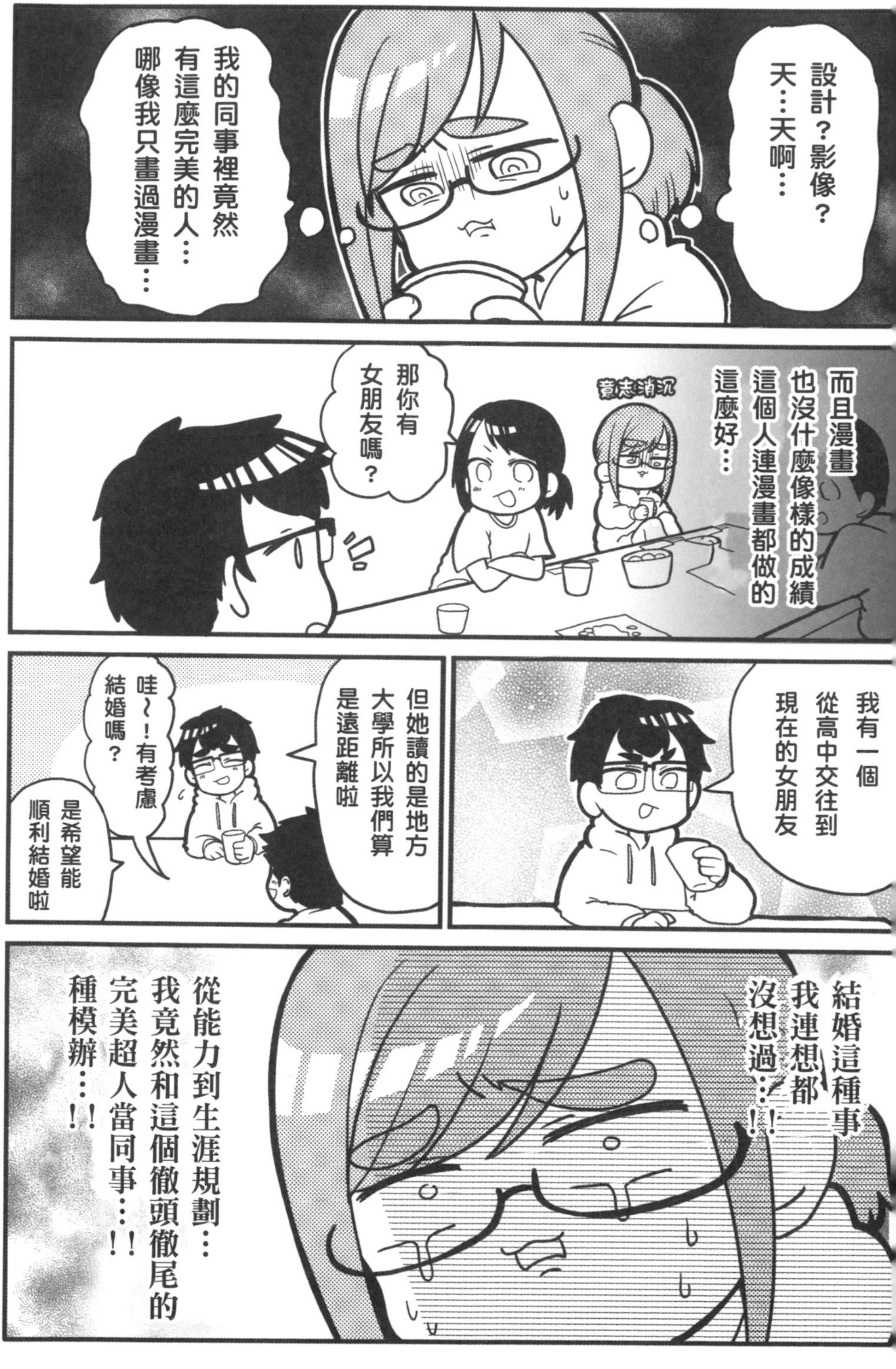

設計？影像？
天…天啊…
我的同事裡竟然
有這麼完美的人…
哪像我只畫過漫畫…
而且漫畫
也沒什麼像樣的成績
這個人連漫畫都做的
這麼好…
意志消沉
那你有
女朋友嗎？
我有一個
從高中交往到
現在的女朋友
但她讀的是地方
大學所以我們算
是遠距離啦
哇～！有考慮
結婚嗎？
是希望能
順利結婚啦
結婚這種事
我連想都
沒想過…！！
從能力到生涯規劃…
我竟然和這個徹頭徹尾的
完美超人當同事…！！
種模辦…！！

3個月後⋯
新進員工訓練結束
分發部門發表當天
●●設計部門
阿弦
有
紗耶
有、有！
我跟完美超人
同部門!?

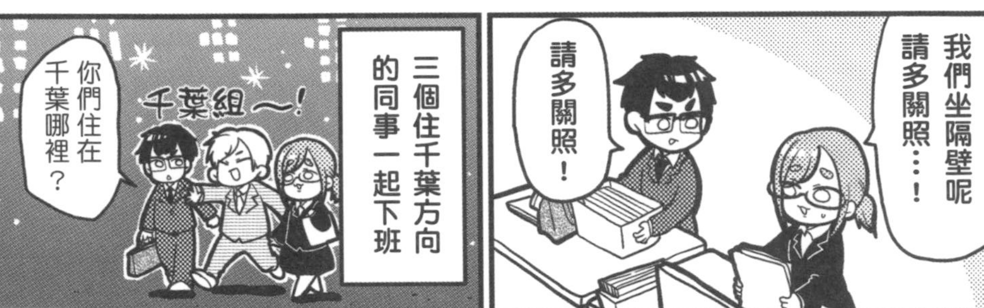
我們坐隔壁呢
請多關照⋯⋯！
請多關照！
三個住千葉方向
的同事一起下班
你們住在
千葉哪裡？
千葉組～！

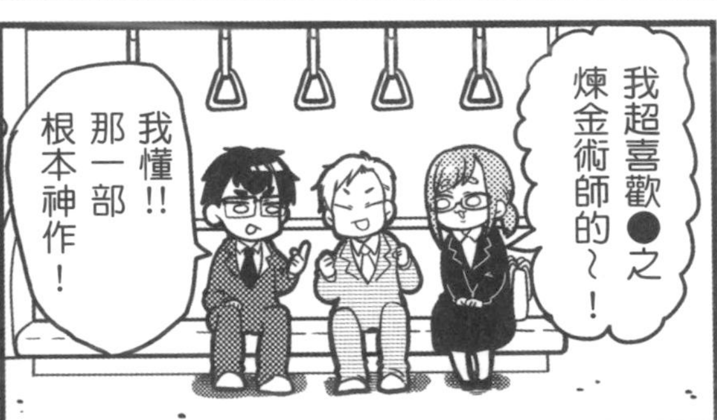
我超喜歡●之
煉金術師的～！
我懂!!
那一部
根本神作！

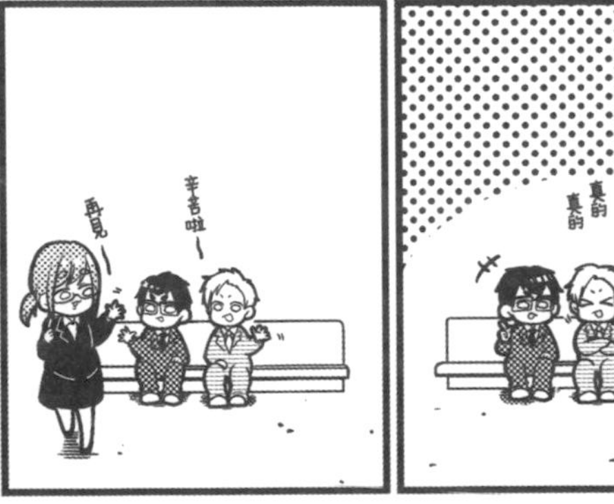
那一段啊～
真的
真的
辛苦啦～
再見～

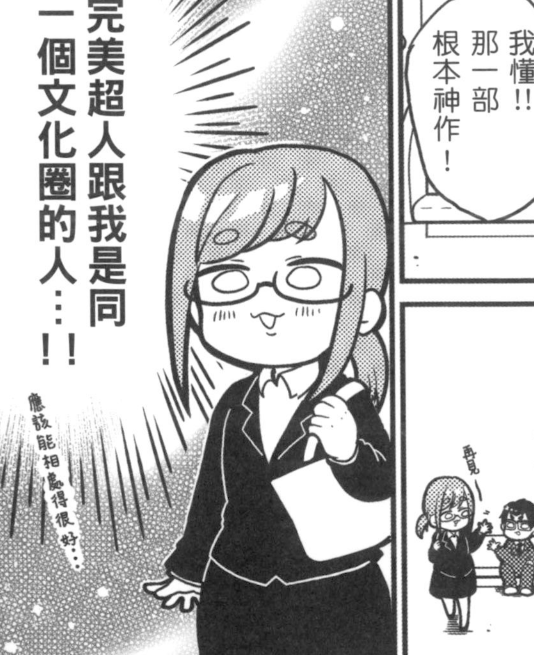
完美超人跟我是同
一個文化圈的人⋯!!
應該能相處得很好⋯⋯

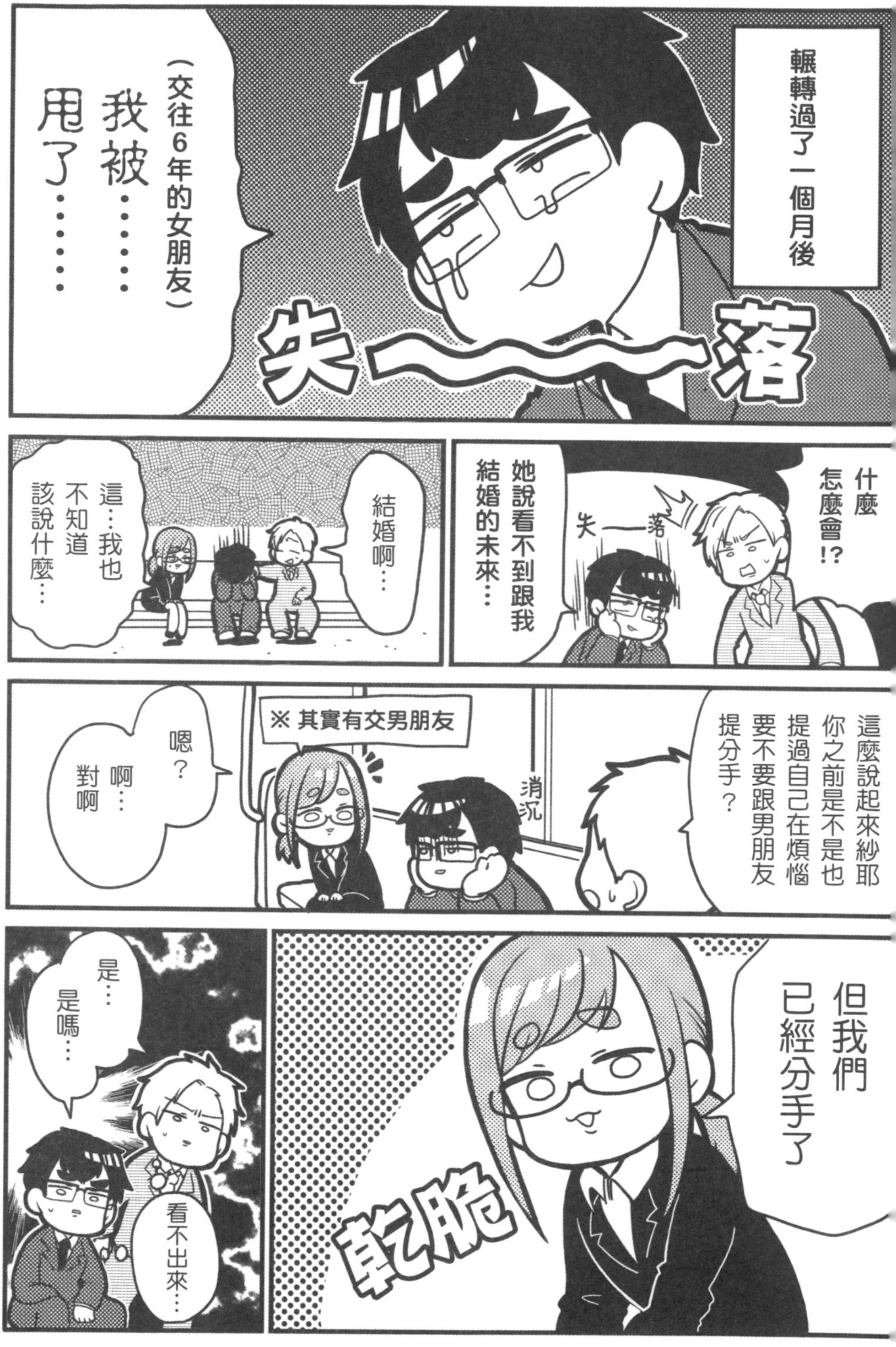

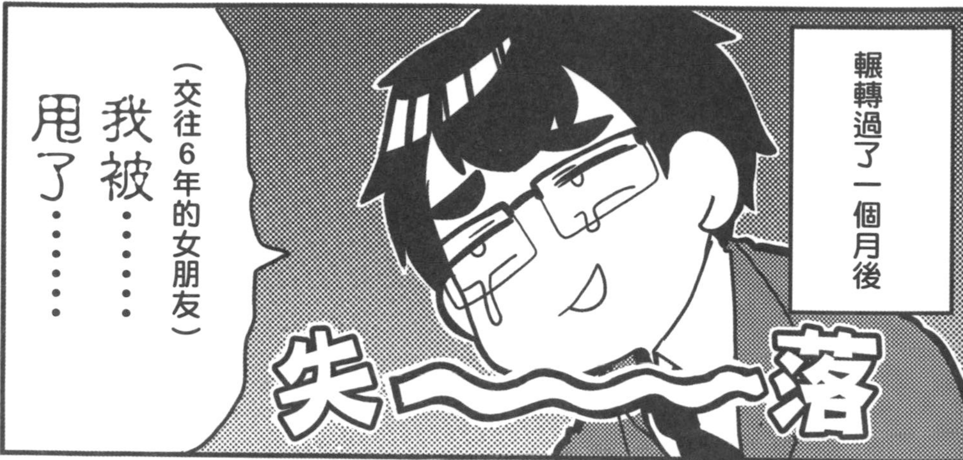

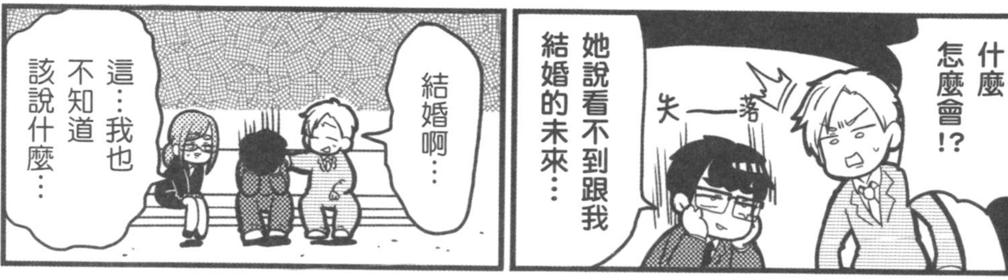

這麼說起來紗耶
你之前是不是也
提過自己在煩惱
要不要跟男朋友
提分手？

消沉

※其實有交男朋友

嗯？
啊…
對啊

但我們
已經分手了

乾脆

是…
是嗎…

看不出來…

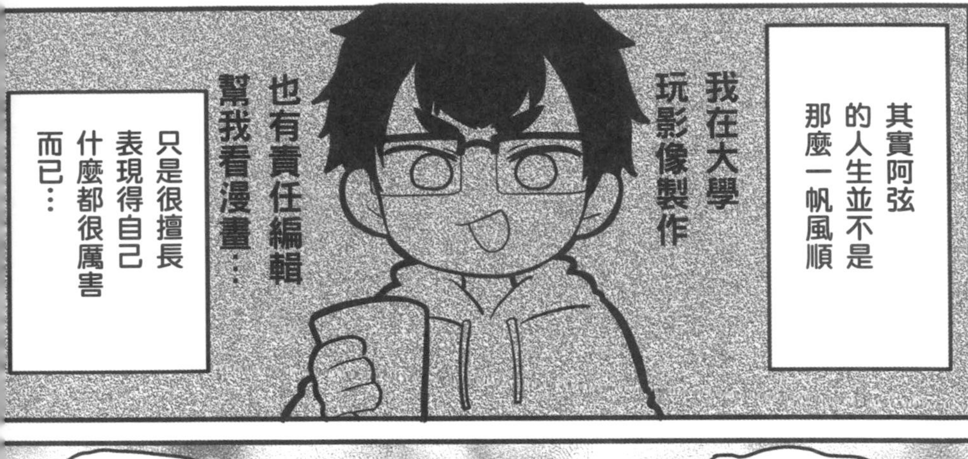
其實阿弦
的人生並不是
那麼一帆風順
我在大學
玩影像製作
也有責任編輯
幫我看漫畫…
只是很擅長
表現得自己
什麼都很厲害
而已…

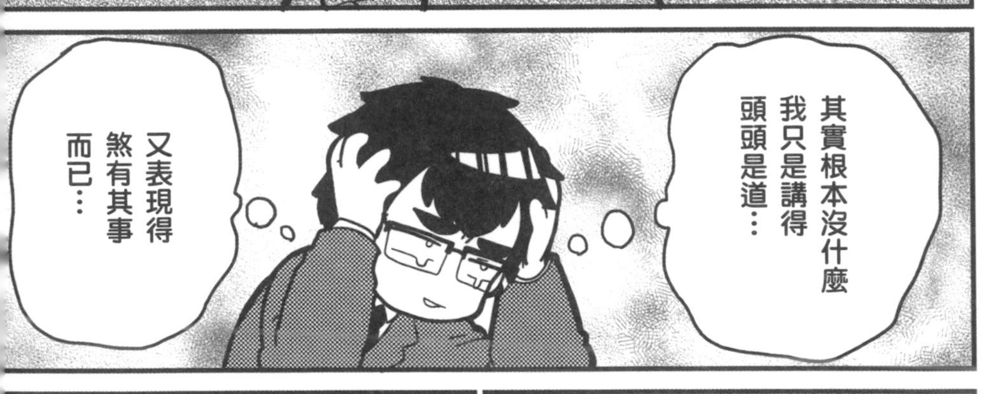
其實根本沒什麼
我只是講得
頭頭是道…
又表現得
煞有其事
而已…

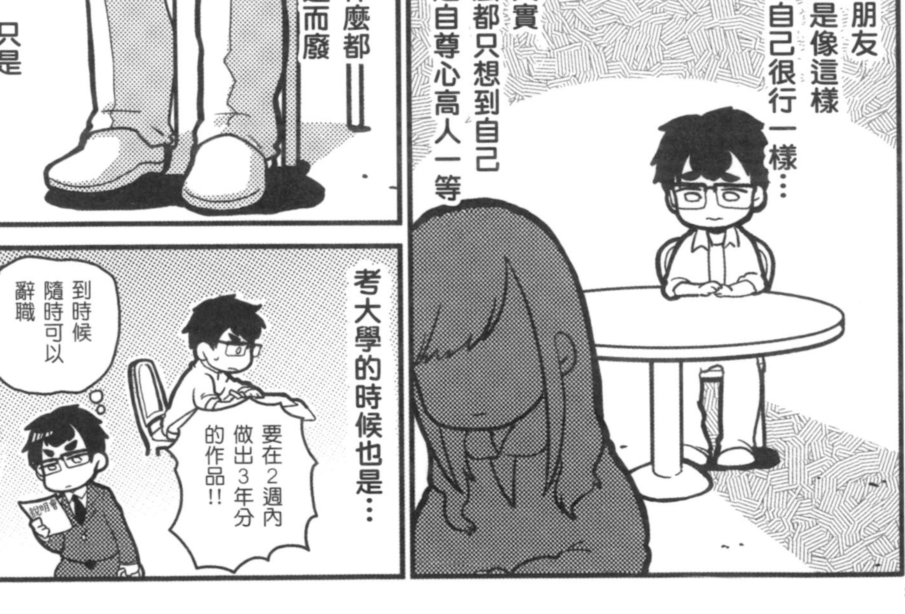
對女朋友
也總是像這樣
裝得自己很行一樣…
但其實
什麼都只想到自己
就是自尊心高人一等
做什麼都
半途而廢
只是
虛有其表
考大學的時候也是…
要在2週內
做出3年分
的作品!!
到時候
隨時可以
辭職
找工作也是…

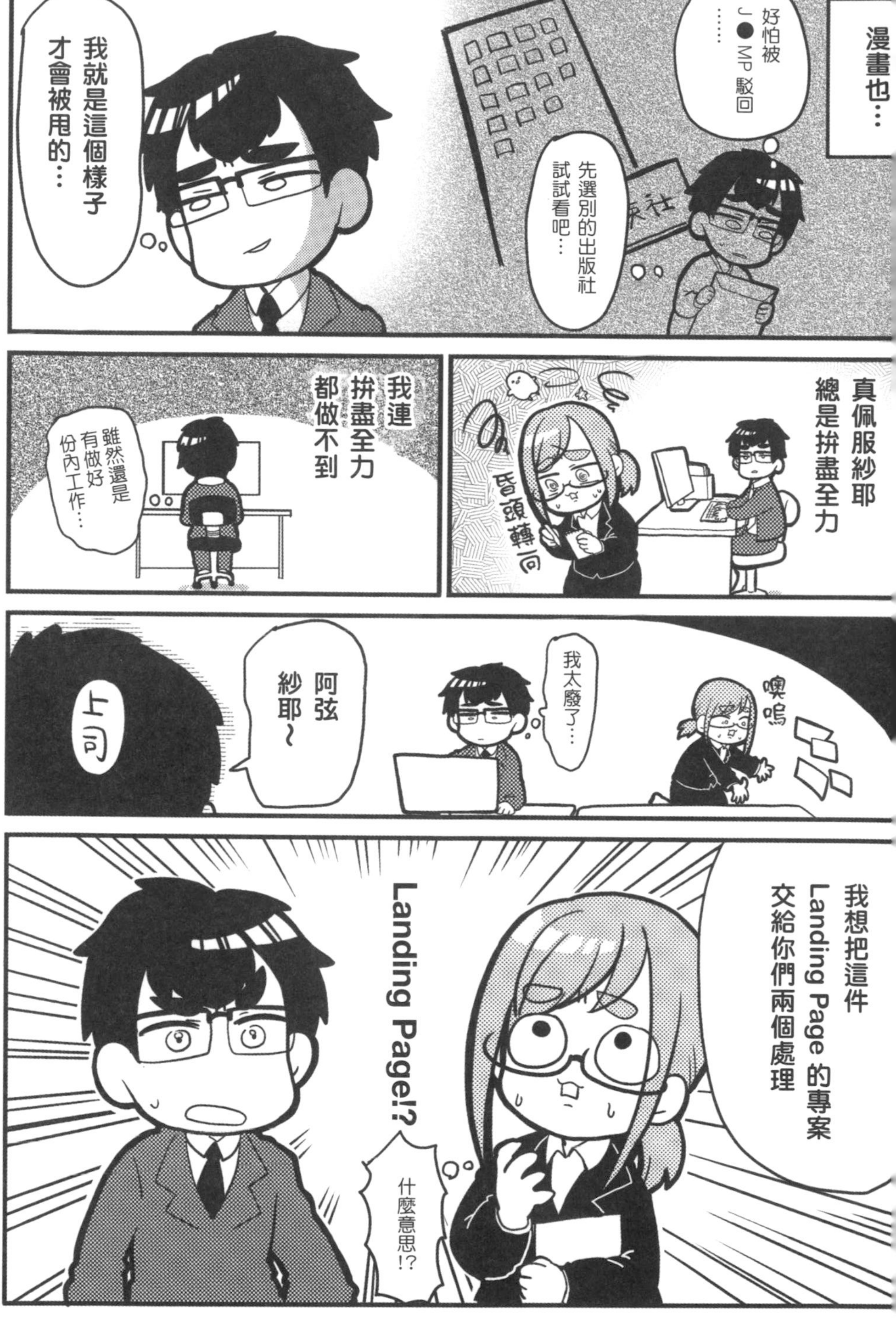
漫畫也…
好怕被J●MP駁回……
先選別的出版社試試看吧…
我就是這個樣子才會被甩的…
真佩服紗耶總是拼盡全力
昏頭轉向
我連拼盡全力都做不到
雖然還是有做好份內工作…
上司
阿弦紗耶~
我太廢了…
噢嗚
我想把這件Landing Page的專案交給你們兩個處理
Landing Page!?
什麼意思!?

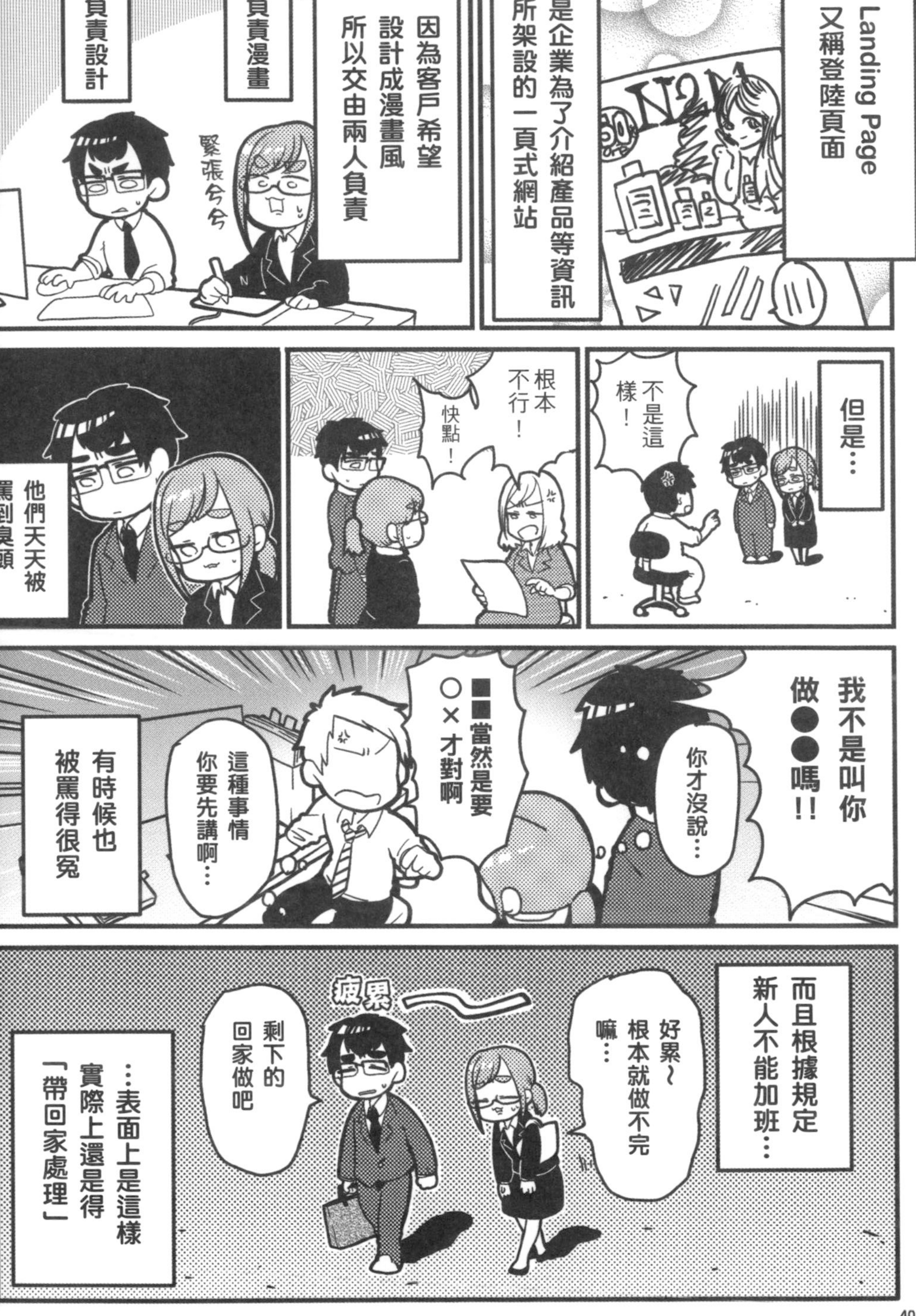
Landing Page
又稱登陸頁面
是企業為了介紹產品等資訊
所架設的一頁式網站
因為客戶希望
設計成漫畫風
所以交由兩人負責
負責漫畫
緊張兮兮
負責設計
但是…
不是這樣！
根本不行！
快點！
他們天天被
罵到臭頭
我不是叫你
做●●●嗎!!
你才沒說…
■■當然是要
○×才對啊
這種事情
你要先講啊…
有時候也
被罵得很冤
而且根據規定
新人不能加班…
好累～
根本就做不完
嘛…
疲累～
剩下的
回家做吧
…表面上是這樣
實際上還是得
「帶回家處理」

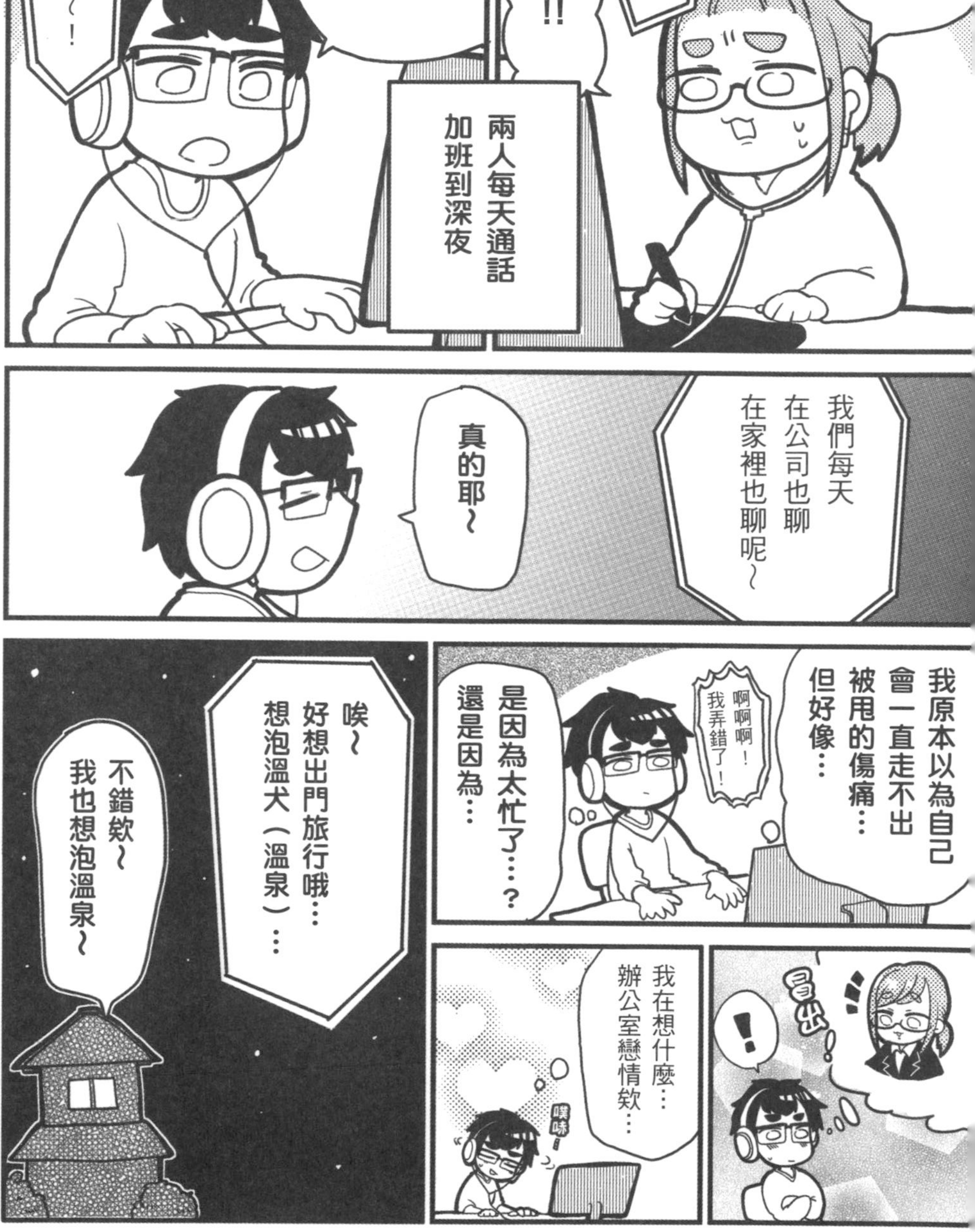
我想想…這個部分怎麼樣比較好？
這樣怎麼樣？
謝謝!!
這個部分我是打算弄成這樣…
我覺得可以～！
兩人每天通話加班到深夜
我們每天在公司也聊在家裡也聊呢～
真的耶～
我原本以為自己會一直走不出被甩的傷痛…
但好像…
啊啊啊！我弄錯了！
是因為太忙了…？
還是因為…
唉～好想出門旅行哦…想泡溫犬（溫泉）…
不錯欸～我也想泡溫泉～
我在想什麼…辦公室戀情欸…
噗哧！
冒出
!

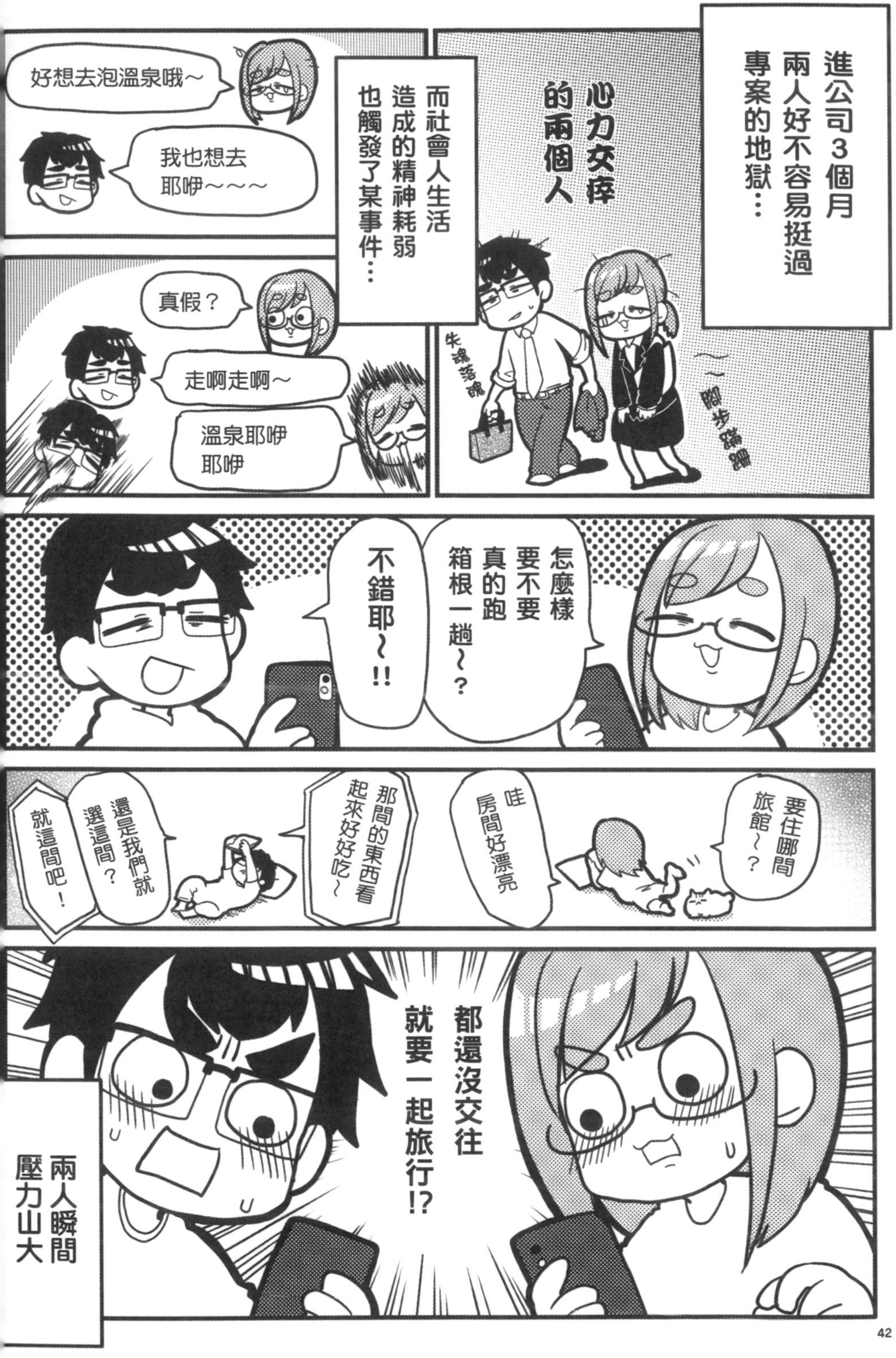

進公司3個月
兩人好不容易挺過
專案的地獄…
心力交瘁
的兩個人
失魂落魄
腳步蹣跚
而社會人生活
造成的精神耗弱
也觸發了某事件…
好想去泡溫泉哦～
我也想去
耶咿～～～
真假？
走啊走啊～
溫泉耶咿
耶咿
怎麼樣
要不要
真的跑
箱根一趟～？
不錯耶～!!
要住哪間
旅館～？
哇
房間好漂亮
那間的東西看
起來好好吃～
還是我們就
選這間？
就這間吧！
都還沒交往
就要一起旅行!?
兩人瞬間
壓力山大

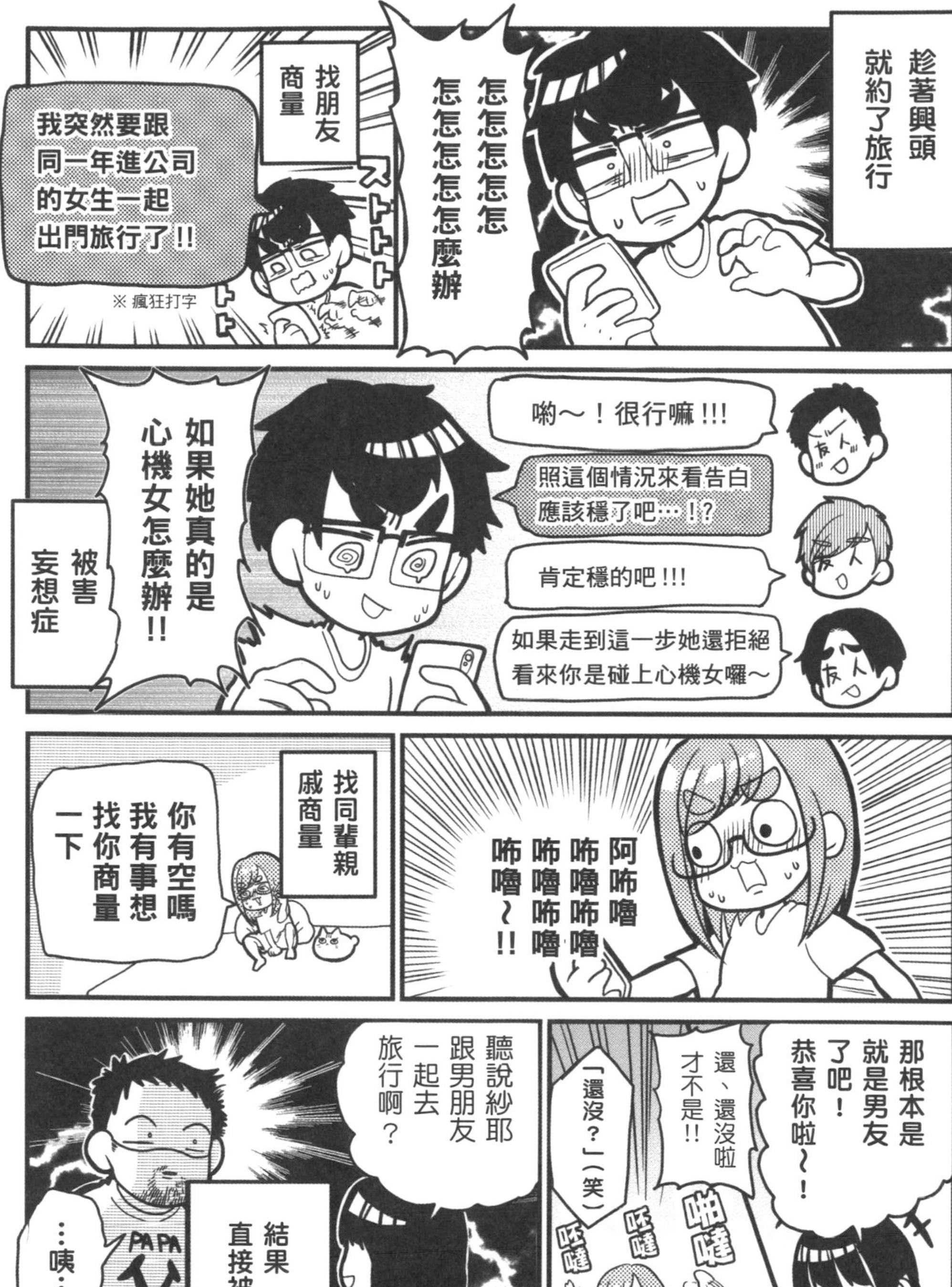

趁著興頭就約了旅行
怎怎怎怎怎怎怎怎麼辦
找朋友商量
我突然要跟同一年進公司的女生一起出門旅行了!!
※瘋狂打字
喲～！很行嘛!!!
照這個情況來看告白應該穩了吧⋯！？
肯定穩的吧!!!
如果走到這一步她還拒絕看來你是碰上心機女囉～
如果她真的是心機女怎麼辦!!
被害妄想症
阿咘嚕咘嚕咘嚕咘嚕咘嚕咘嚕～!!
找同輩親戚商量
你有空嗎我有事想找你商量一下
那根本是就是男友了吧！恭喜你啦～！
還、還沒啦才不是!!
「還沒？」（笑）
啪噠
啪噠
聽說紗耶跟男朋友一起去旅行啊？
結果直接被出賣
⋯咦⋯⋯？

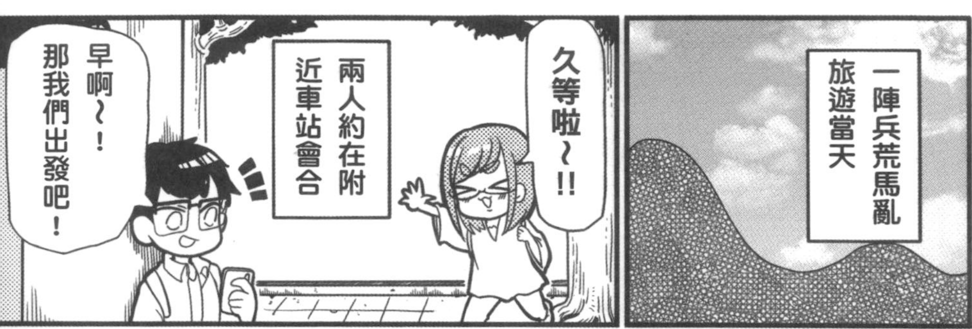
一陣兵荒馬亂
旅遊當天
久等啦~!!
兩人約在附近車站會合
早啊~!
那我們出發吧!

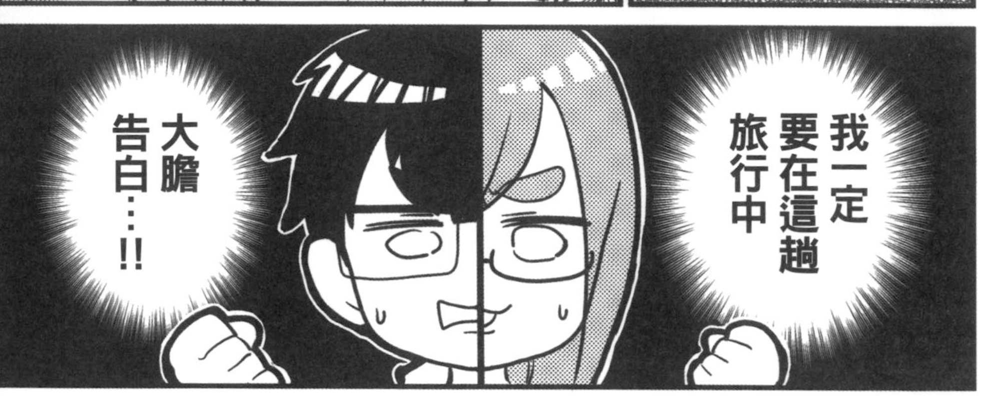
我一定要在這趟旅行中
大膽告白……!!

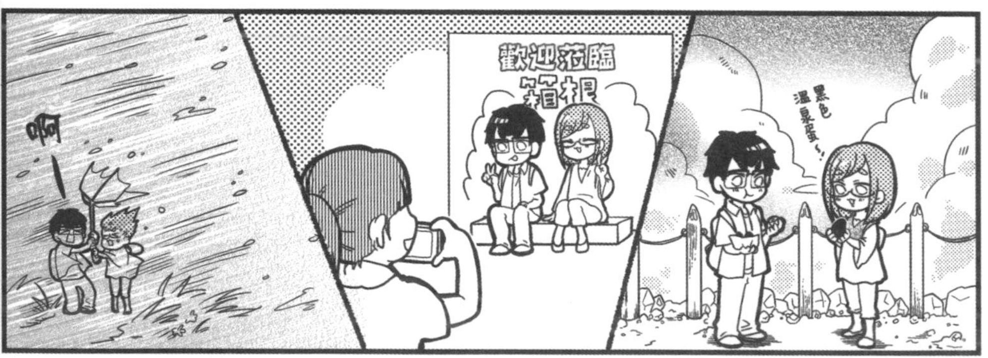
黑色溫泉蛋~!
歡迎蒞臨箱根
啊—

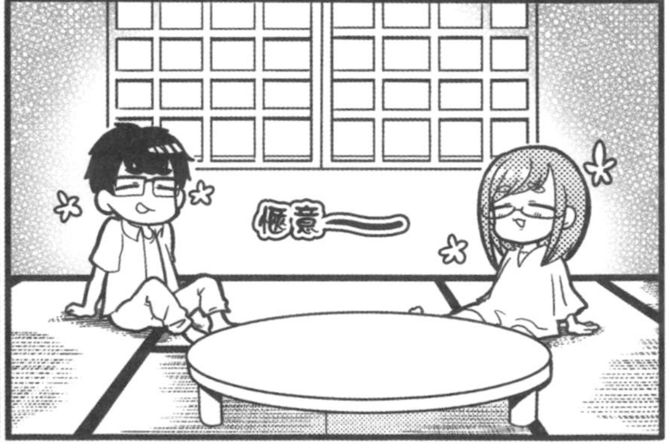
愜意——

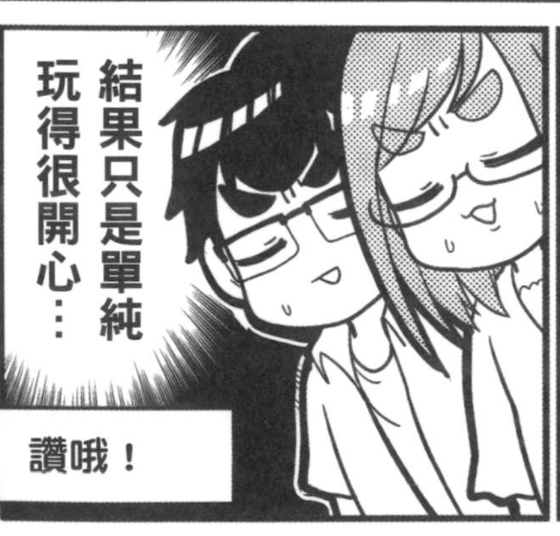
結果只是單純玩得很開心…
讚哦!

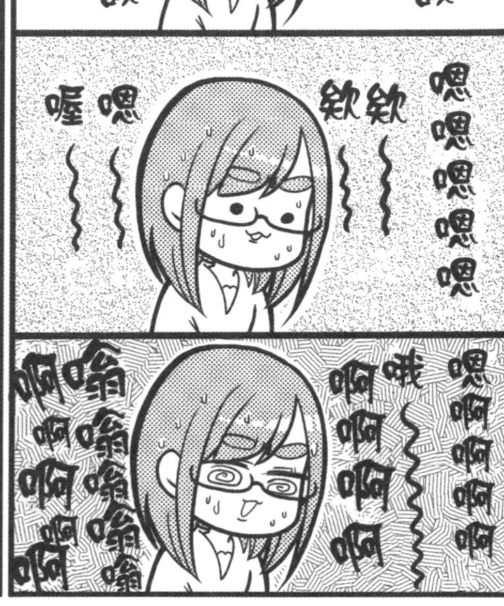

完蛋完蛋完蛋
如果錯過這次
機會的話
之後恐怕
暫時
碰
再
機會
別擔
目前看來
她也不是心機女
我得趁沉默被
打破之前行動
只能現在上了!?

總之只要說一句
就那一句而已!!
可是之後咧？
表現得自然一點
對了對了
也可以先聊聊
飯菜的部分啊

真期待今天的
晚、晚飯呢
話說我們
等一
太亮了吧!?
燈是不是調暗
一點比較好!?

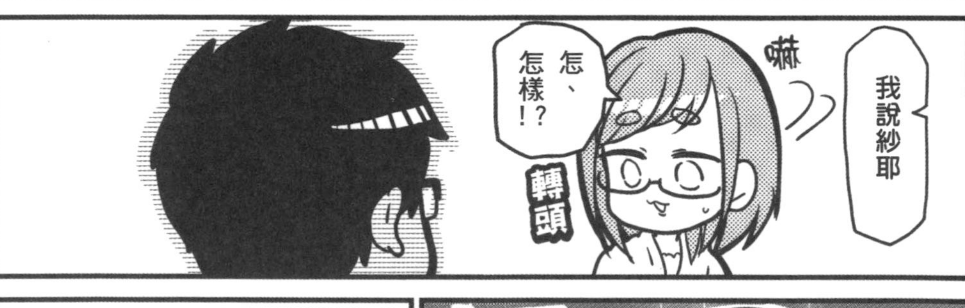

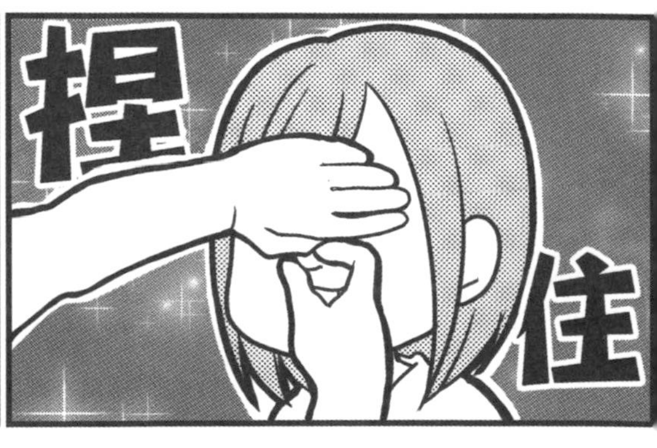

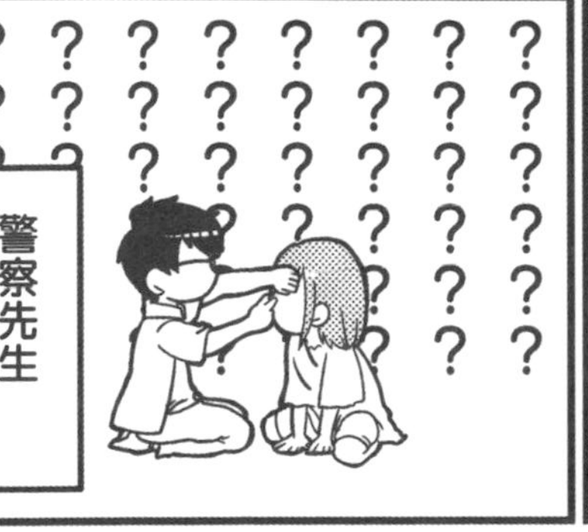

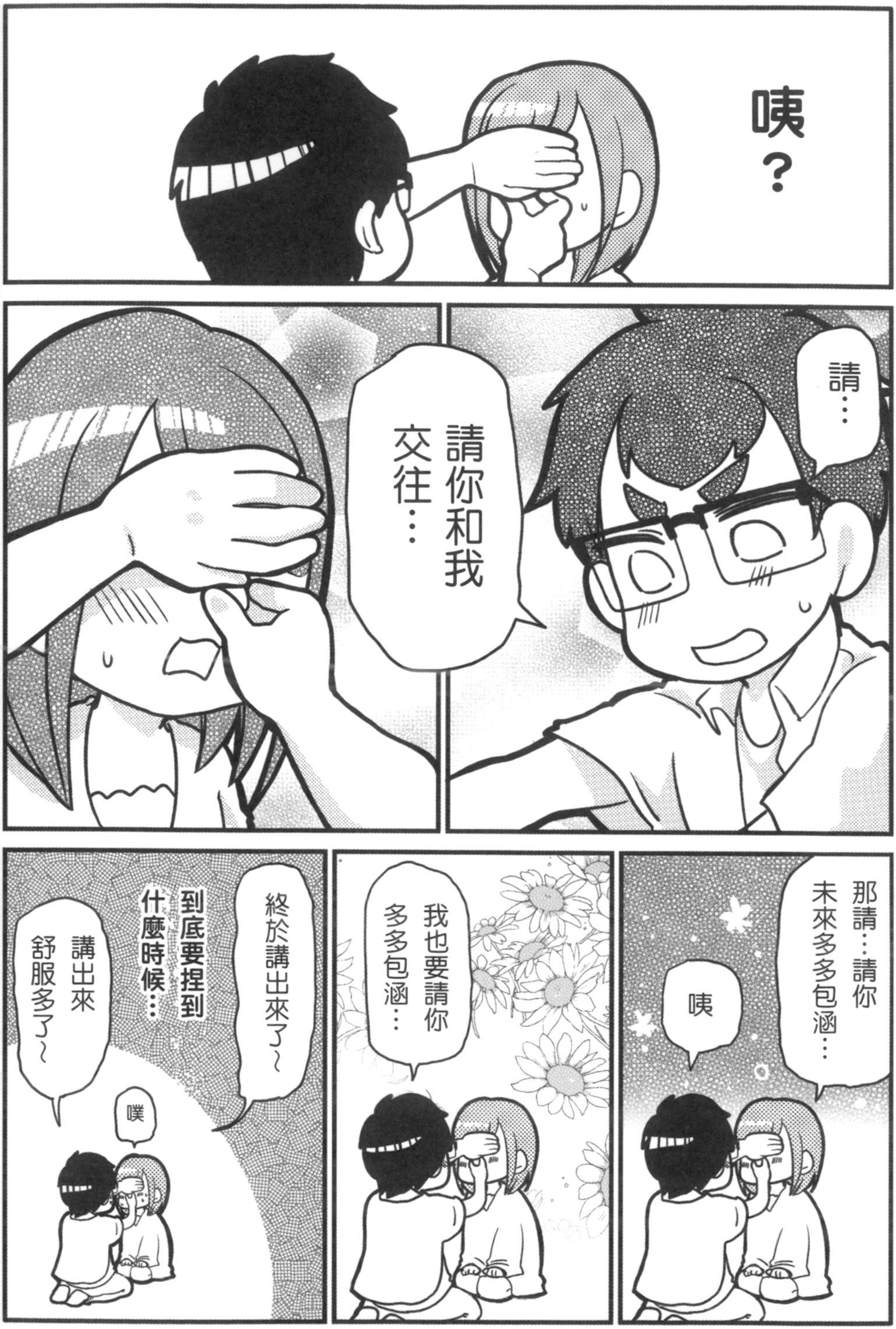

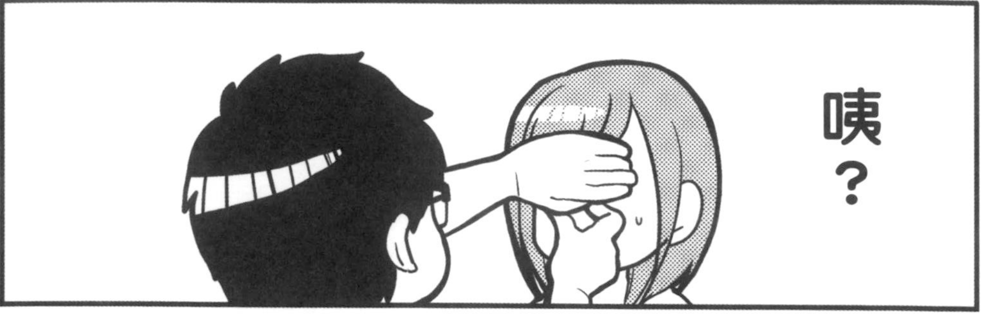
咦？
請…
請你和我交往…
那請…請你未來多多包涵…
咦
我也要請你多多包涵…
終於講出來了～
到底要捏到什麼時候…
講出來舒服多了～
噗

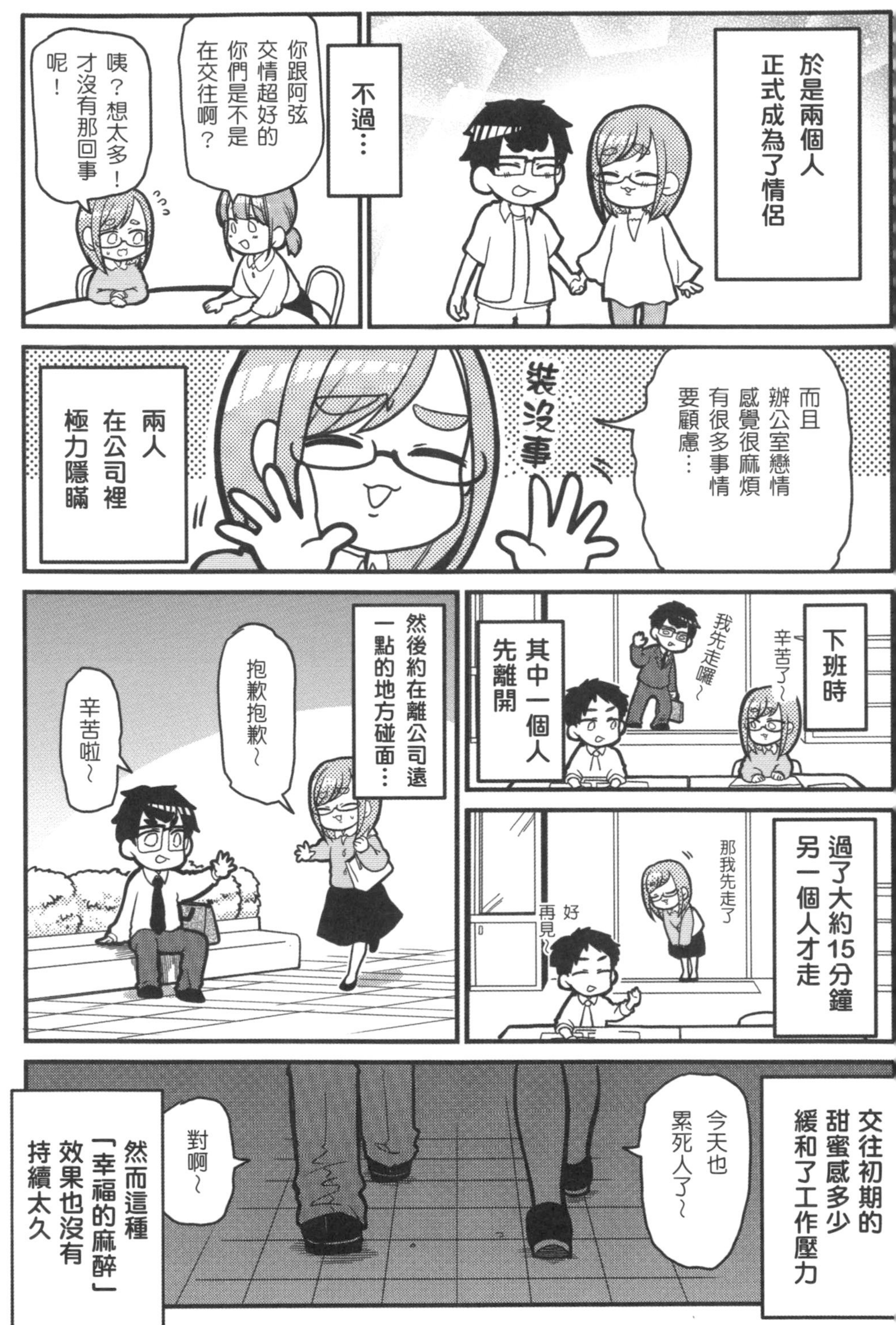
於是兩個人正式成為了情侶
不過…
你跟阿弦交情超好的你們是不是在交往啊？
咦？想太多！才沒有那回事呢！
而且辦公室戀情感覺很麻煩有很多事情要顧慮…
裝沒事
兩人在公司裡極力隱瞞
下班時
辛苦了～
我先走囉～
其中一個人先離開
過了大約15分鐘另一個人才走
那我先走了
好
再見～
然後約在離公司遠一點的地方碰面…
抱歉抱歉～
辛苦啦～
交往初期的甜蜜感多少緩和了工作壓力
今天也累死人了～
對啊～
然而這種「幸福的麻醉」效果也沒有持續太久

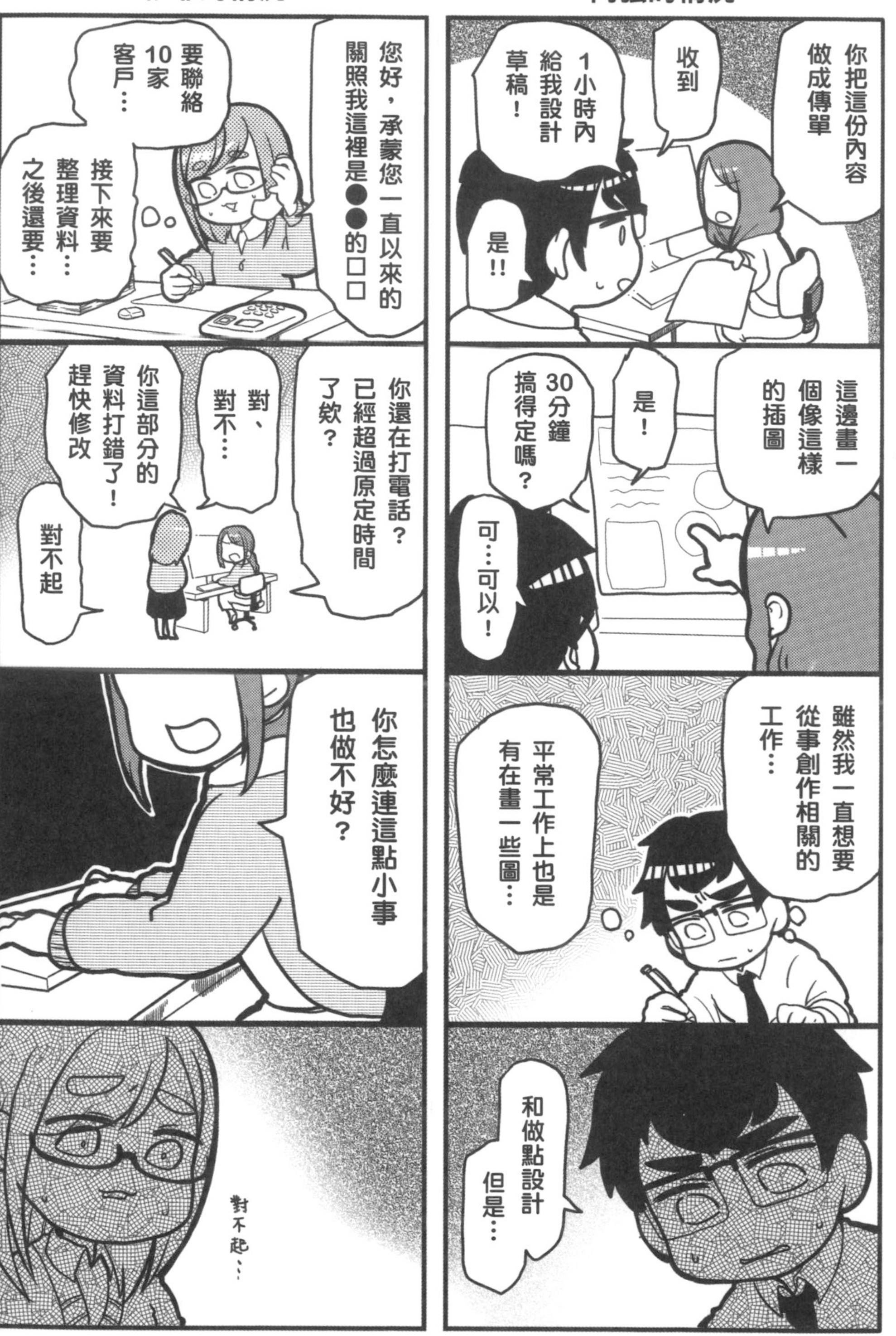
阿弦的情況
你把這份內容做成傳單
收到
1小時內給我設計草稿！
是!!
這邊畫一個像這樣的插圖
是！
30分鐘搞得定嗎？
可…可以！
雖然我一直想要從事創作相關的工作…
平常工作上也是有在畫一些圖…
和做點設計
但是…
紗耶的情況
您好，承蒙您一直以來的關照我這裡是●●的□□
要聯絡10家客戶…
接下來要整理資料…之後還要…
你還在打電話？已經超過原定時間了欸？
對、對不…
你這部分的資料打錯了！趕快修改
對不起
你怎麼連這點小事也做不好？
對不起…

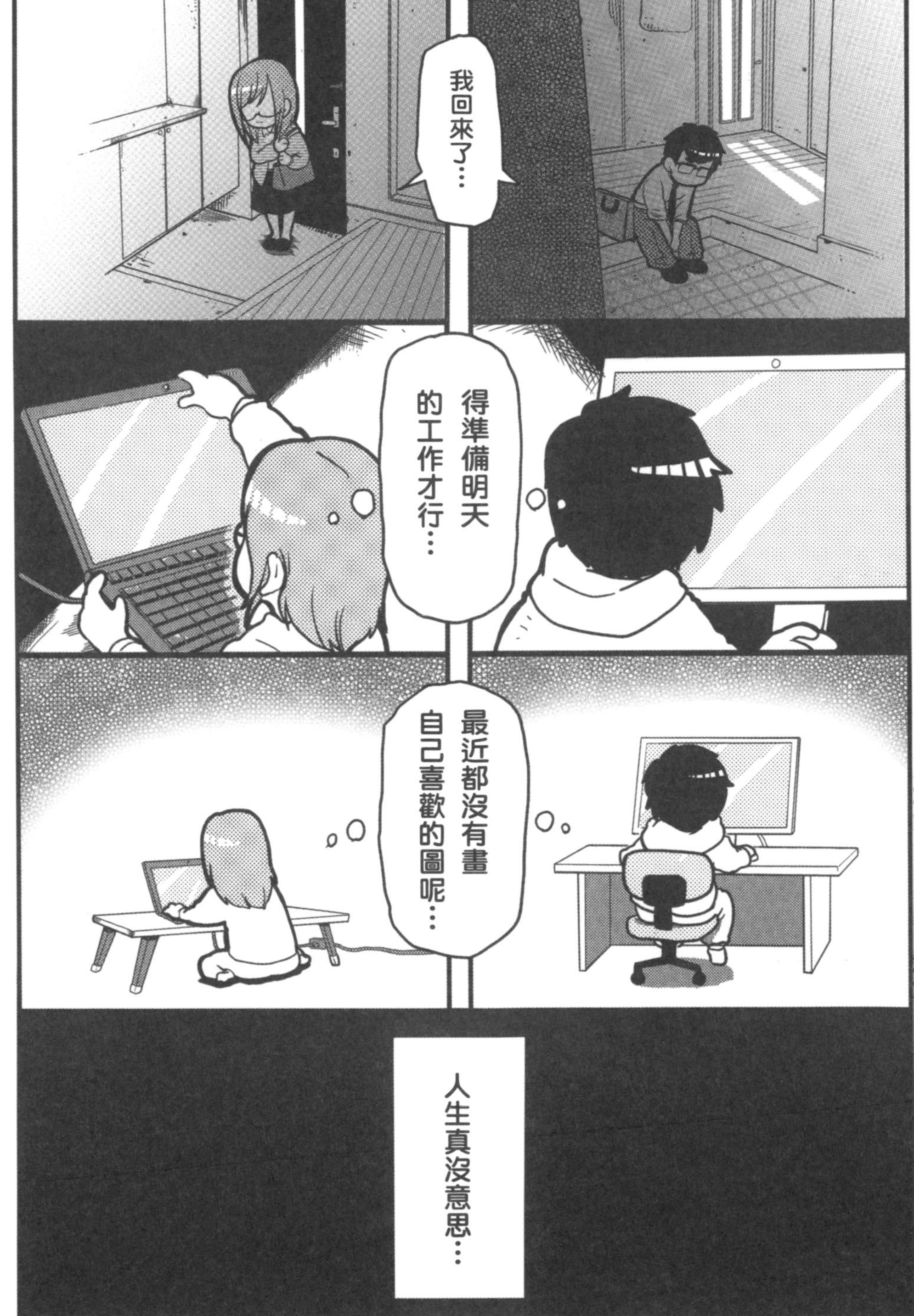
我回來了…
得準備明天的工作才行…
最近都沒有畫自己喜歡的圖呢…
人生真沒意思…

對談錄 4

如果覺得畫畫很痛苦怎麼辦？

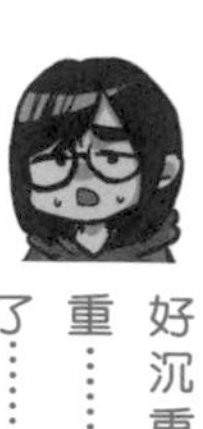

好沉重……這個主題有夠沉重……故事也進入沉悶的橋段了……。

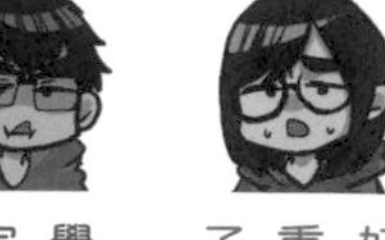

覺得畫畫很痛苦的時候就休息！完畢！

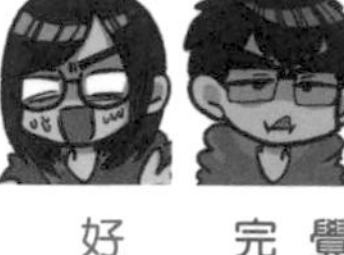

好短！

但我覺得就是因為好好休息比想像中來得難，所以更需要提醒自己休息吧？

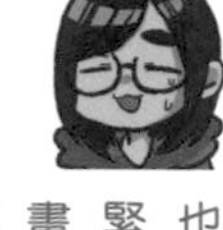

也是，我們很容易把自己逼到很緊繃的狀態。有時候甚至也不是畫畫痛苦，而是因為其他事情做不好，連帶做什麼事都很沒勁，還搞到自己睡眠不足……有的時候真希望乾脆整個太陽系都毀滅算了……。

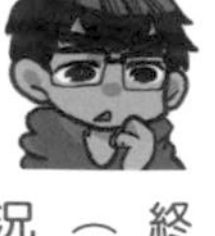

終於走到干涉宇宙這一步了嗎？（笑）我覺得每次感到痛苦的狀況都不太一樣，我舉幾個例子。

・拿自己跟別人比較
・找不到自己想畫的東西
・忙到沒時間畫畫

這些狀況都有可能讓我們覺得畫畫不開心，甚至很痛苦。明明背後原因都不一樣，最後卻歸納成同一個結論，進而引發一連串負面循環。

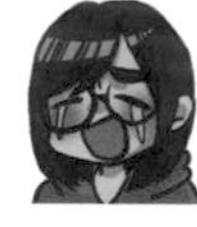

報告老師！這幾種狀況我都經歷過！

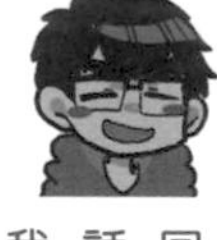

回答得很有精神，很好！（笑）話說回來，大家知道什麼叫「自我設限（self-handicapping）」嗎？

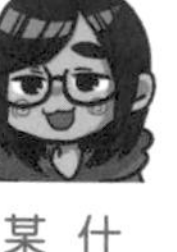

什麼？你該不會要開始說一些某某大學研究指出之類的東西吧!?

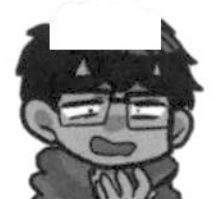

差不多是那樣的東西沒錯啦！（笑）其實我剛出社會的時候也對這些事情很煩惱，所以查過相關資料。

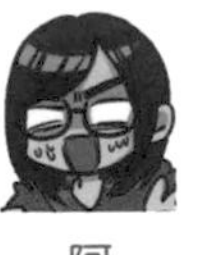

阿弦的黑暗時代！

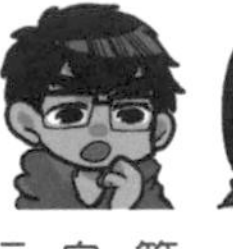

簡單來說這是一種「找理由限制自己，替自己打預防針」的心理行為。

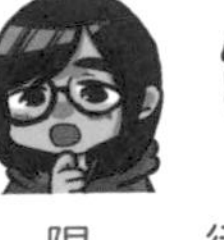

限制自己？

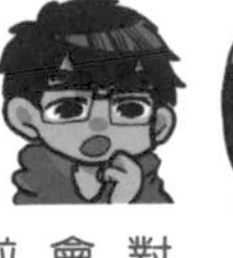

對，比方說有些人在考試前不是會說「這次考的東西我都沒看啦～」之類的話嗎？

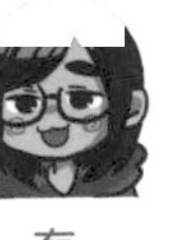

有有有，超多的……。

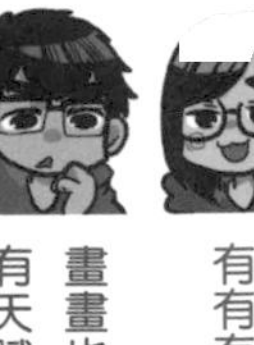

畫畫也是，我們可能會想「我沒有天賦，沒辦法畫得跟誰誰誰一樣好」、「我只是太忙了，要是有時間一定能畫得更好」之類的。

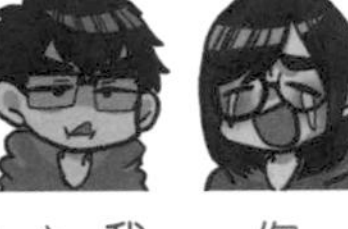

你老婆我覺得耳朵癢癢的喔？

我也是一個不注意就會陷入這種心理狀態啦。（笑）這種想法的確可以避免自己傷心，但以心理學的角度來說，整體還是負面影響比較多，會將人拉往失敗的方向。

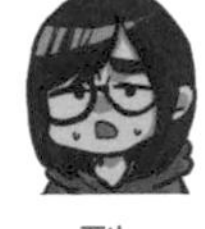

到最後整個心態都會崩潰呢。

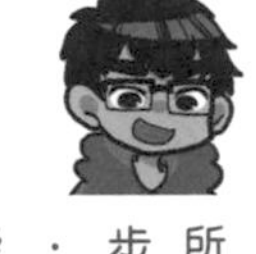

所以我想重要的是要有自覺地一步步去改變這種想法。比方說：

・拿自己跟別人比較→如果我也能學會那個人的技巧一定會變得更厲害！

・找不到自己想畫的東西→可以多看看漫畫、電影，體驗不同事物拓展興趣的範圍！（補充內涵）

・忙到沒時間畫畫→可以先設定容易達成的小目標，例如1天就算只畫個10分鐘也要天天畫！

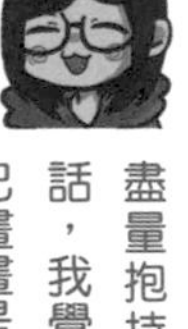

盡量抱持正面的心態！可以的話，我覺得讓快樂的心情推動自己畫畫是最好的狀況。

回想自己覺得「畫畫很開心」的初衷也是一個好方法。如果能將目標轉換成數值的話就更好了。

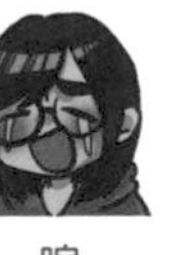

嗚……我超不擅長的……。

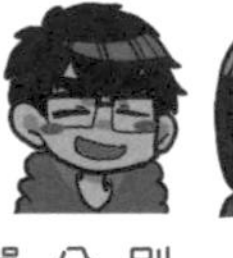

別想得太複雜，先從1天畫個10分鐘、1個禮拜畫1張圖這種簡單的目標開始也沒關係。多關注自己「做得到的」，別老是想自己「做不到的」。一點一滴調整心態就對了！

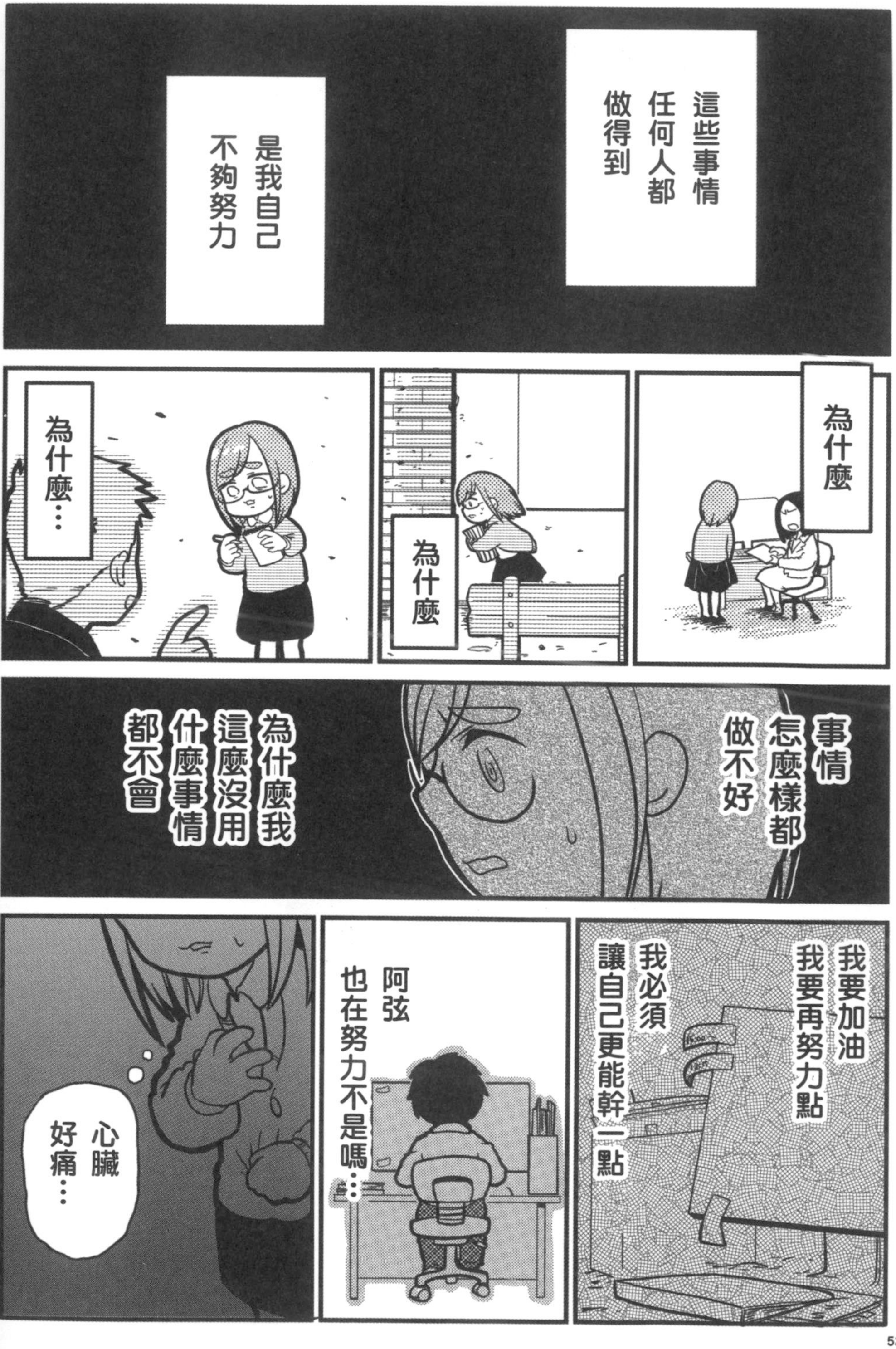

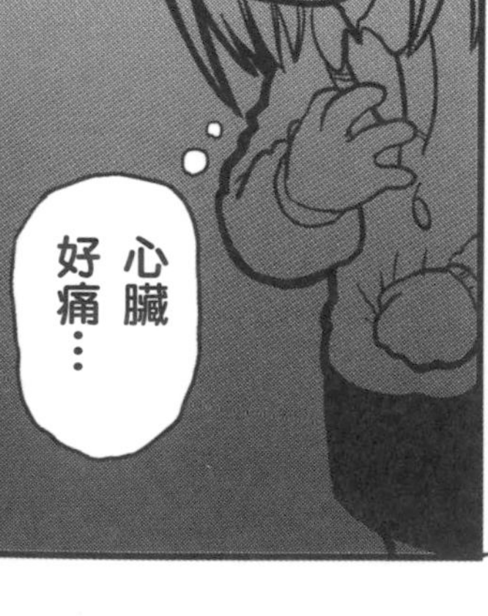
這些事情
任何人都
做得到
是我自己
不夠努力
為什麼
為什麼
為什麼…
事情
怎麼樣都
做不好
為什麼我
這麼沒用
什麼事情
都不會
我要加油
我要再努力點
我必須
讓自己更能幹一點
阿弦
也在努力不是嗎…
心臟
好痛…

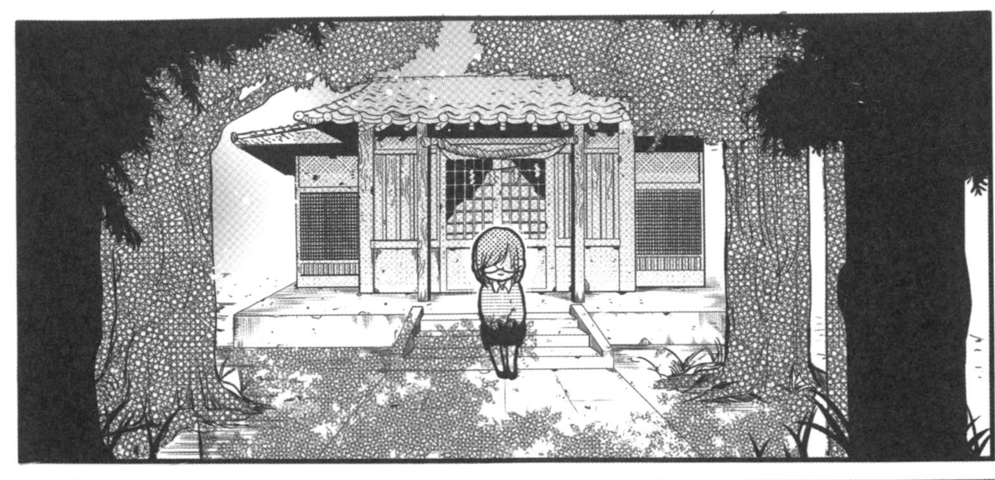

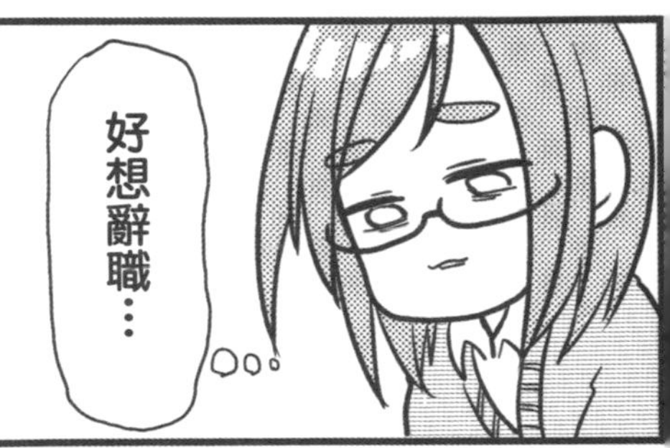

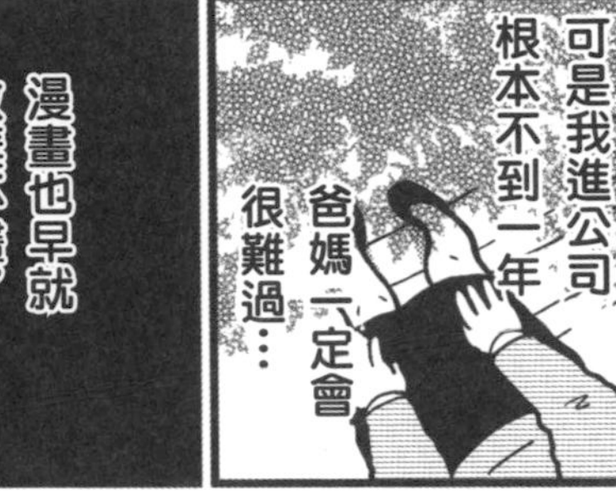

漫畫也早就放棄不畫了

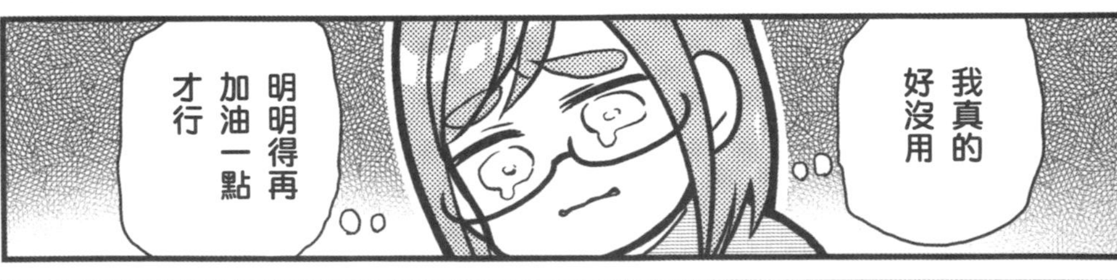

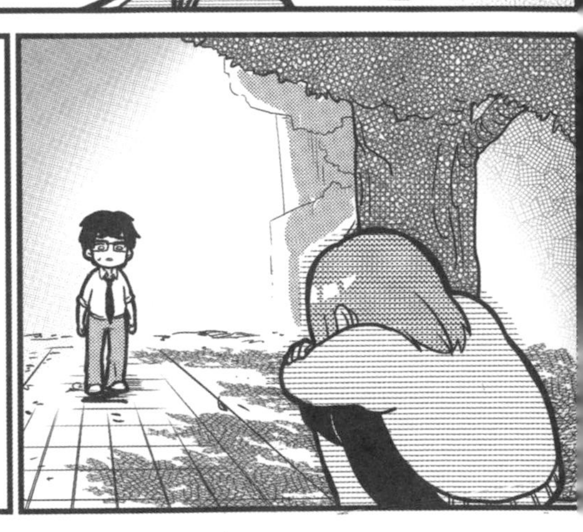

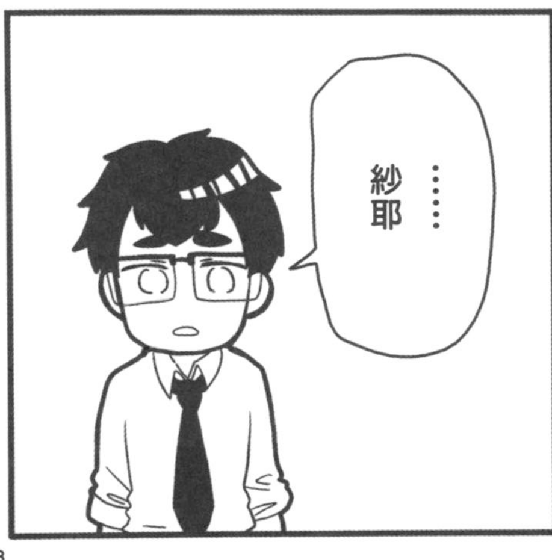

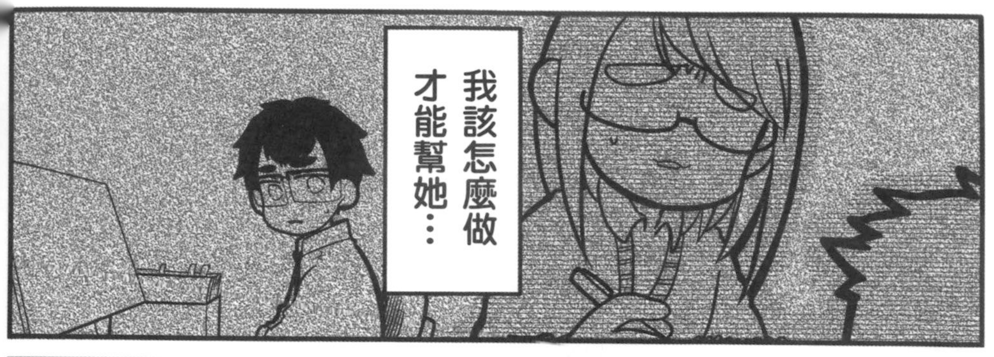
我該怎麼做
才能幫她…

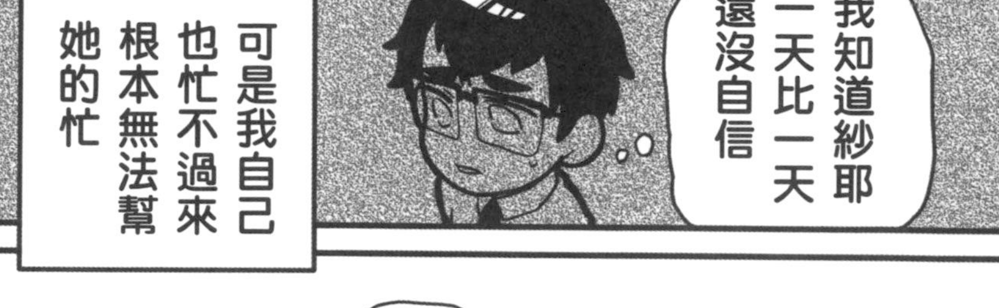
我知道紗耶
一天比一天
還沒自信
可是我自己
也忙不過來
根本無法幫
她的忙

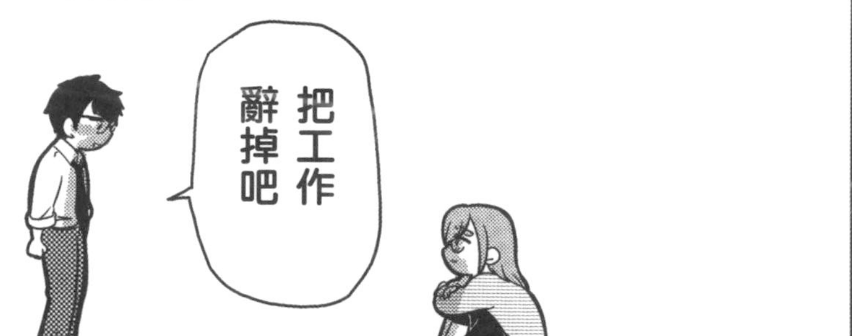
把工作
辭掉吧

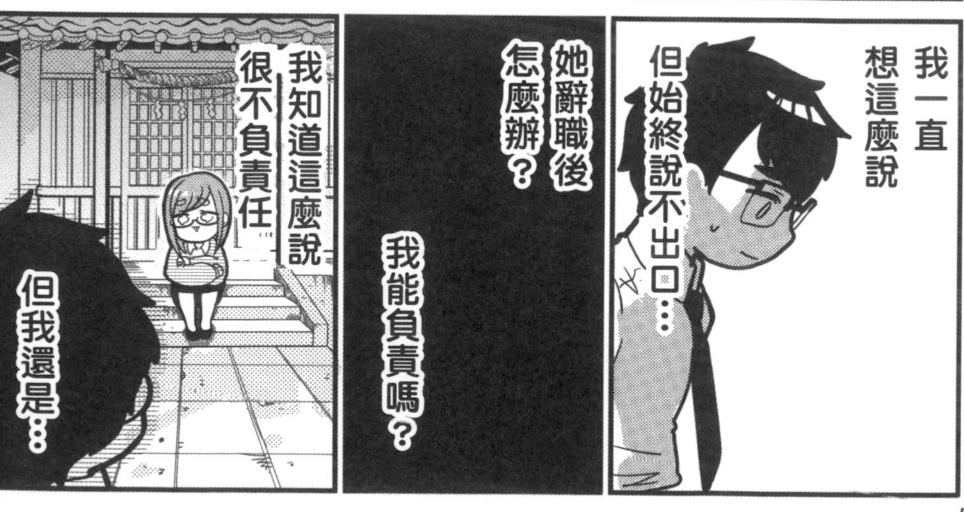
我一直
想這麼說
但始終說不出口…
她辭職後
怎麼辦？
我能負責嗎？
我知道這麼說
很不負責任
但我還是…

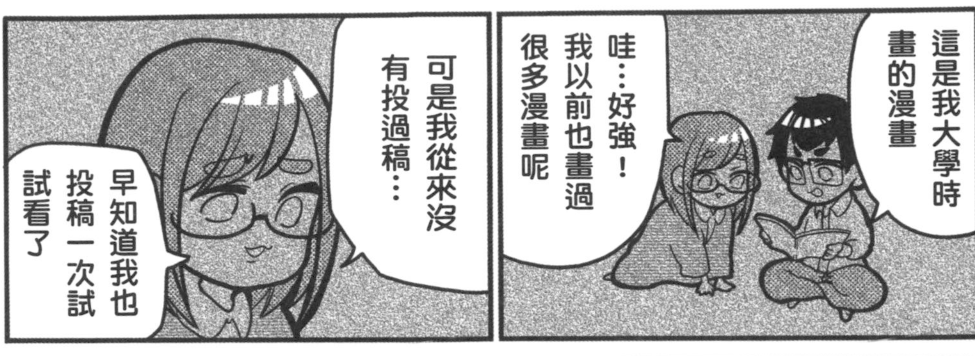
這是我大學時畫的漫畫
哇…好強！我以前也畫過很多漫畫呢
可是我從來沒有投過稿…
早知道我也投稿一次試試看了

再這樣下去她的人生只會留下滿滿悔恨…
不行!!
再試著畫一次漫畫吧

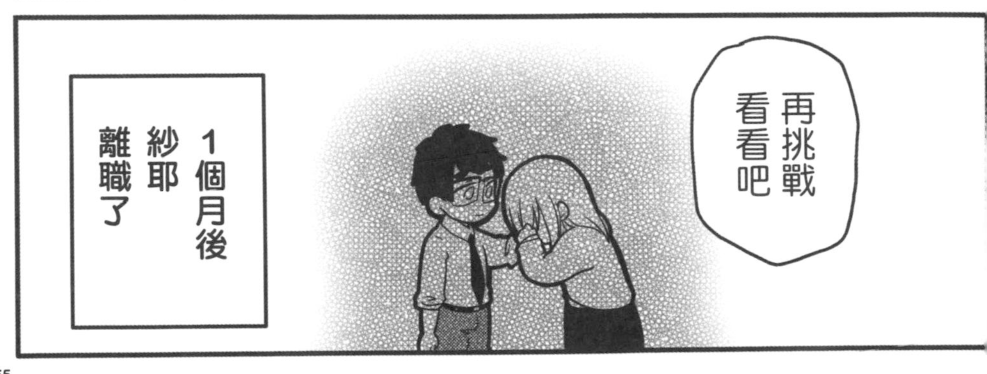
再挑戰看看吧
1個月後紗耶離職了

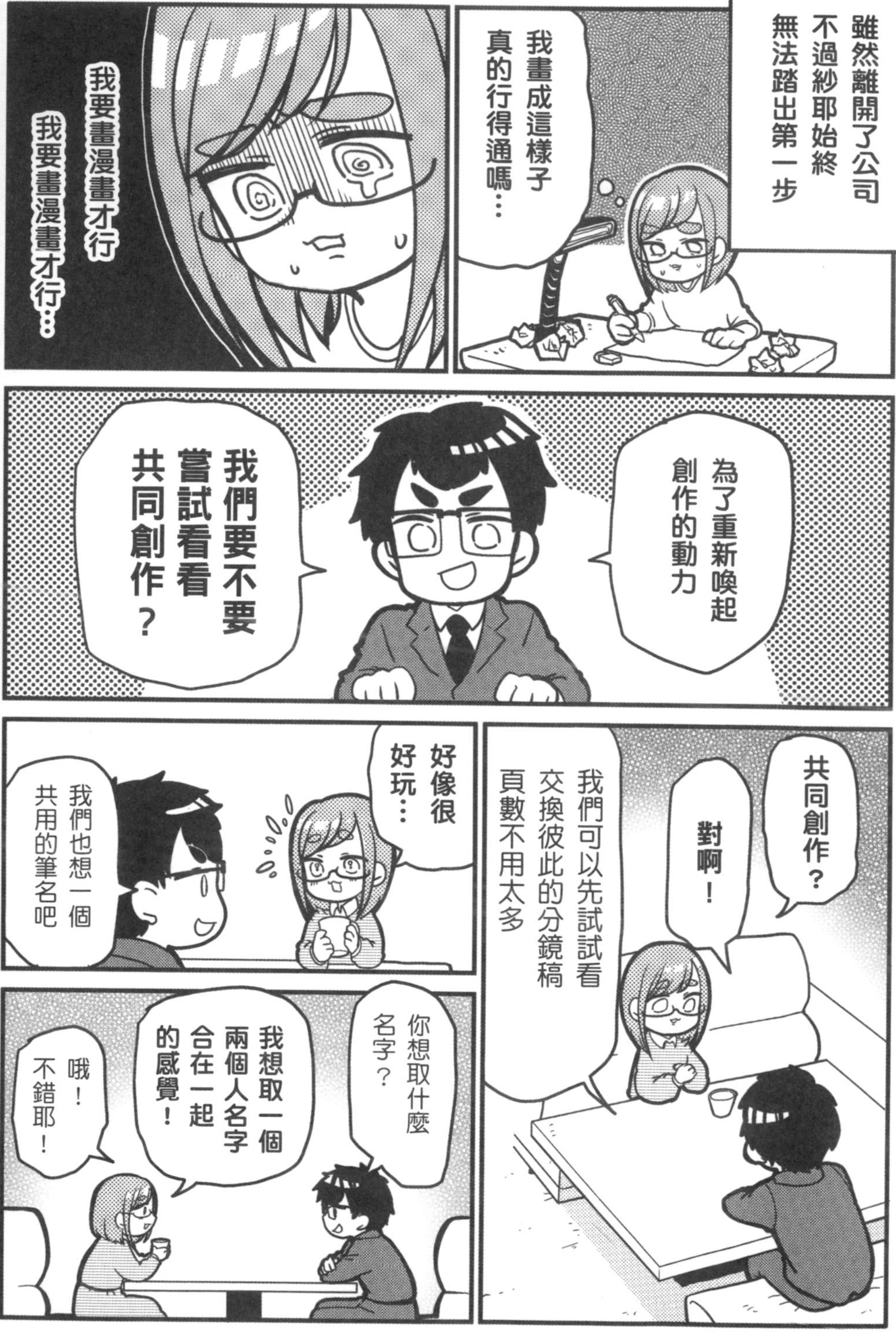

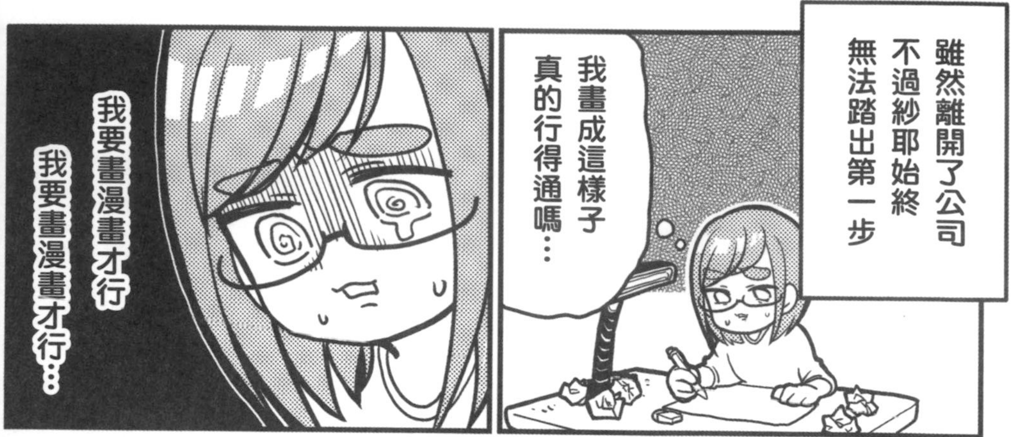

雖然離開了公司
不過紗耶始終
無法踏出第一步
我畫成這樣子
真的行得通嗎…
我要畫漫畫才行
我要畫漫畫才行…

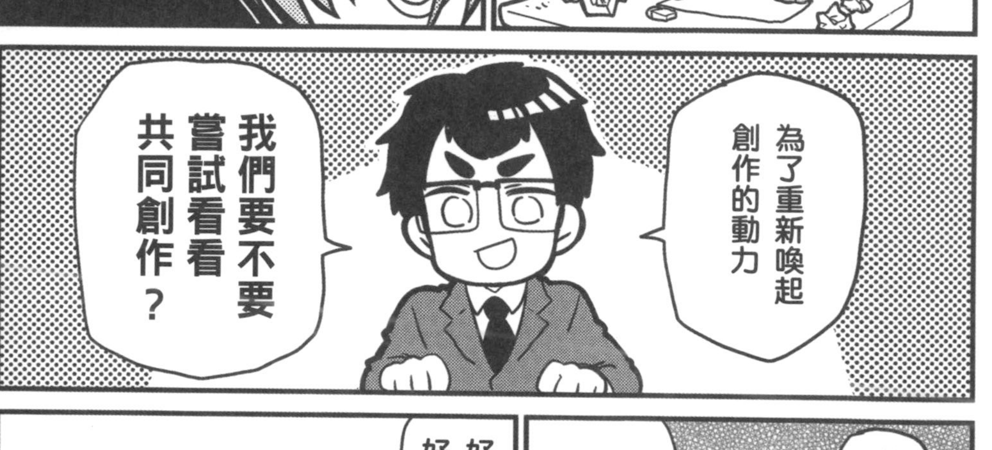

為了重新喚起
創作的動力
我們要不要
嘗試看看
共同創作？
共同創作？
對啊！
我們可以先試試看
交換彼此的分鏡稿
頁數不用太多
好像很
好玩…
我們也想一個
共用的筆名吧
你想取什麼
名字？
我想取一個
兩個人名字
合在一起
的感覺！
哦！
不錯耶！

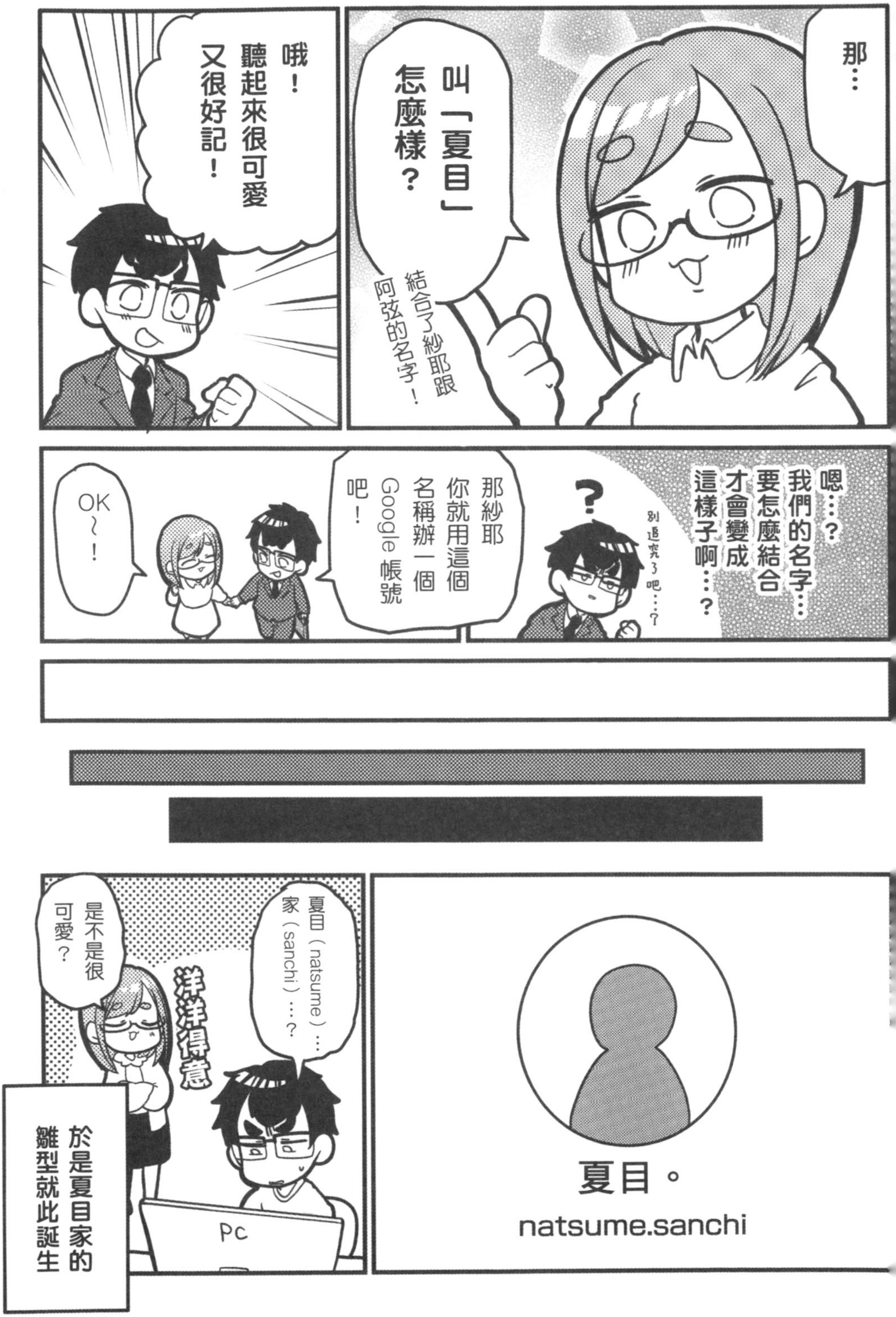

那…

叫「夏目」怎麼樣？
結合了紗耶跟阿弦的名字！

哦！聽起來很可愛又很好記！

嗯…？我們的名字…要怎麼結合才會變成這樣子啊…？
別追究了吧…？

那紗耶你就用這個名稱辦一個Google帳號吧！

OK～！

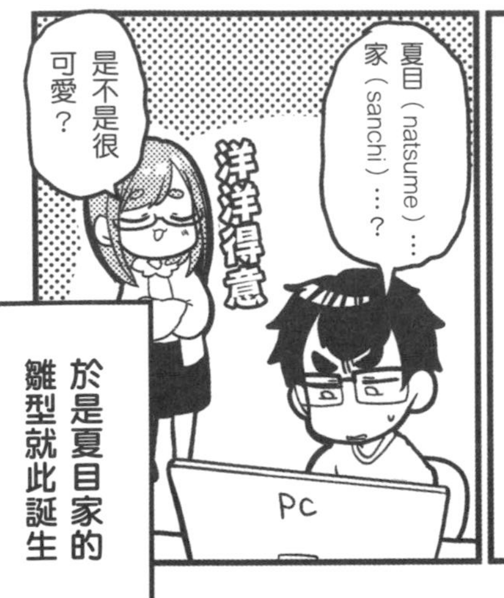

你的問題，我們來回答！

Q & A 特輯 2

我想問有什麼東西能夠刺激你們的創作動力？如果有的話請告訴我！（Rei景）

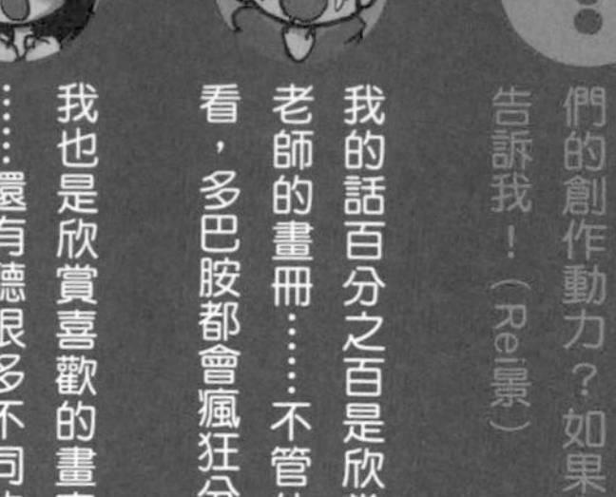

我的話百分之百是欣賞墨必斯老師的畫冊……不管什麼時候看，多巴胺都會瘋狂分泌。

我也是欣賞喜歡的畫家的作品……還有聽很多不同的音樂！我最常聽的歌是MOUMOON的〈綠寶石山丘（エメラルドの丘）〉。超好聽的……。

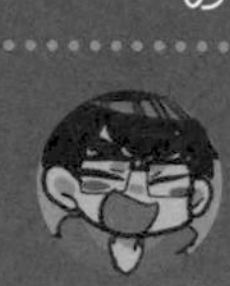

我家還在讀小學的孩子說以後想做畫畫的工作。身為家長，我也希望鼓勵孩子畫得更好。我想問兩位如果站在孩子的立場，父母做什麼會讓你們感到開心呢？或如果兩位有過類似的經驗也希望能分享一下。（MISUmama）

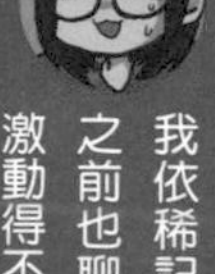

一句話：「一直稱讚就對了」。我想只有這個選項！

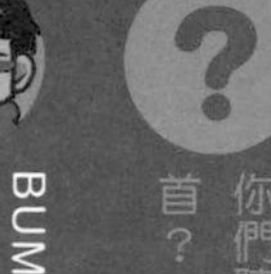

因為剛開始畫畫的時候只能聽到親友的感想而已嘛！「被稱讚」時那種喜孜孜的感覺，可能就是支持我畫到現在的原始動力也說不定！

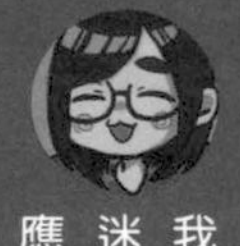

我想請問阿弦推薦什麼樣子的電線！我相信電線也一定也分成很多種的對吧！（鏡花水月）

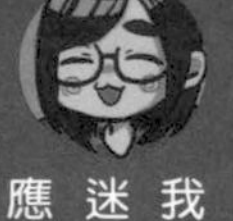

各種電線我都滿喜歡的，不過真要說的話，應該是電線桿上綑成一大團的電線吧！

我依稀記得我們還沒開始交往之前也聊過這個話題，他當時激動得不得了……（笑）

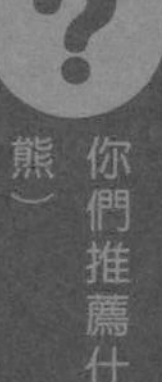

你們聽了最有感觸的歌是哪一首？（毒蘑菇）

BUMP OF CHICKEN的歌我都很喜歡，不過最喜歡的還是〈大忍耐大會〉（大我慢大会），那首歌是我人生的救贖！

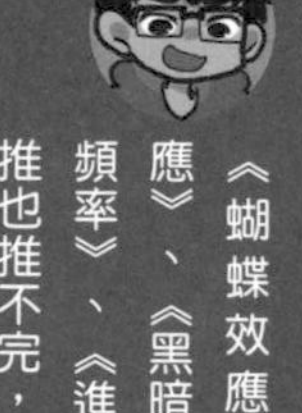

我也是因為阿弦極力傳教才迷上BUMP，我最喜歡的一首應該是〈RAY〉……我還在公司上班的時期會聽到哭……（笑）還有我剛才回答過的〈綠寶石山丘〉！

你們推薦什麼電影！（點點熊）

《樂來樂愛你》！

《蝴蝶效應》、《星際效應》、《黑暗騎士》、《黑洞頻率》、《進擊的鼓手》……推也推不完，下次我們做一部影片專門聊這個話題好了。（笑）

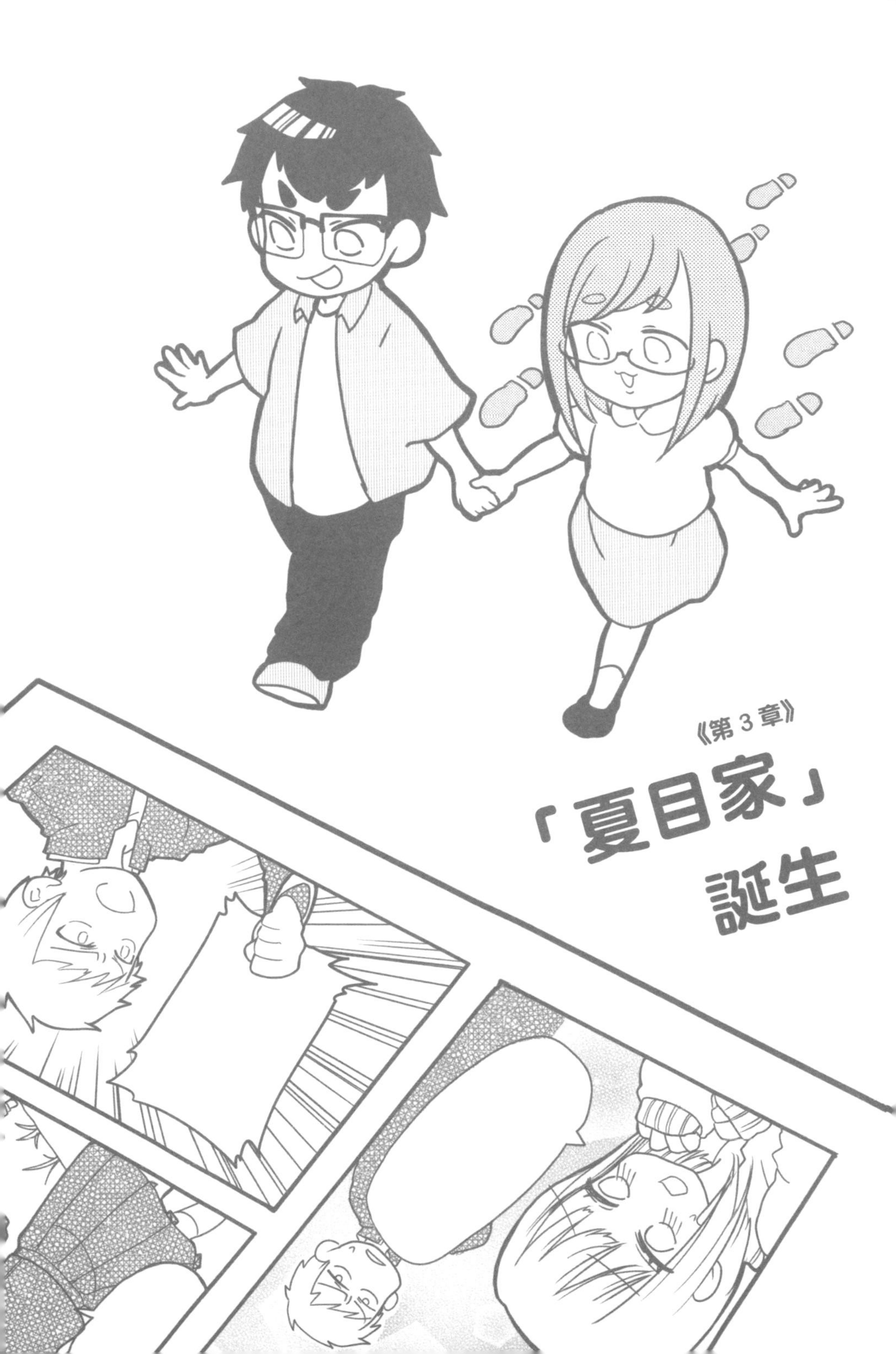

《第 3 章》

「夏目家」誕生

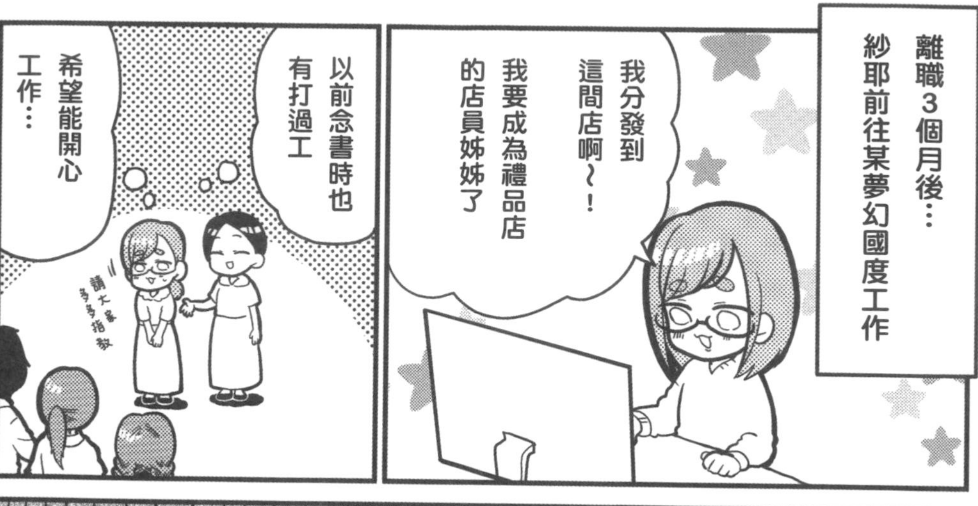
離職3個月後…
紗耶前往某夢幻國度工作
我分發到這間店啊～！
我要成為禮品店的店員姊姊了
以前念書時也有打過工
請大家多多指教
希望能開心工作…

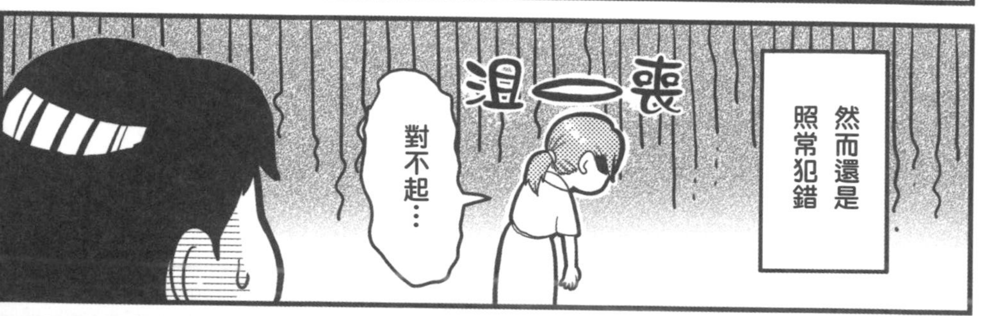
然而還是照常犯錯
沮—喪
對不起…

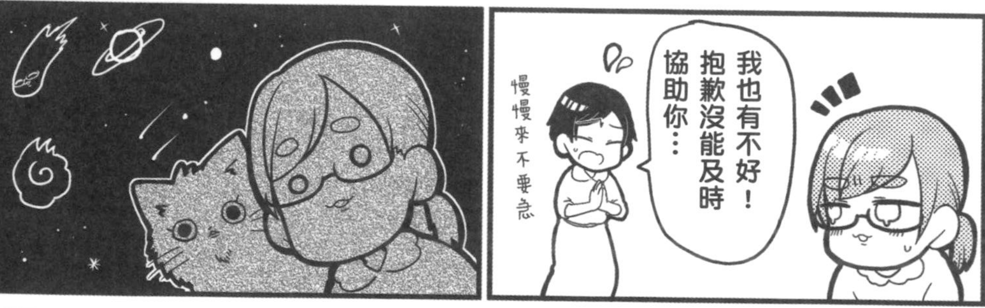
我也有不好！抱歉沒能及時協助你…
慢慢來不要急

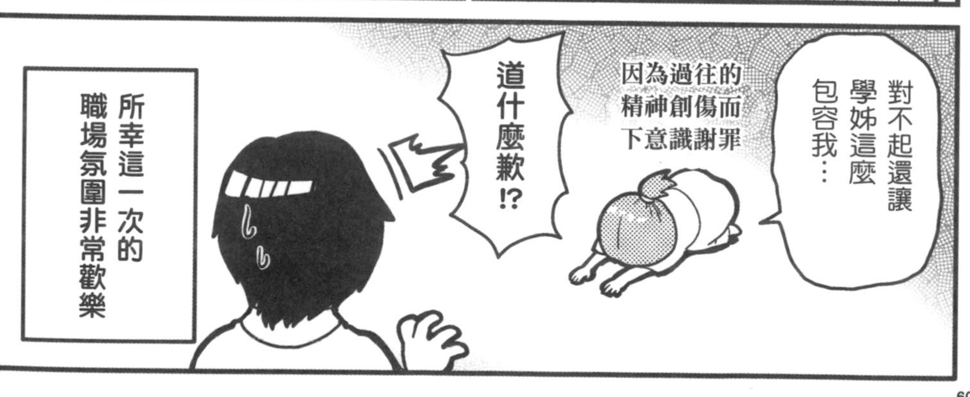
對不起還讓學姊這麼包容我…
因為過往的精神創傷而下意識謝罪
道什麼歉!?
所幸這一次的職場氛圍非常歡樂

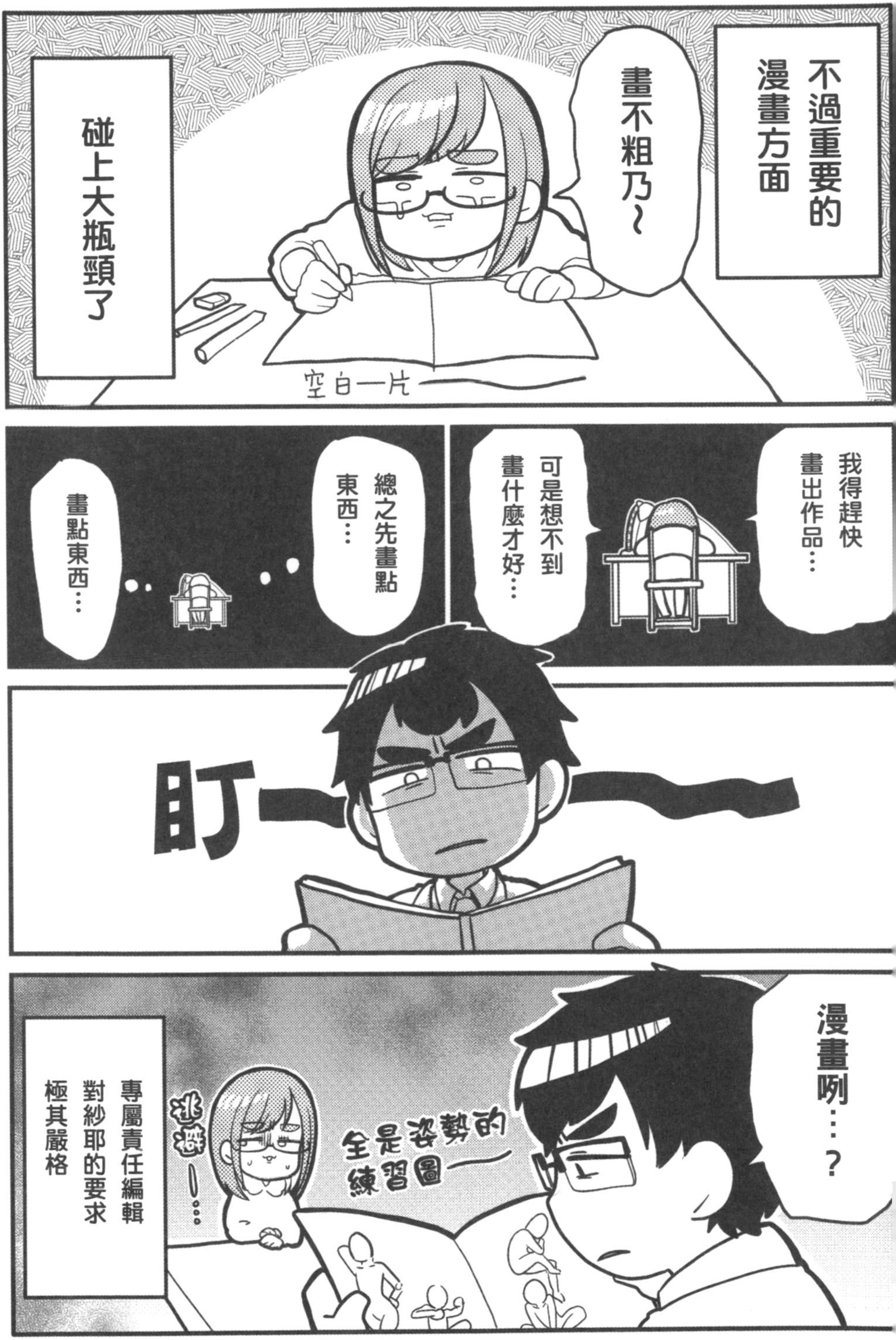

不過重要的
漫畫方面
畫不粗乃~
碰上大瓶頸了
空白一片——
我得趕快
畫出作品…
可是想不到
畫什麼才好…
總之先畫點
東西…
畫點東西…
盯——
漫畫咧…?
全是姿勢的
練習圖——
逃避——…
專屬責任編輯
對紗耶的要求
極其嚴格

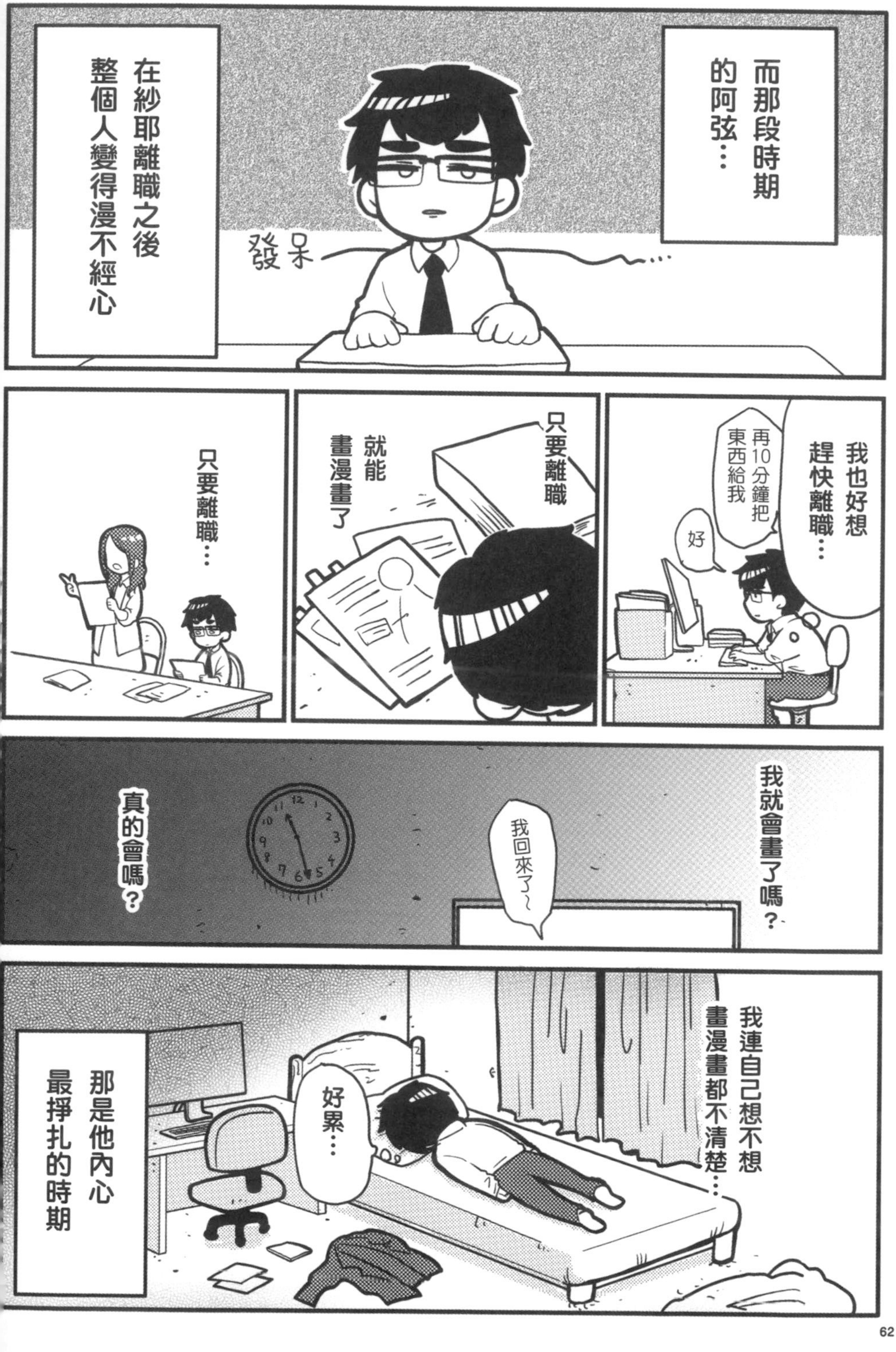

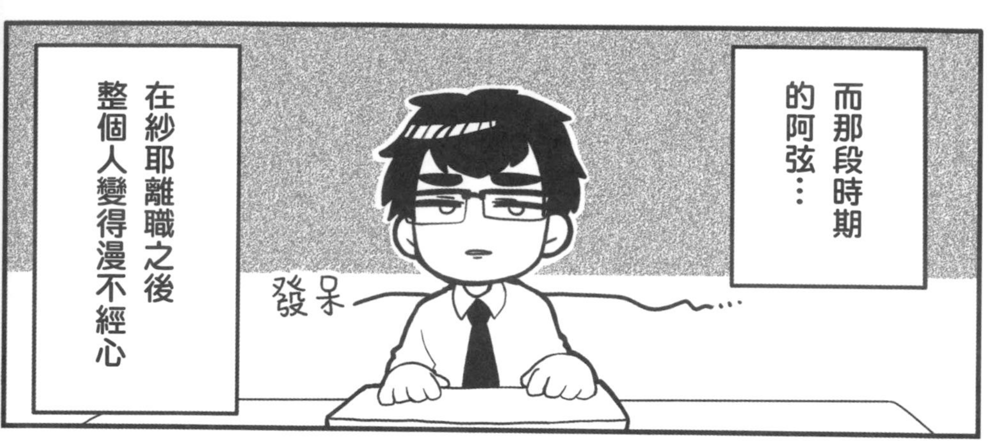
而那段時期的阿弦⋯
發呆
在紗耶離職之後整個人變得漫不經心
我也好想趕快離職⋯
再10分鐘把東西給我
好
只要離職
就能畫漫畫了
只要離職⋯
我就會畫了嗎？
我回來了~
真的會嗎？
我連自己想不想畫漫畫都不清楚⋯
好累⋯
那是他內心最掙扎的時期

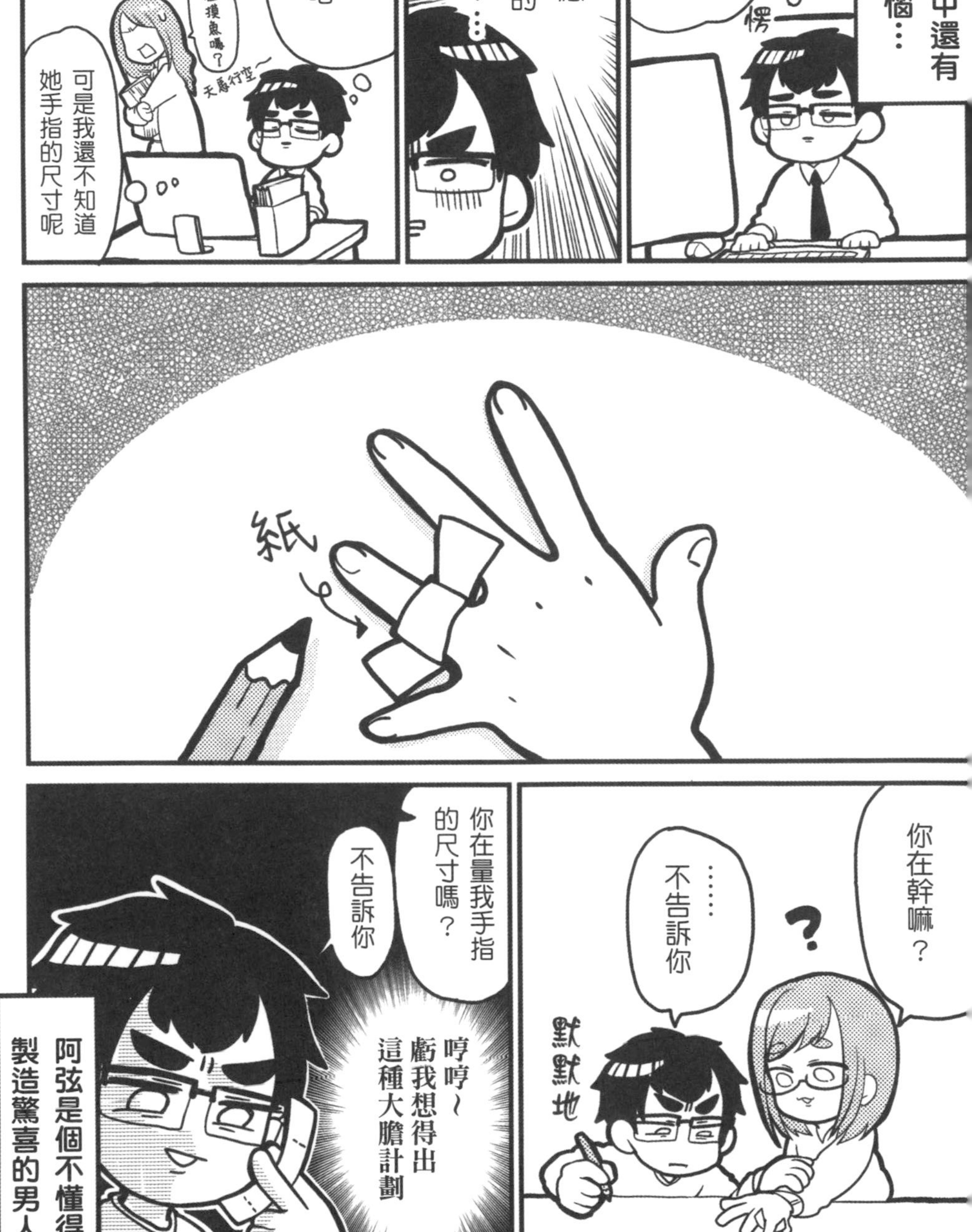
而且阿弦心中還有另外一項煩惱…
我和紗耶也已經交往1年了…
愣——
也是考慮結婚的時候了……
求婚需要準備戒指吧
像這樣
你願意
嫁給我嗎!!
你在摸魚嗎?
天馬行空～
可是我還不知道她手指的尺寸呢
紙
你在幹嘛?
?
……不告訴你
默默地
你在量我手指的尺寸嗎?
不告訴你
哼哼～虧我想得出這種大膽計劃
阿弦是個不懂得製造驚喜的男人

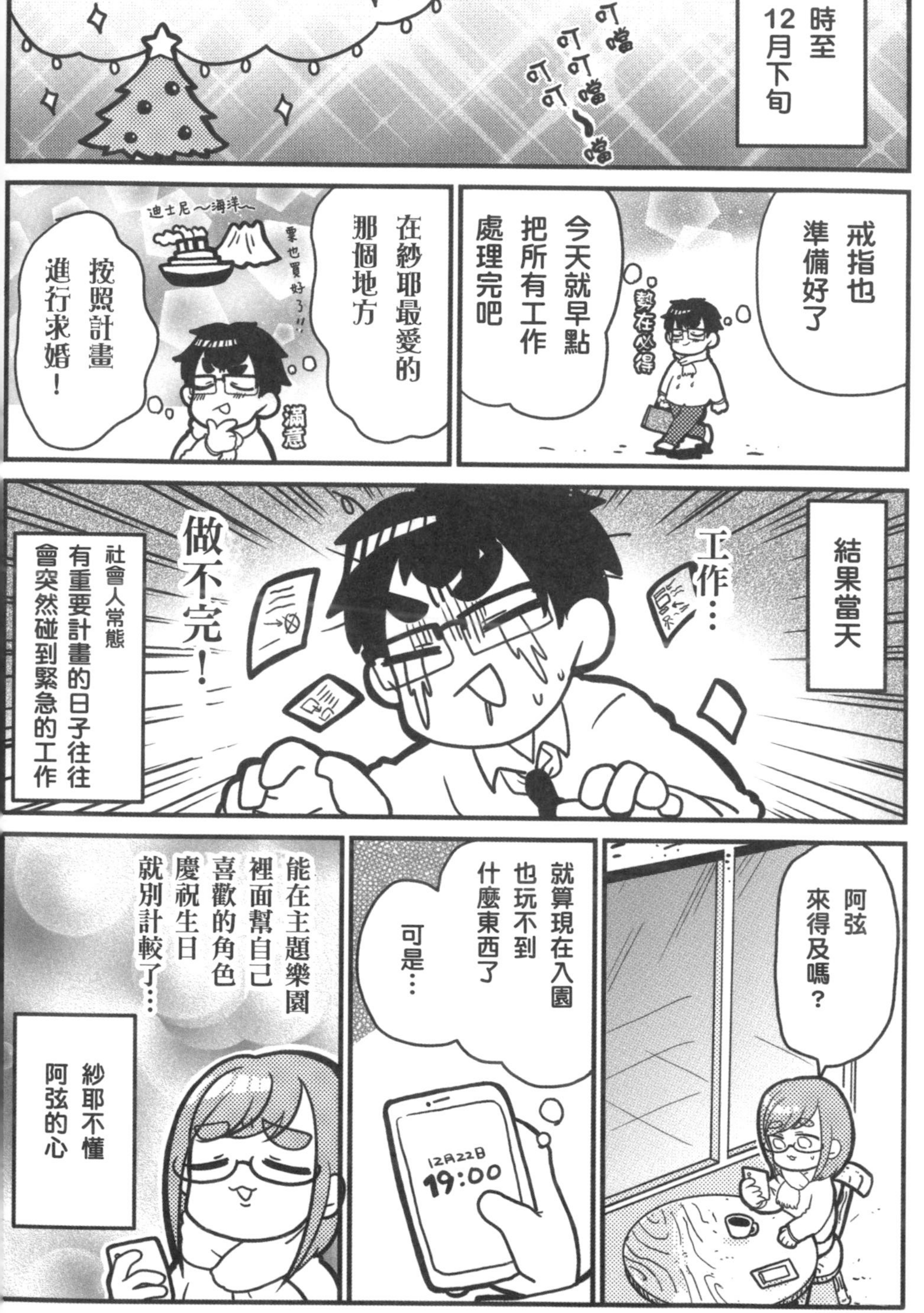
時至
12月下旬
叮叮噹
叮叮噹
叮叮～噹
戒指也準備好了
勢在必得
今天就早點把所有工作處理完吧
在紗耶最愛的那個地方
迪士尼～海洋～
票也買好了!!
按照計畫進行求婚!
滿意
結果當天
工作…
做不完!
社會人常態
有重要計畫的日子往往會突然碰到緊急的工作
阿弦來得及嗎?
就算現在入園也玩不到什麼東西了
可是…
12月22日
19:00
能在主題樂園裡面幫自己喜歡的角色慶祝生日就別計較了…
紗耶不懂阿弦的心

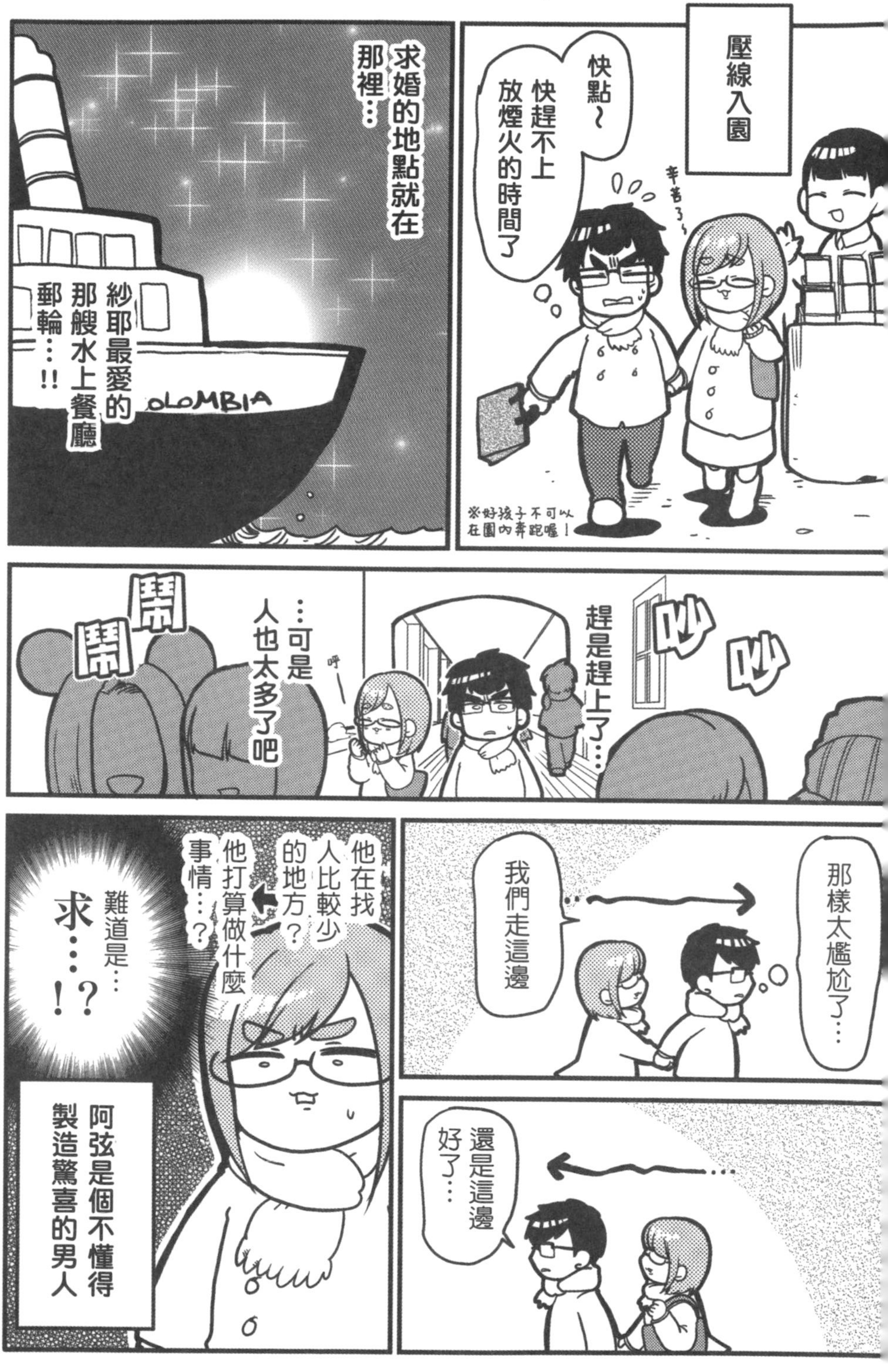

壓線入園
快點~
快趕不上放煙火的時間了
辛苦了~
※好孩子不可以在園內奔跑喔！
求婚的地點就在那裡…
紗耶最愛的那艘水上餐廳郵輪…!!
OLOMBIA
吵
吵
趕是趕上了…
…可是人也太多了吧
呼一
鬧
鬧
那樣太尷尬了…
我們走這邊
還是這邊好了…
他在找人比較少的地方？
他打算做什麼事情…？
難道是…
求…!?
阿弦是個不懂得製造驚喜的男人

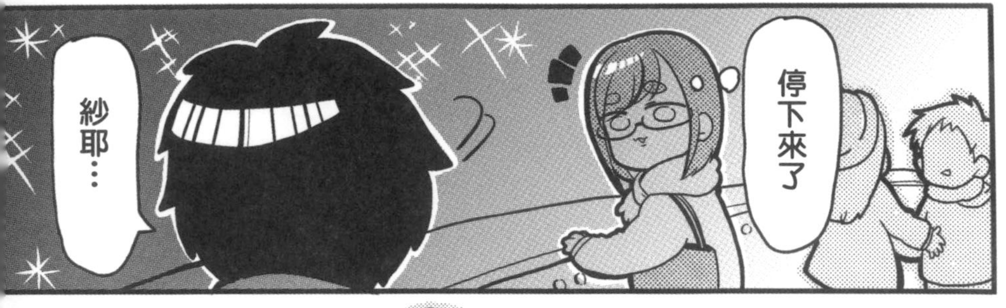
停下來了
紗耶…

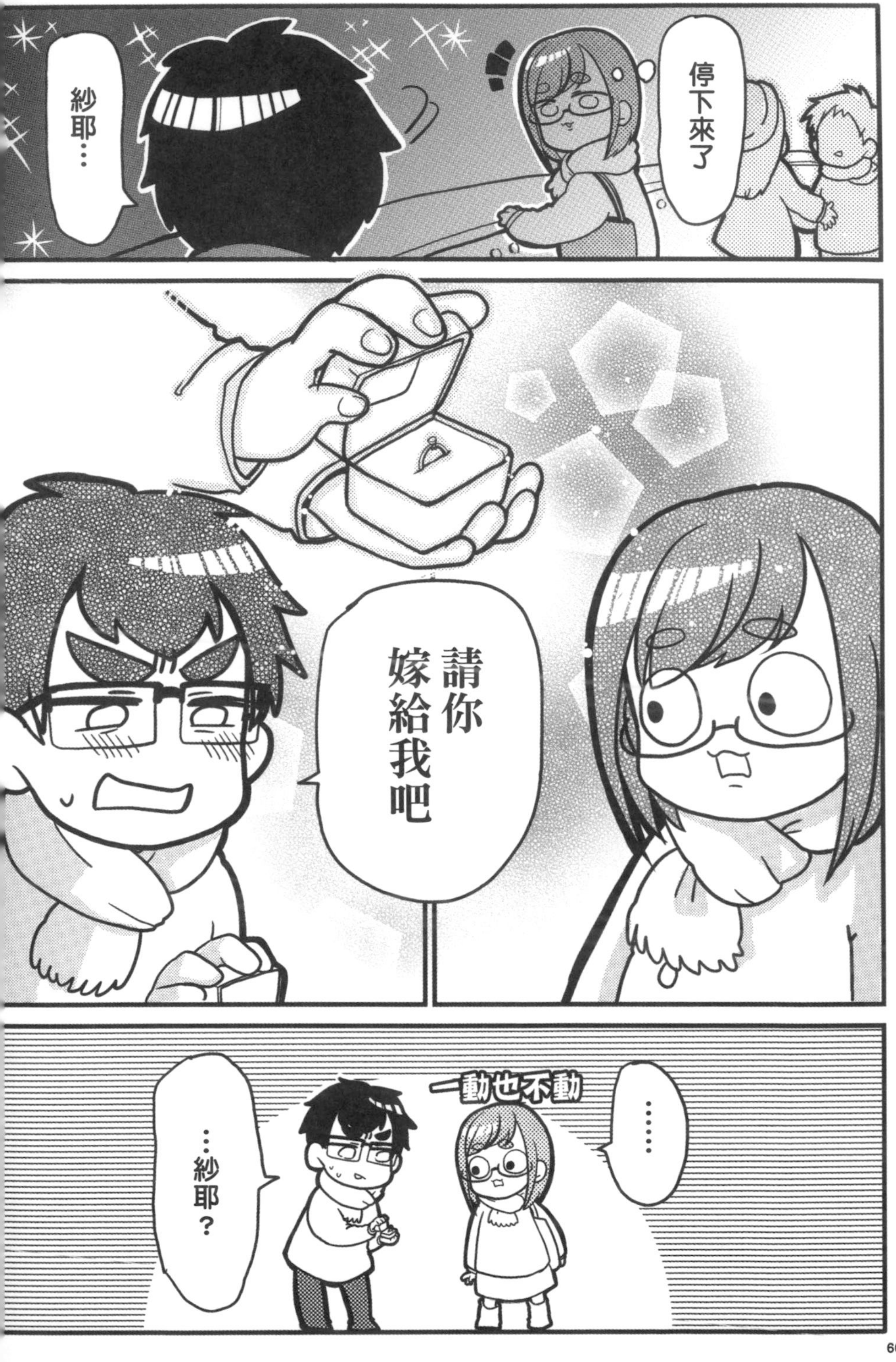

請你嫁給我吧

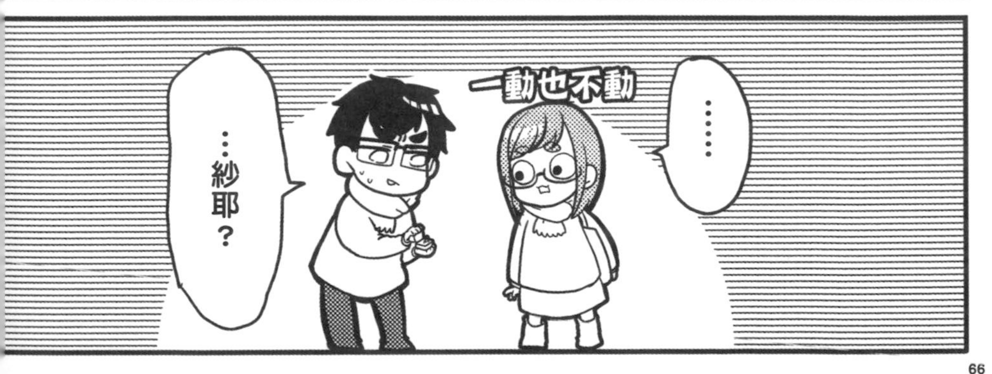
……
一動也不動
…紗耶？

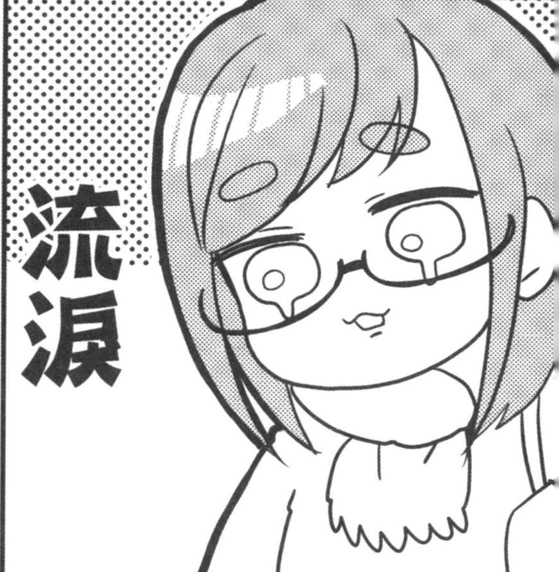
流淚

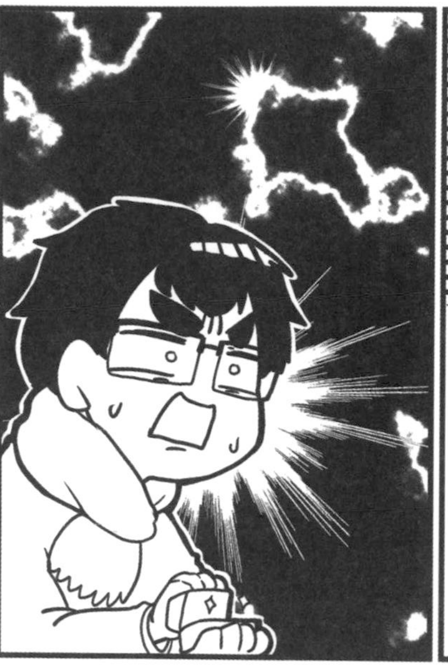

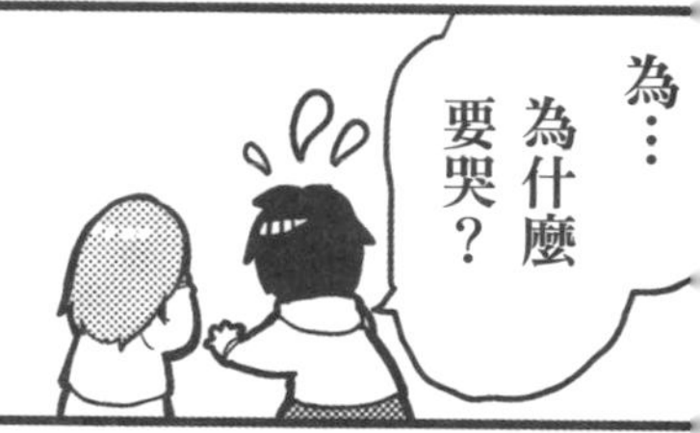
為…
為什麼
要哭？

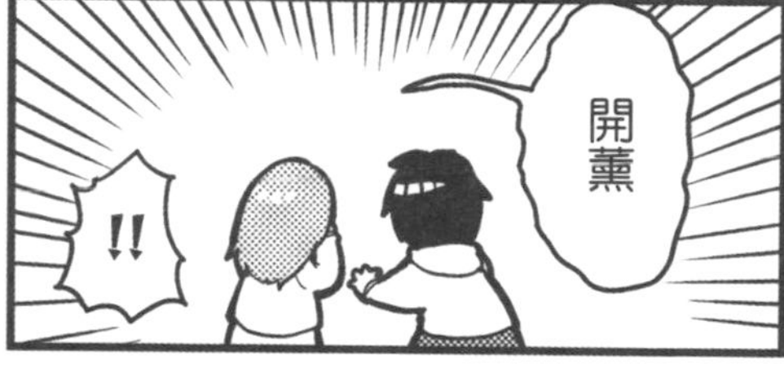
開薰
!!

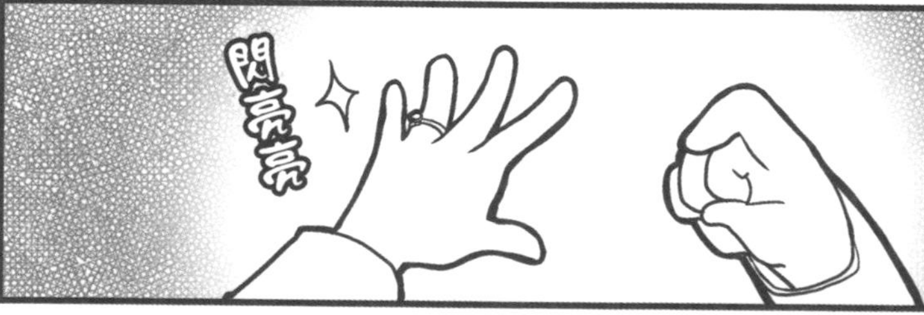
閃亮亮

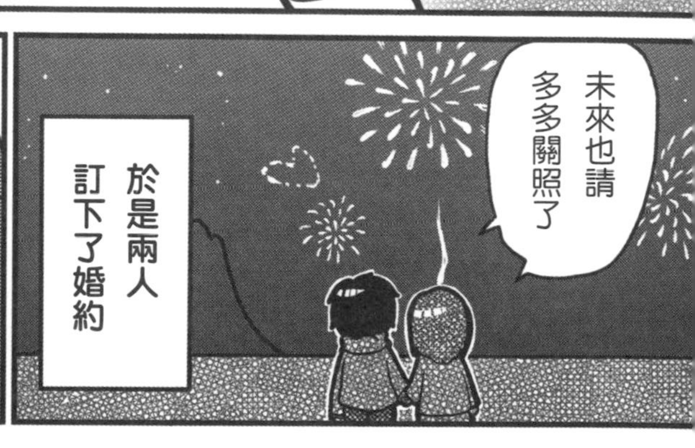
未來也請
多多關照了
於是兩人
訂下了婚約

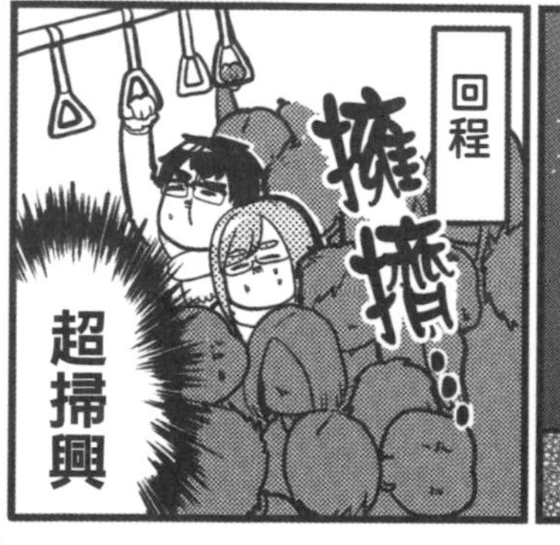
回程
擁擠
超掃興

24小時365天都窩在一起不會吵架嗎？

～夏目家夫妻倆的生活～

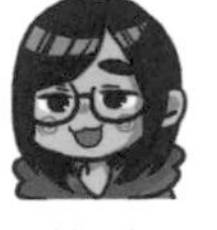

怪了，阿弦。話題怎麼突然偏離畫畫了咧？

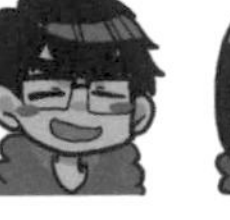

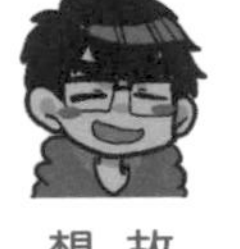

故事也來到求婚的部分了。我想說就當作番外篇來看？

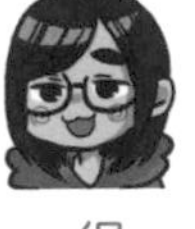

很後設哦！管家！

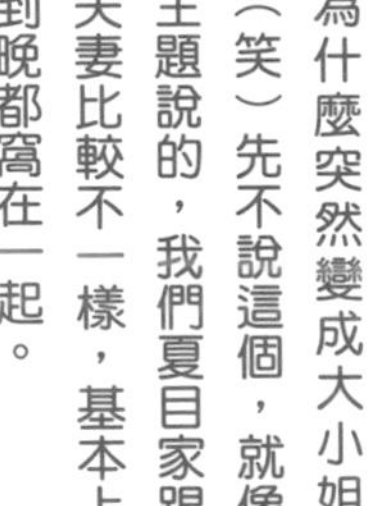

為什麼突然變成大小姐了？（笑）先不說這個，就像這個主題說的，我們夏目家跟一般夫妻比較不一樣，基本上一天到晚都窩在一起。

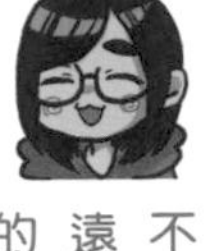

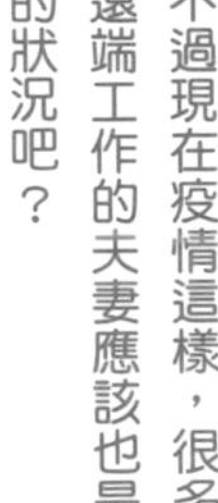

不過現在疫情這樣，很多在家遠端工作的夫妻應該也是類似的狀況吧？

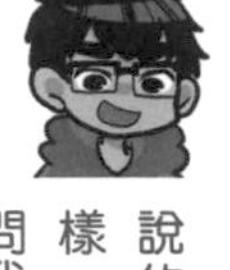

說的也是！可能也是因為這樣，最近常常有朋友或觀眾會問我「你們怎麼有辦法相處得那麼融洽？」（笑）

我也常收到一樣的問題！

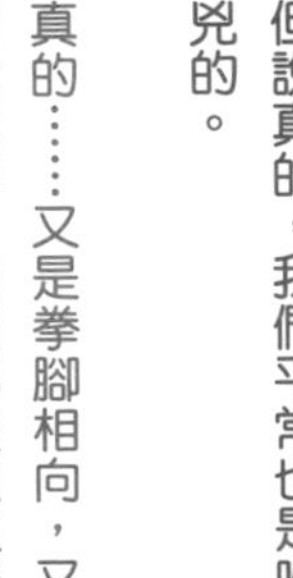

但說真的，我們平常也是吵很兇的。

真的……又是拳腳相向，又是爾虞我詐，天天都是以血洗血的紛爭呢……。

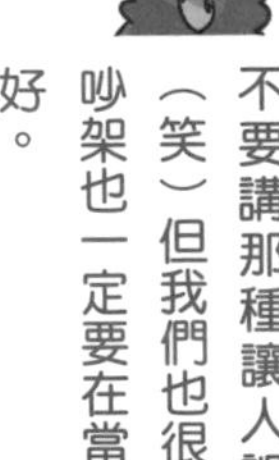

不要講那種讓人誤會的話。（笑）但我們也很常講，就算吵架也一定要在當天睡覺前和好。

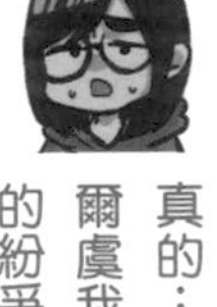

本小姐的原則就是吵架的狀態不要拖太久。

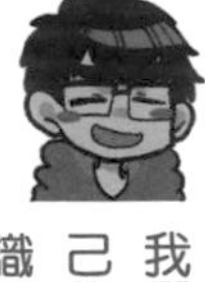

我們大多時候都是互相說出自己的意見，直到討論出一個共識。但這可能也算不上什麼秘訣啦。

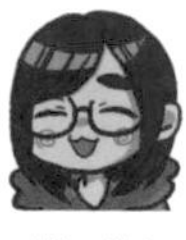
對啊！我們兩個就像小孩子一樣，想到什麼就說什麼。（笑）

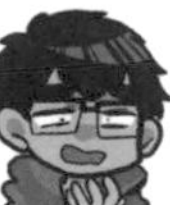
應該說我們平常就跟小孩子差不多了。

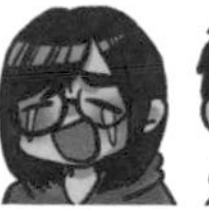
噁呸呸呸呸呸呸（怪聲）。

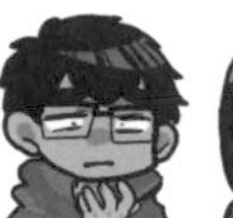
恐怖死了（笑）不要人家一CUE就退化成嬰兒啦。我想到了，我們一定會「乖乖承認自己不對的地方，向對方道歉」，對吧？

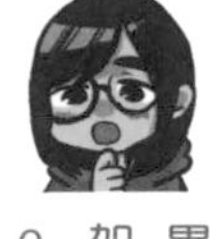
畢竟冷靜下來後，就會發現吵架的原因幾乎都是過失比10比0，而且自己也有一些需要反省的地方……。

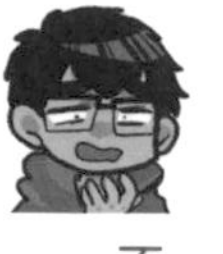
不要拿車禍的方式來比喻啦（笑）……可是真要說起來，

夫妻吵架的原因或許和車禍差不多？比方說「誰知道前面會緊急煞車」、「誰知道對方突然衝出來」之類的。

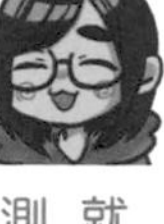
就算是夫妻，也不可能完全預測到對方的行動嘛……。

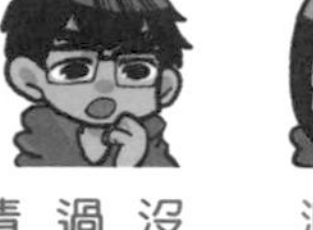
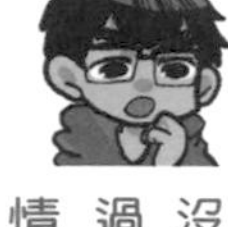
沒錯，就好的方面來說，「不過度期待」也是很重要的事情！

奇怪？這樣會不會讓人家覺得我們其實感情很差？（笑）

大家不用擔心，我們平常感情超好的。

就是說啊，平常只要有一個人發出奇怪的聲音，另一個人就會像狼一樣出聲回應……。

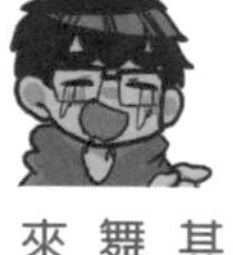
其中一個人如果開始跳奇怪的舞，另外一個人也會跟著跳起來，好像什麼部落在舉辦祭典一樣……

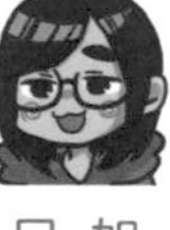
如果對方變成殭屍的話，就由另一個人一槍斃了對方。

嗯，我們一定得負起責任確實把對方收拾掉。

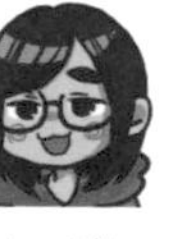
唉呦，我家老公真是教人費心……。

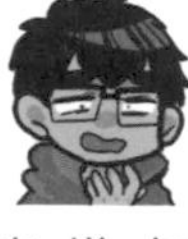
怎麼講得好像都是我的問題一樣？嗯……不過這樣應該也算是紗耶的正常發揮吧……？

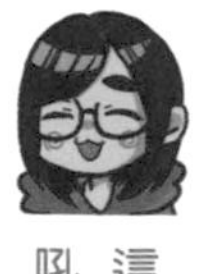
這可能就是相處融洽的秘訣喲吼喲吼！

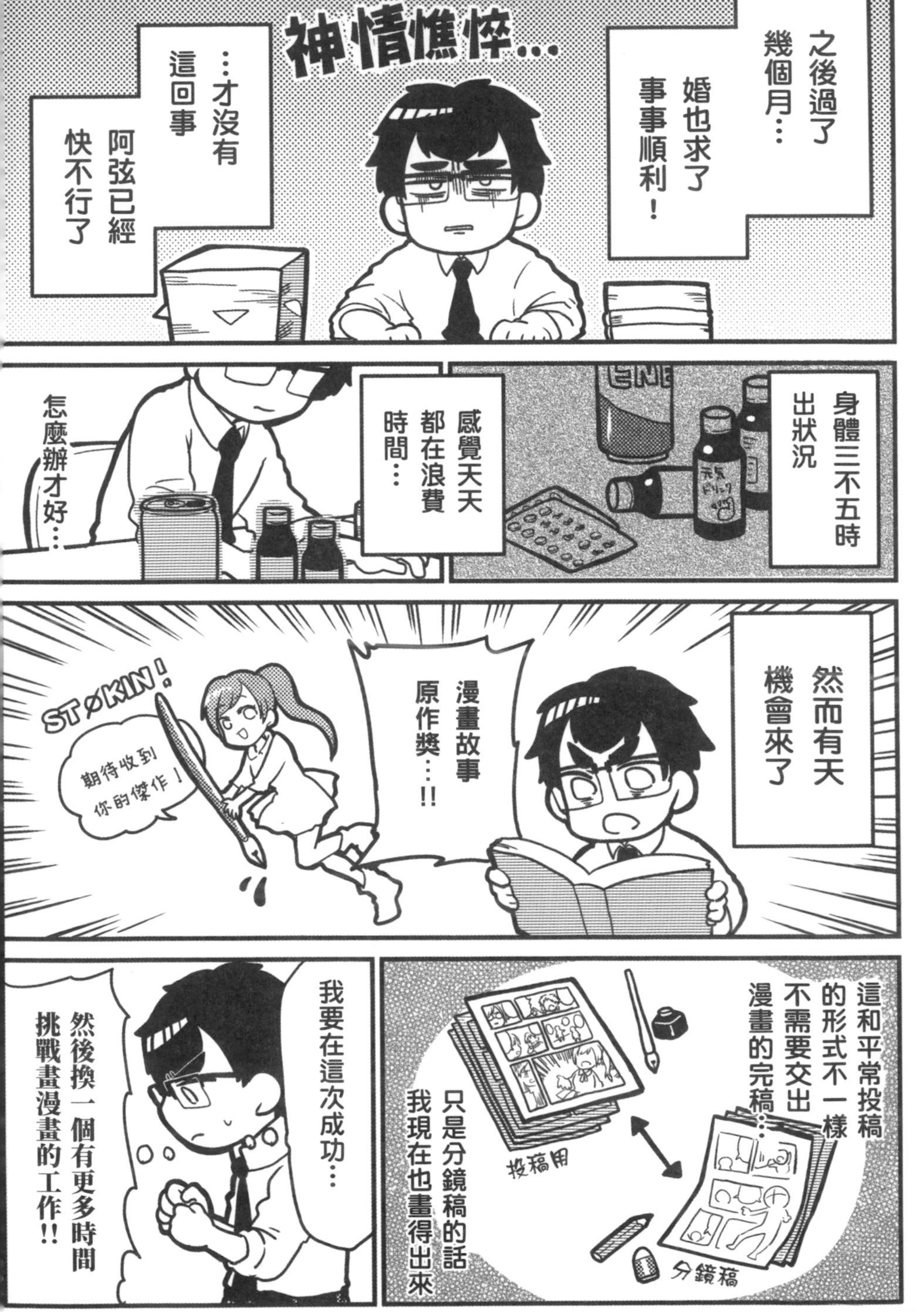
之後過了幾個月⋯
婚也求了事事順利！
神情憔悴⋯
⋯才沒有這回事
阿弦已經快不行了
身體三不五時出狀況
感覺天天都在浪費時間⋯
怎麼辦才好⋯
然而有天機會來了
漫畫故事原作獎⋯!!
STØKIN！
期待收到你的傑作！
這和平常投稿的形式不一樣不需要交出漫畫的完稿⋯
只是分鏡稿的話我現在也畫得出來
投稿用
分鏡稿
我要在這次成功⋯
然後換一個有更多時間挑戰畫漫畫的工作!!

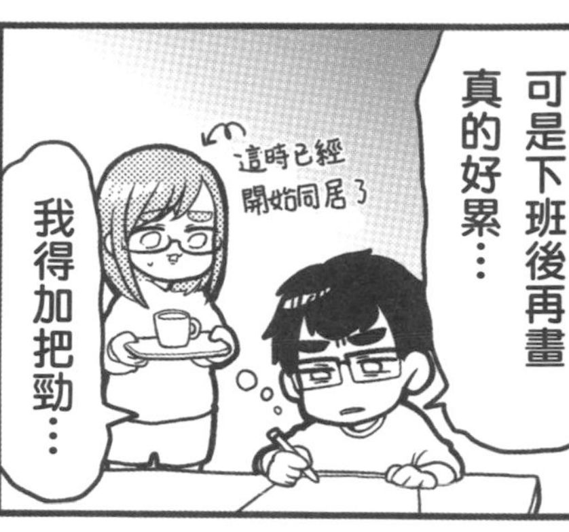

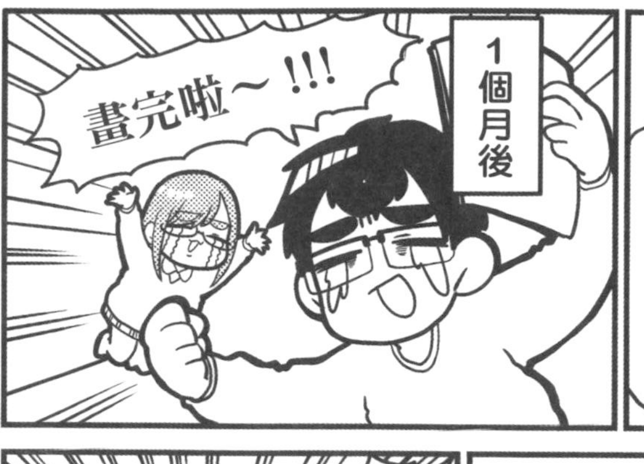

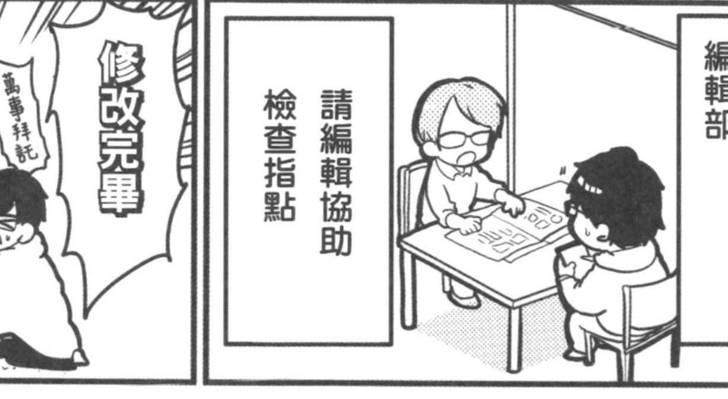

結果

阿弦啊—

阿弦

沒有得獎

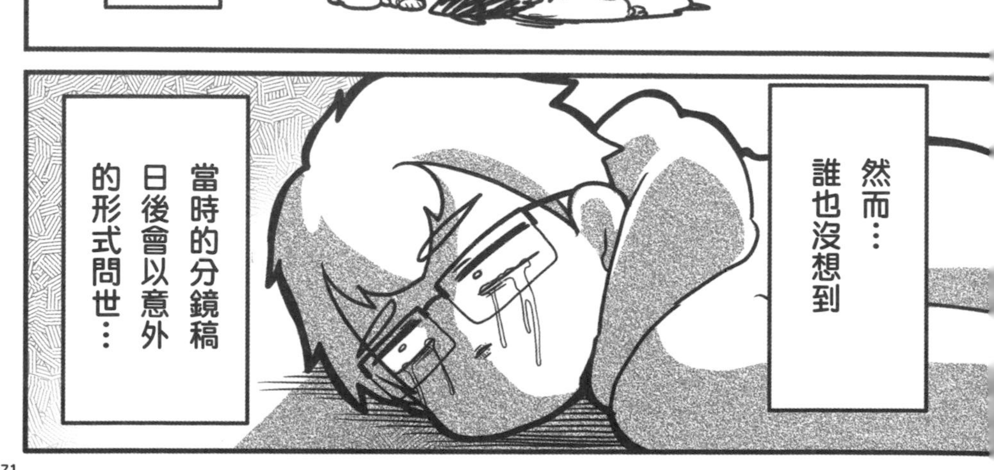

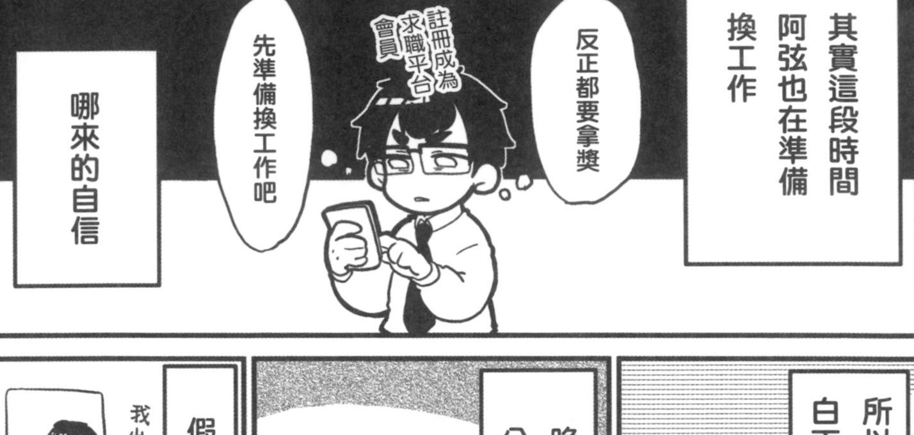
其實這段時間
阿弦也在準備
換工作
反正都要拿獎
註冊成為
求職平台
會員
先準備換工作吧
哪來的自信

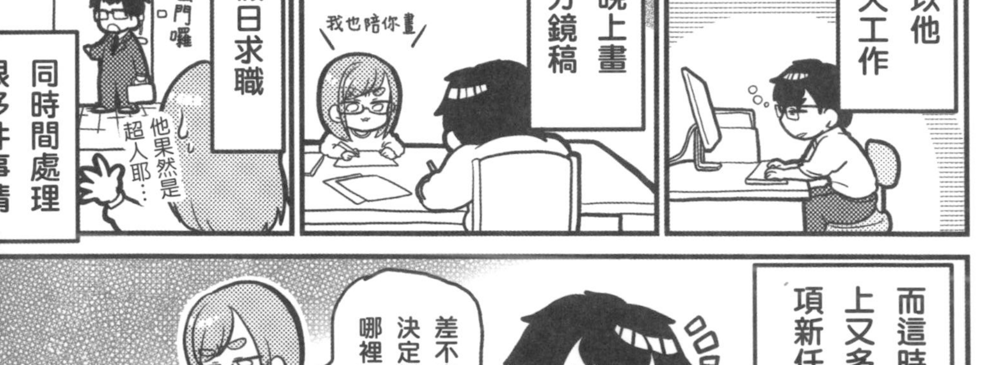
所以他
白天工作
晚上畫
分鏡稿
我也陪你畫
假日求職
我出門囉
他果然是
超人耶…
同時間處理

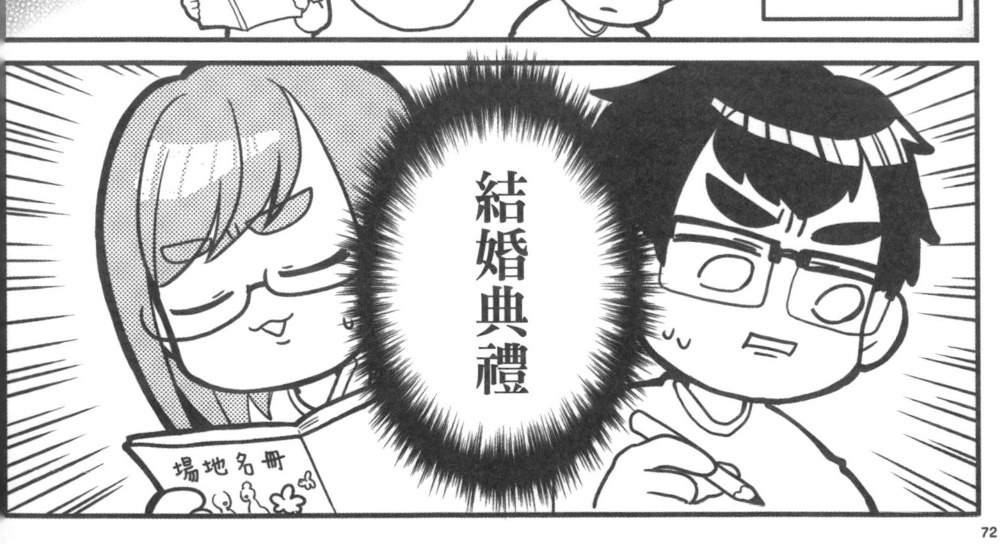
而這時他身
上又多了一
項新任務…
差不多該
決定辦在
哪裡了…
結婚典禮
場地名冊

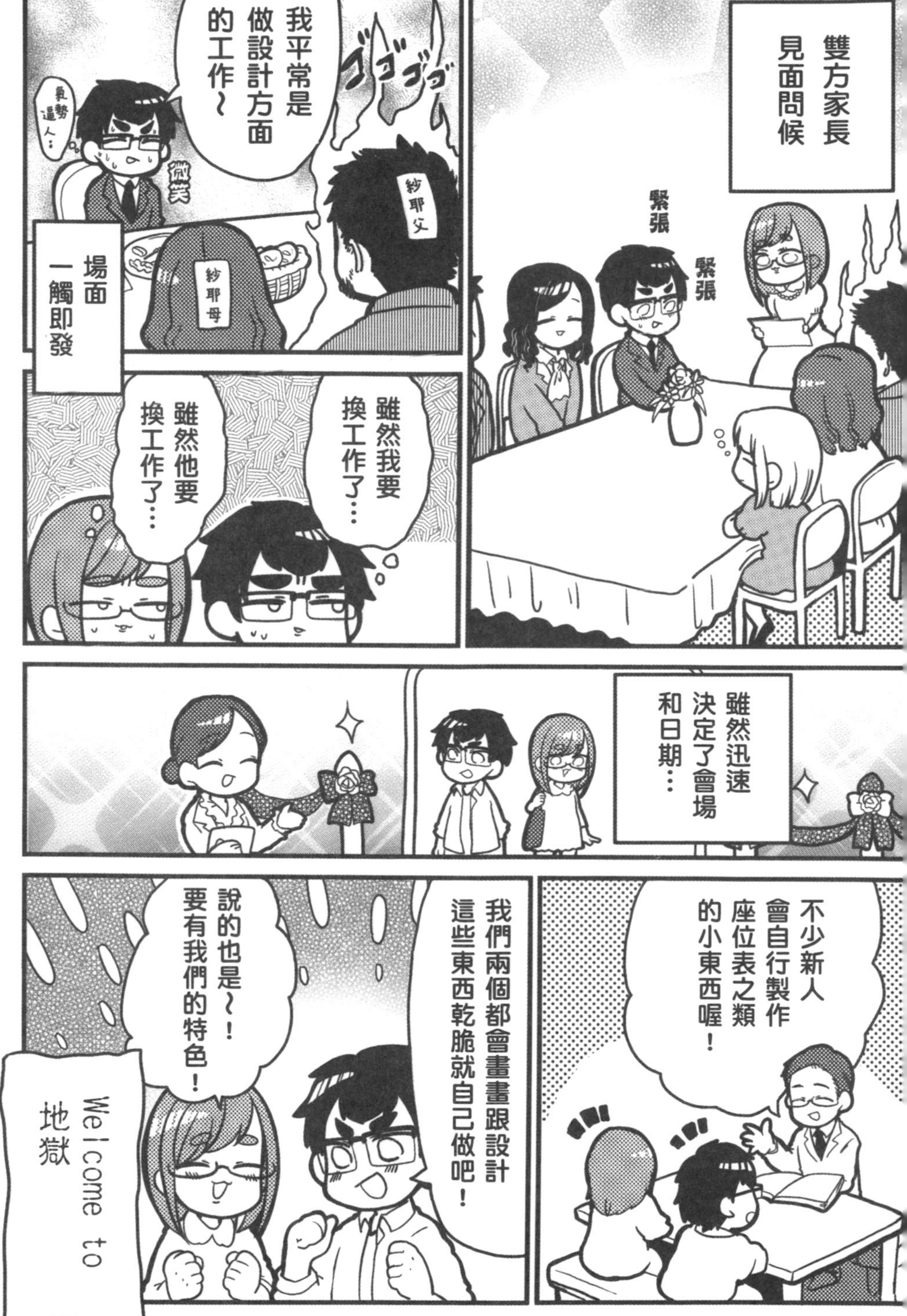
雙方家長
見面問候
緊張
緊張
我平常是做設計方面的工作~
氣勢逼人…
微笑
紗耶父
紗耶母
ゴゴゴゴ
場面一觸即發
雖然我要換工作了…
雖然他要換工作了…
雖然迅速決定了會場和日期…
不少新人會自行製作座位表之類的小東西喔!
我們兩個都會畫畫跟設計這些東西乾脆就自己做吧!
說的也是~!要有我們的特色!
Welcome to 地獄

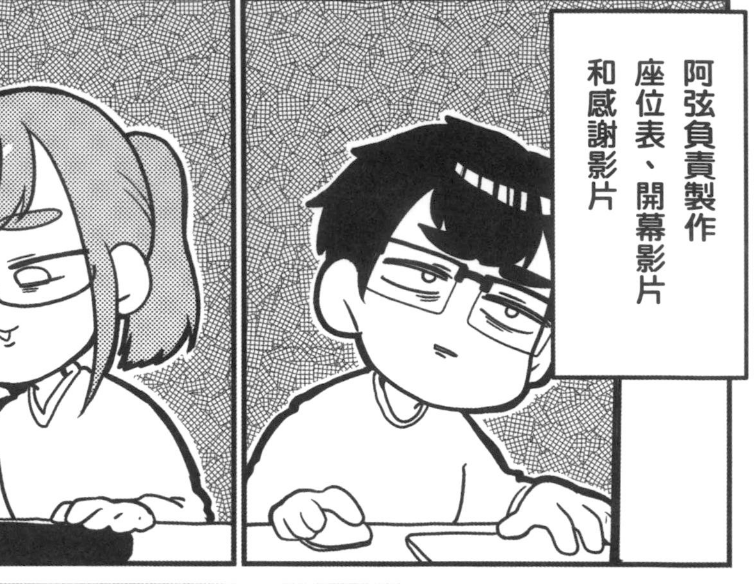
阿弦負責製作
座位表、開幕影片
和感謝影片

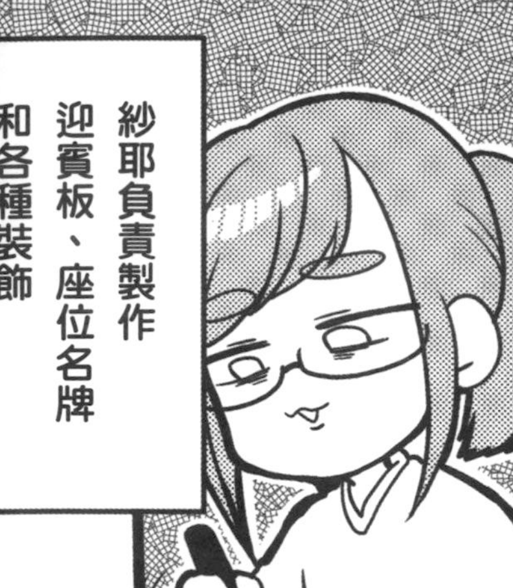
紗耶負責製作
迎賓板、座位名牌
和各種裝飾

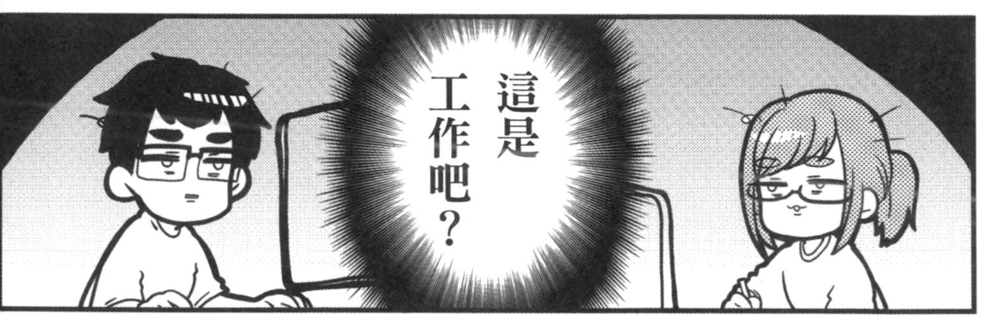
這是
工作吧?

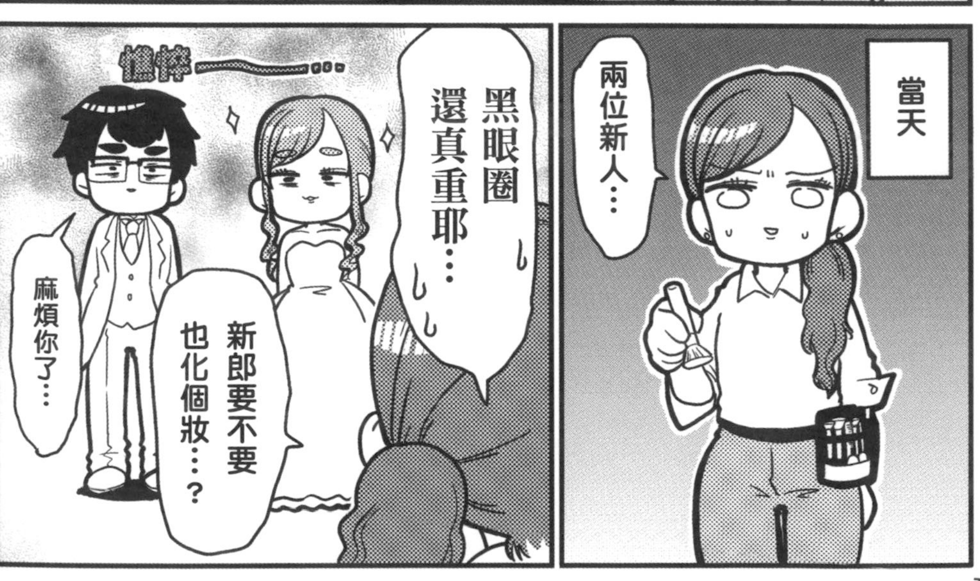
當天
兩位新人…
黑眼圈
還真重耶…
憔悴——……
新郎要不要
也化個妝…?
麻煩你了…

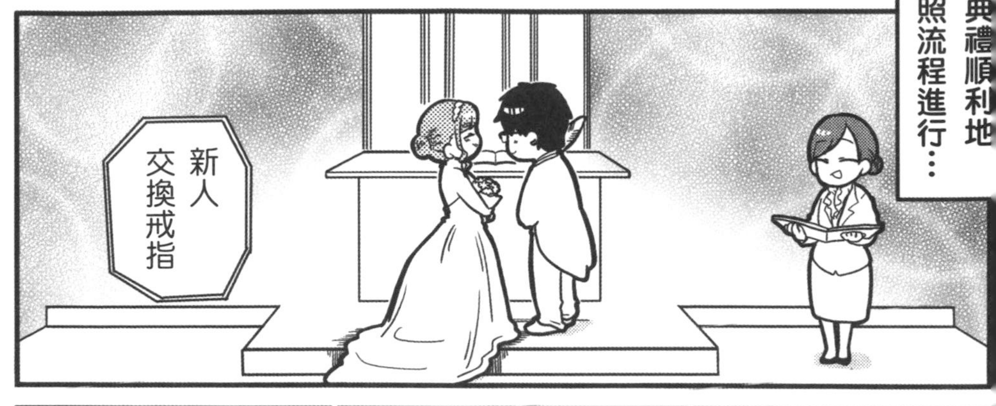
典禮順利地
照流程進行…
新人
交換戒指

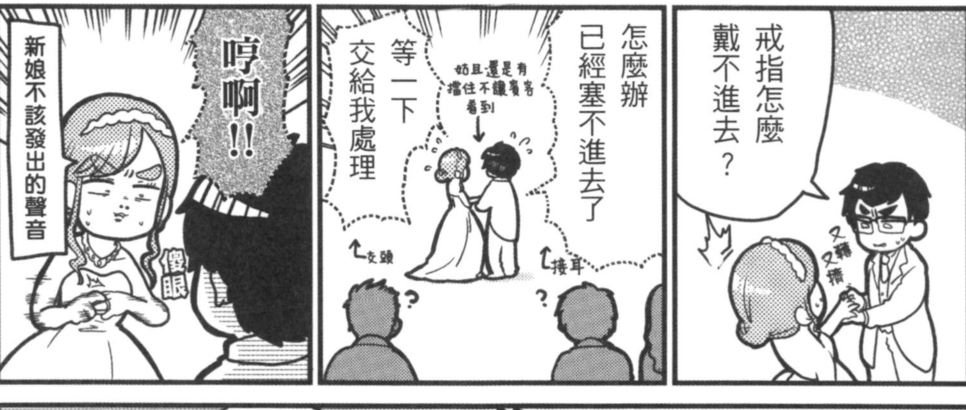
戒指怎麼
戴不進去？
又轉
又擠
怎麼辦
已經塞不進去了
姑且還是有
擋住不讓賓客
看到
等一下
交給我處理
交頭
接耳
哼啊!!
新娘不該發出的聲音
傻眼

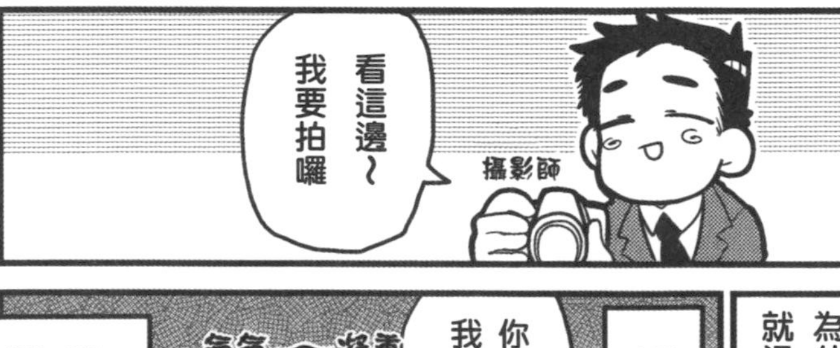
拍照
時刻
看這邊～
我要拍囉
攝影師

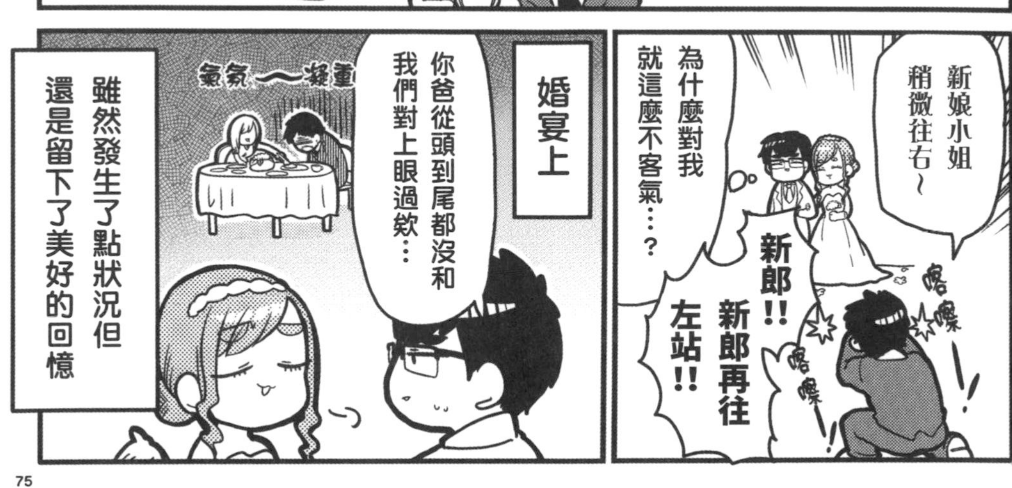
新娘小姐
稍微往右～
為什麼對我
就這麼不客氣…？
新郎!!
新郎再往
左站!!
喀嚓
喀嚓
婚宴上
你爸從頭到尾都沒和
我們對上眼過欸…
氣氛～凝重
雖然發生了點狀況但
還是留下了美好的回憶

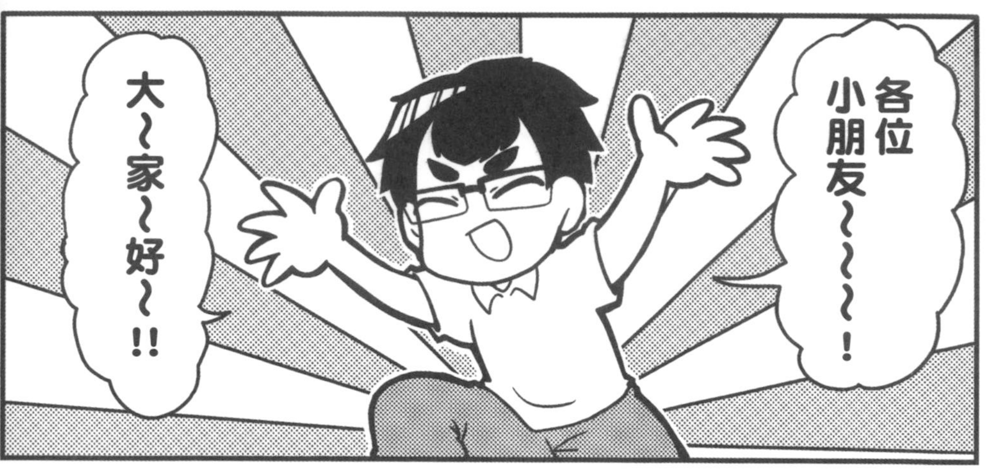
各位小朋友~~~~!
大~家~好~!!

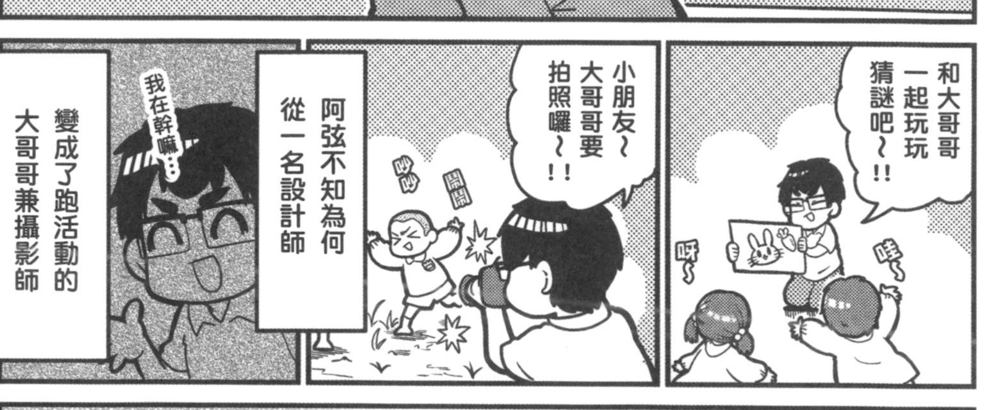
和大哥哥一起玩玩猜謎吧~!!
哇~
呀~
小朋友~大哥哥要拍照囉~!!
鬧鬧
吵吵
阿弦不知為何從一名設計師
我在幹嘛⋯
變成了跑活動的大哥哥兼攝影師

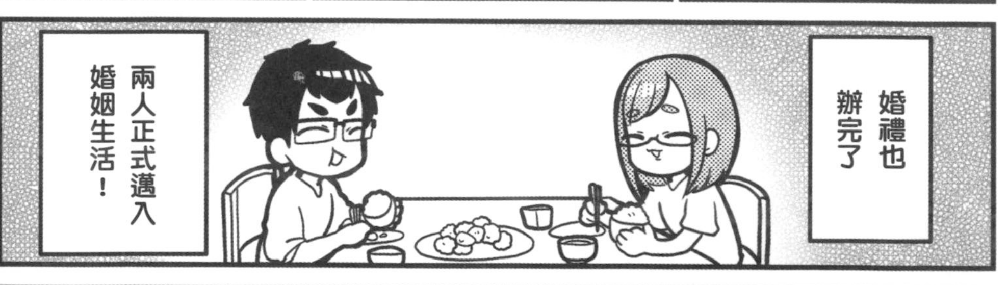
婚禮也辦完了
兩人正式邁入婚姻生活!

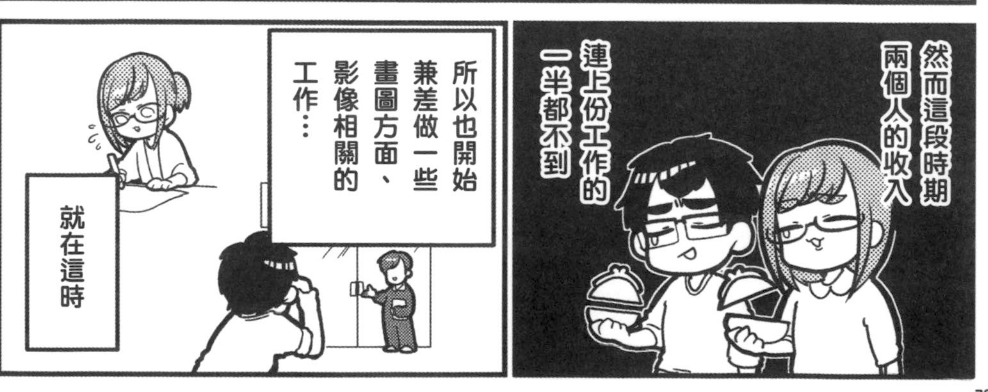
然而這段時期兩個人的收入
連上份工作的一半都不到
所以也開始兼差做一些畫圖方面、影像相關的工作⋯
就在這時

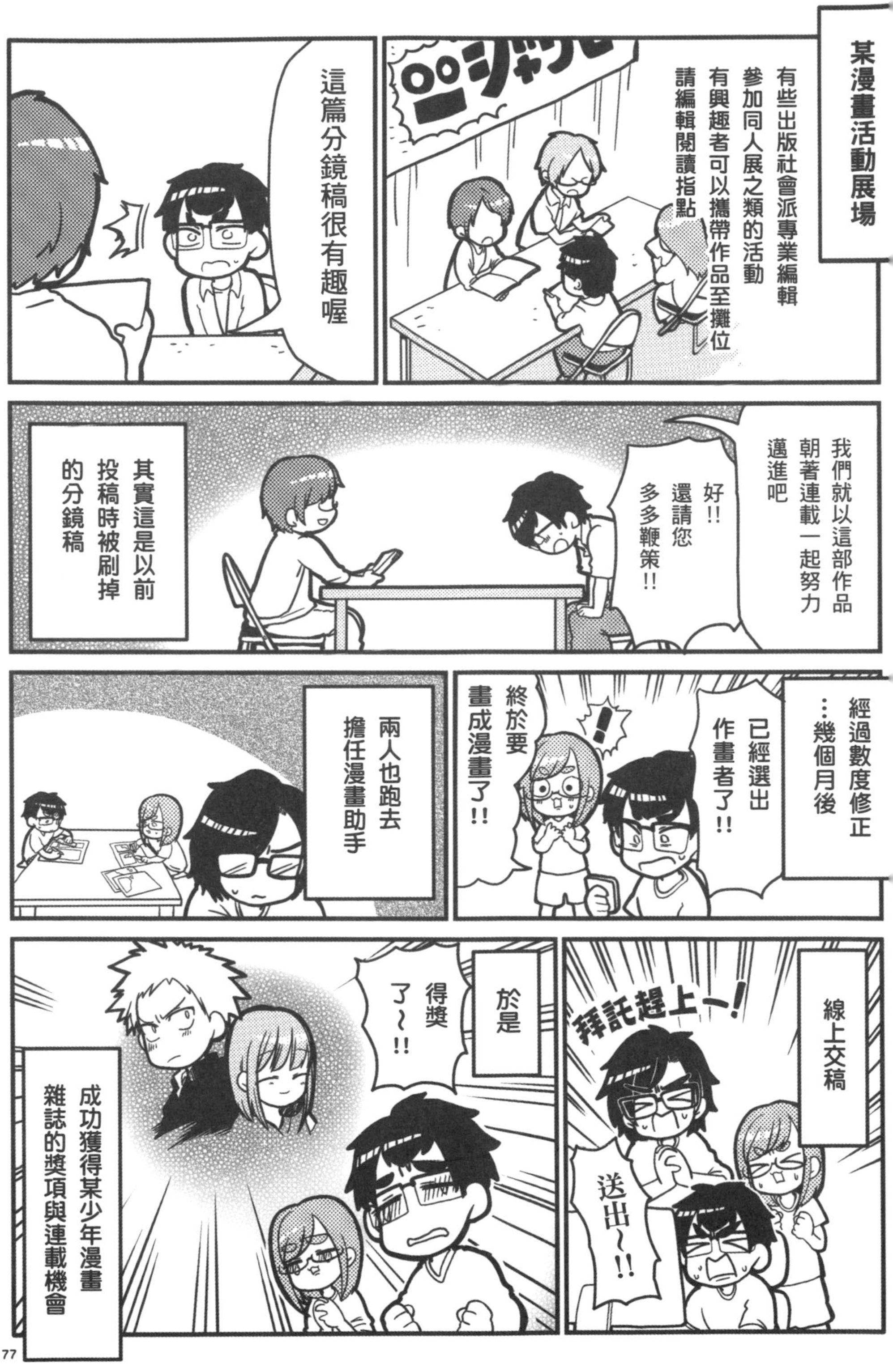

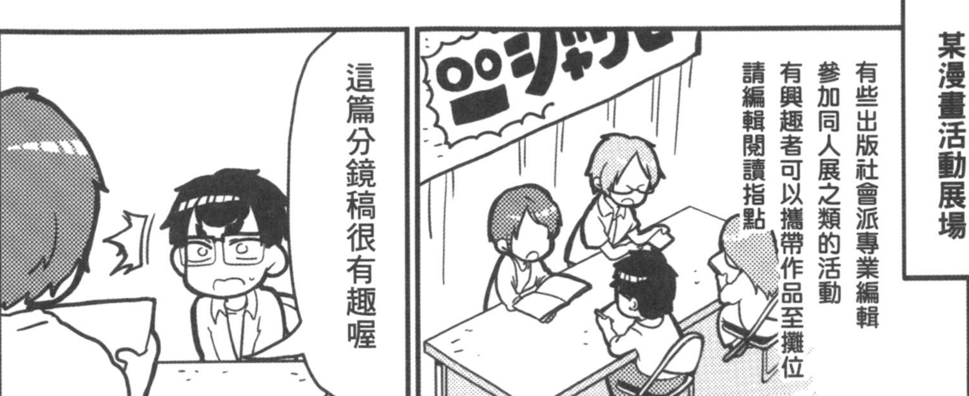

我們就以這部作品
朝著連載一起努力
邁進吧

好!!
還請您
多多鞭策!!

其實這是以前
投稿時被刷掉
的分鏡稿

經過數度修正
…幾個月後

已經選出
作畫者了!!

!

終於要
畫成漫畫了!!

兩人也跑去
擔任漫畫助手

線上交稿

拜託趕上ー!

送出~!!

於是

得獎
了~!!

成功獲得某少年漫畫
雜誌的獎項與連載機會

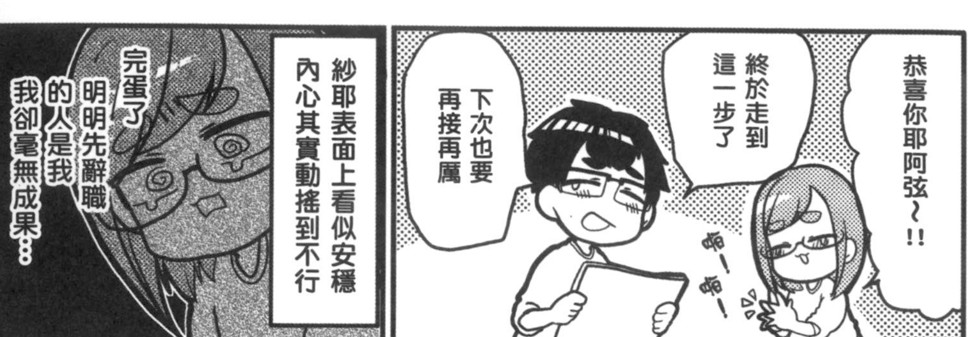
恭喜你耶阿弦~!!
終於走到這一步了
下次也要再接再厲
啪!啪!
紗耶表面上看似安穩內心其實動搖到不行
完蛋了
明明先辭職的人是我
我卻毫無成果…

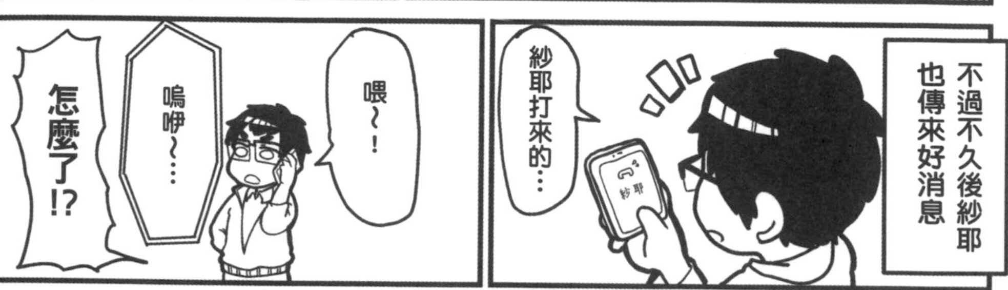
不過不久後紗耶也傳來好消息
紗耶打來的…
紗耶
喂~!
嗚咿~…
怎麼了!?

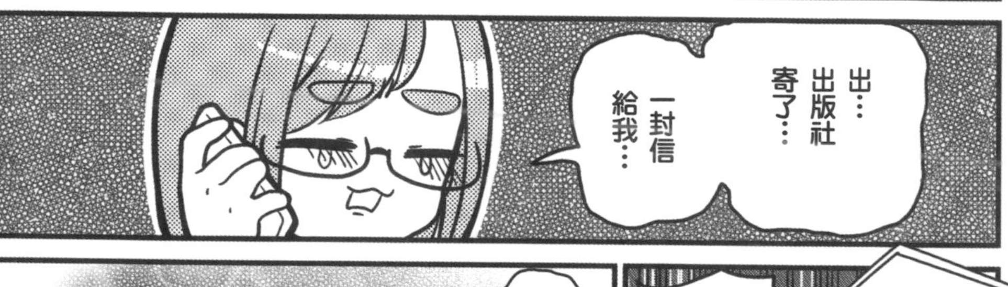
出…出版社寄了…
一封信給我…

問我放在網頁上的名字希望用筆名還是本名…
咦
所以你的意思是!?
我得獎了~
這你要先講啊!
嗚噗
紗耶也成功拿下漫畫獎有了責任編輯
兩人都朝著夢想一點一滴邁進

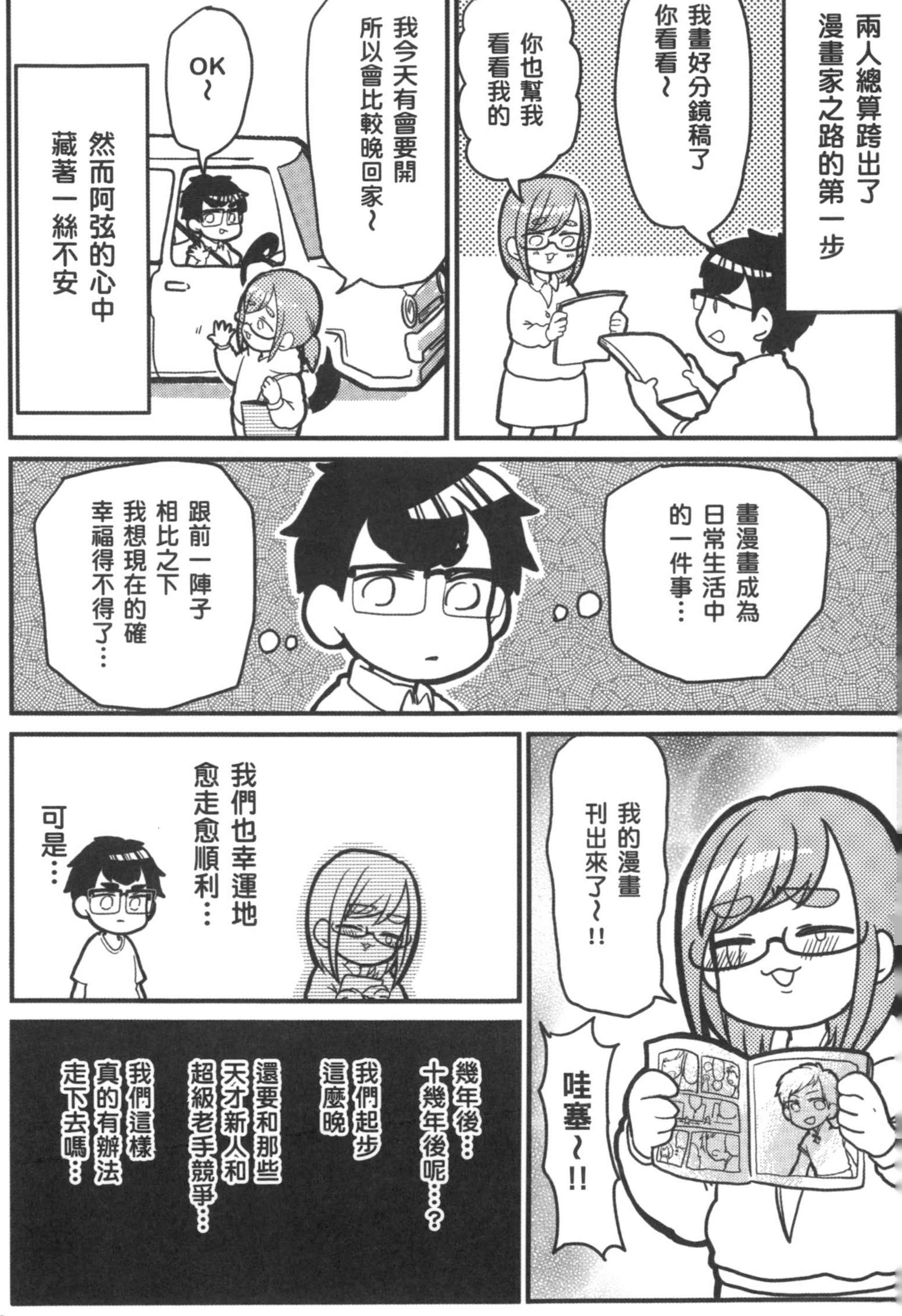

兩人總算跨出了漫畫家之路的第一步
我畫好分鏡稿了你看看~
你也幫我看看我的
我今天有會要開所以會比較晚回家~
OK~
然而阿弦的心中藏著一絲不安
畫漫畫成為日常生活中的一件事…
跟前一陣子相比之下我想現在的確幸福得不得了…
我的漫畫刊出來了~!!
哇塞~!!
我們也幸運地愈走愈順利…
可是…
幾年後…十幾年後呢…?
我們起步這麼晚
還要和那些天才新人和超級老手競爭…
我們這樣真的有辦法走下去嗎…

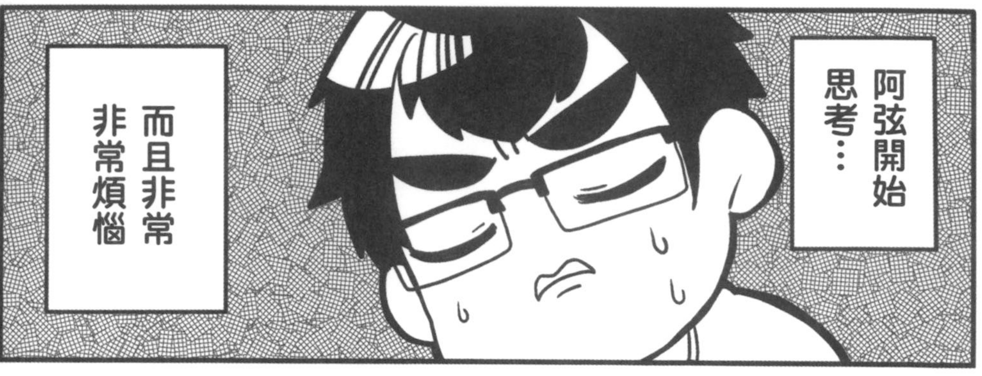
阿弦開始
思考…
而且非常
非常煩惱

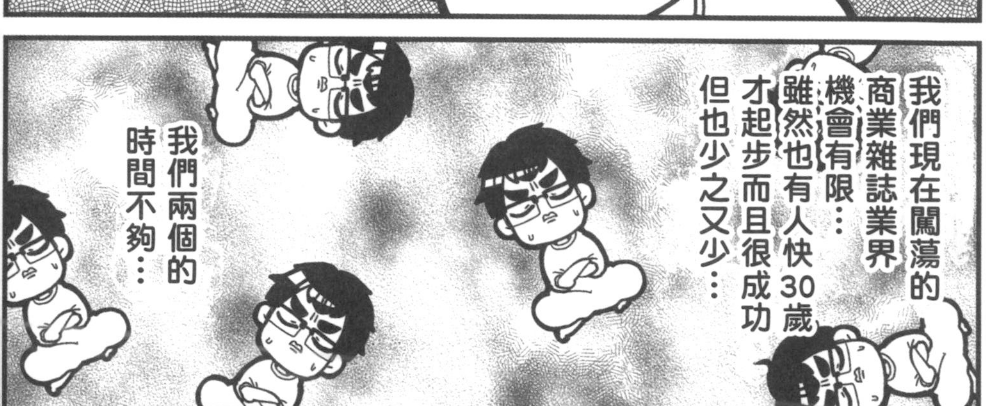
我們現在闖蕩的
商業雜誌業界
機會有限…
雖然也有人快30歲
才起步而且很成功
但也少之又少…
我們兩個的
時間不夠…

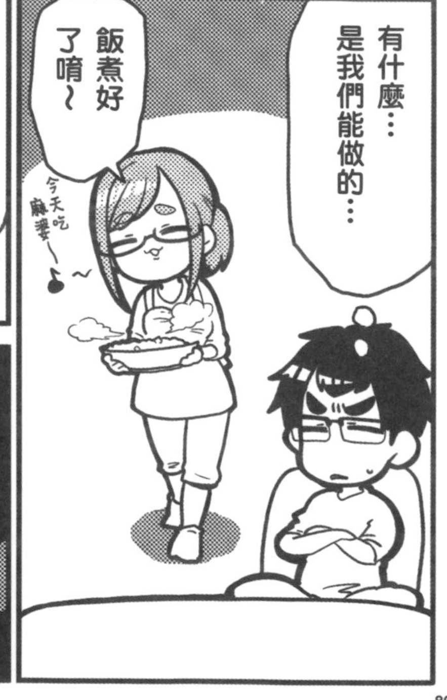
有什麼…
是我們能做的…
飯煮好
了唷～
今天吃
麻婆～♪～

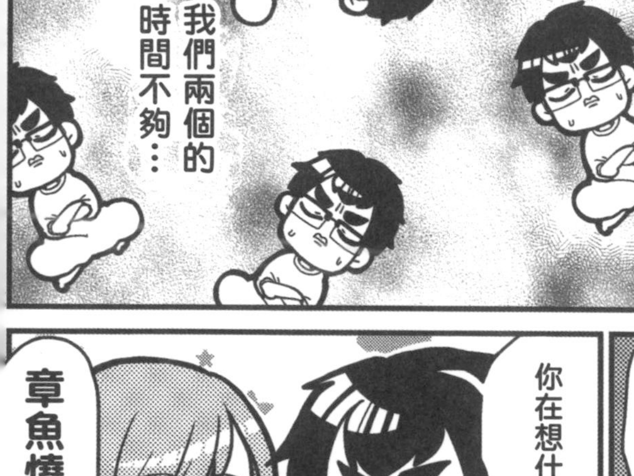
你在想什麼咧？
章魚燒噗～

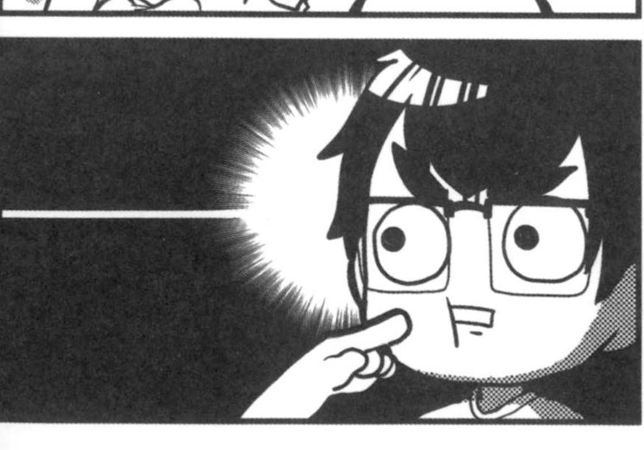

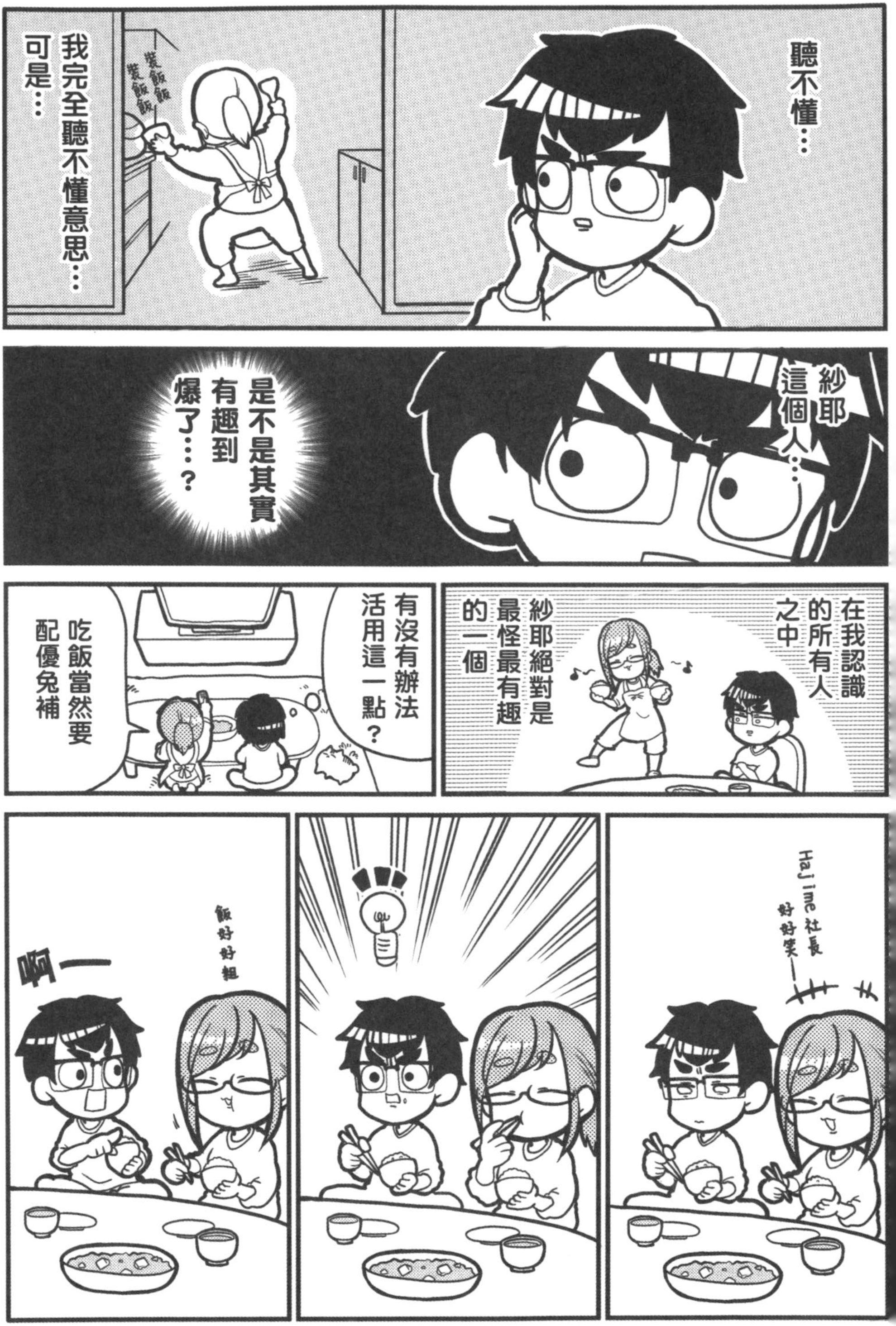

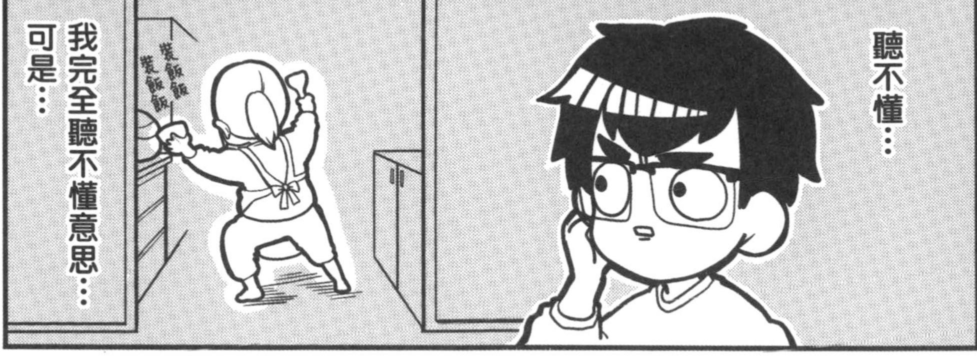

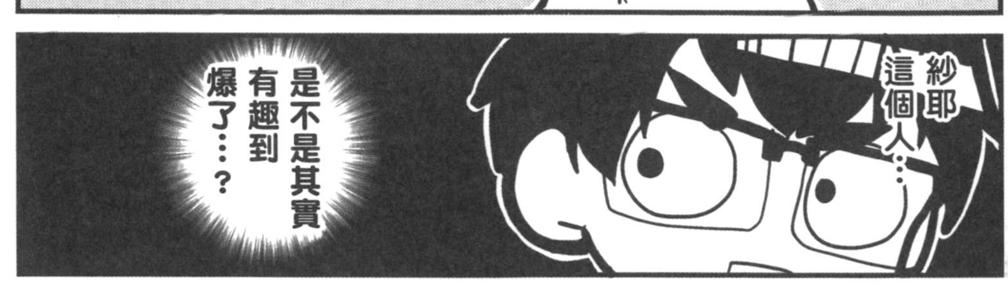

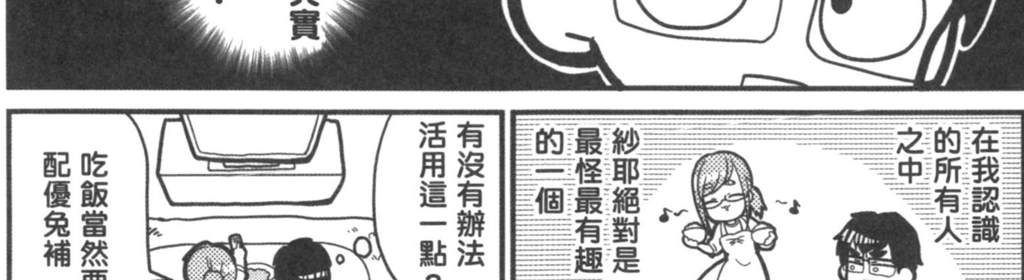

啊——
Hajime社長好好笑——

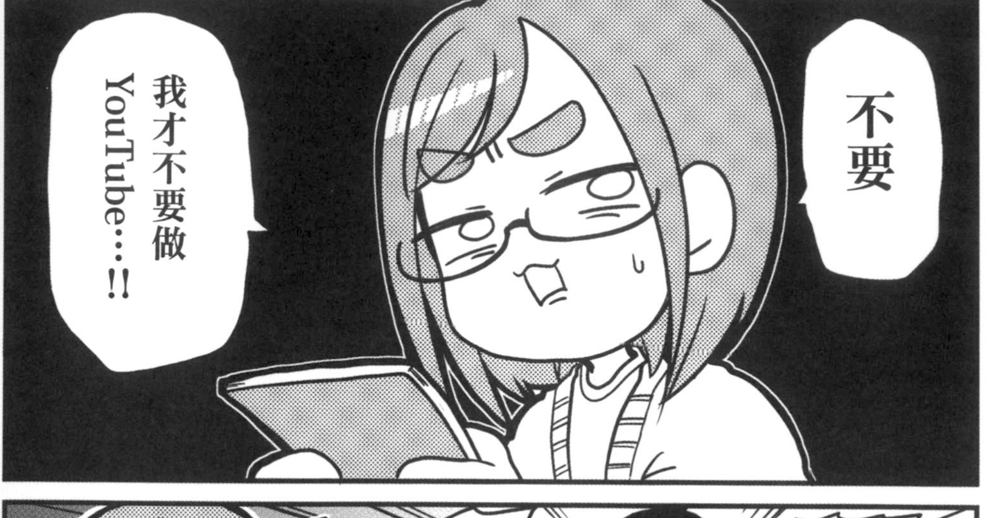

別這麼說啦!!
要做就只能趁現在了!!
迴一避

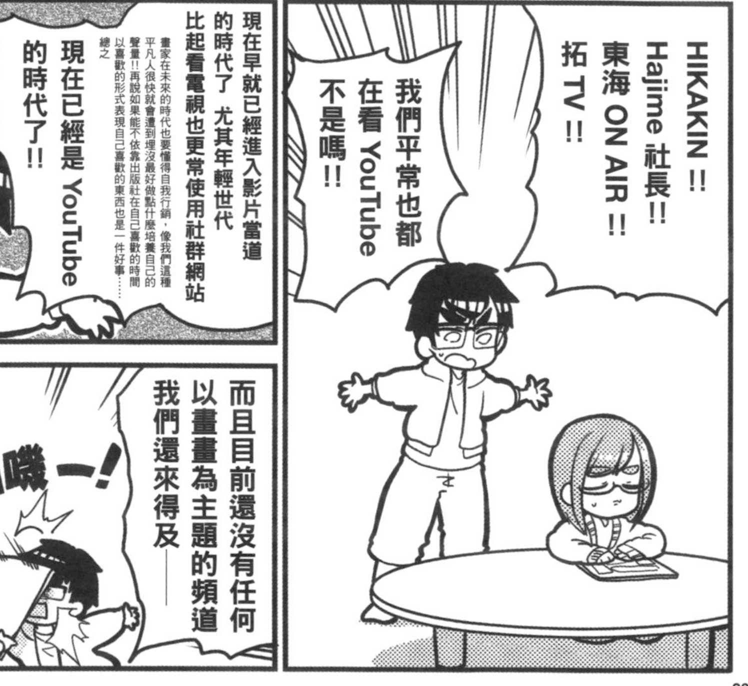

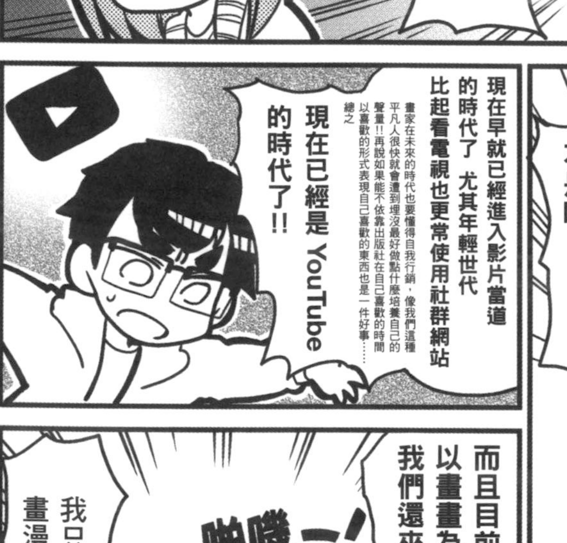

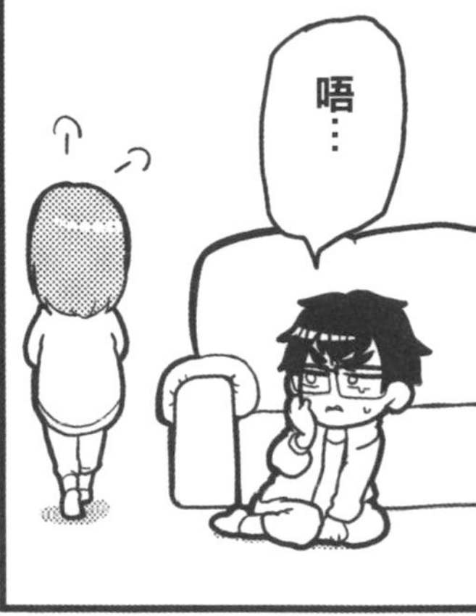

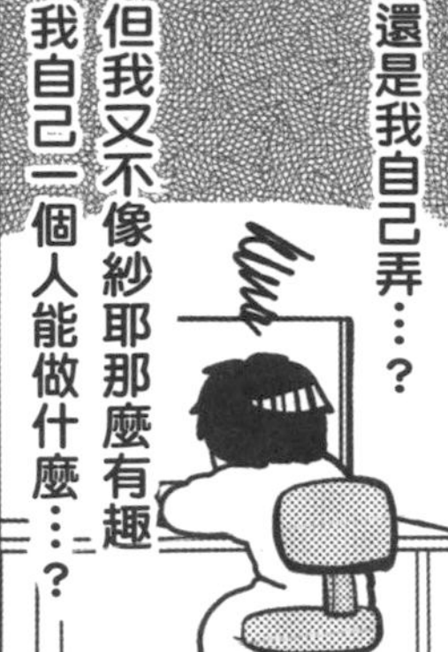

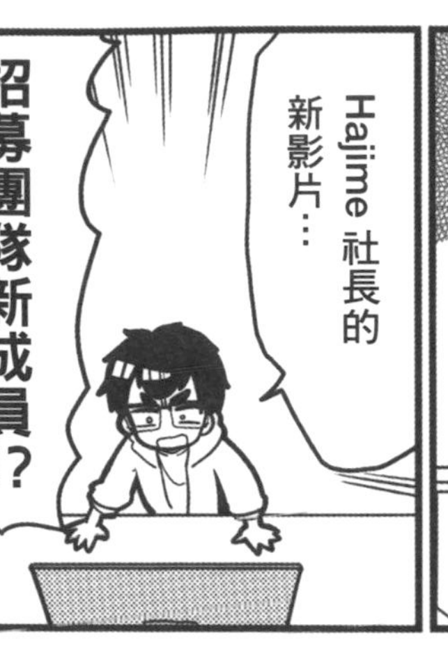

對了!!
只要能在頂尖創作者的身邊累積經驗
紗耶一定也會接受我的提議!!

應徵!!

結果

書面審查被刷掉了

地上怎麼有東西…

也是啦…
反正我一點長處也沒有
又快三十歲了…

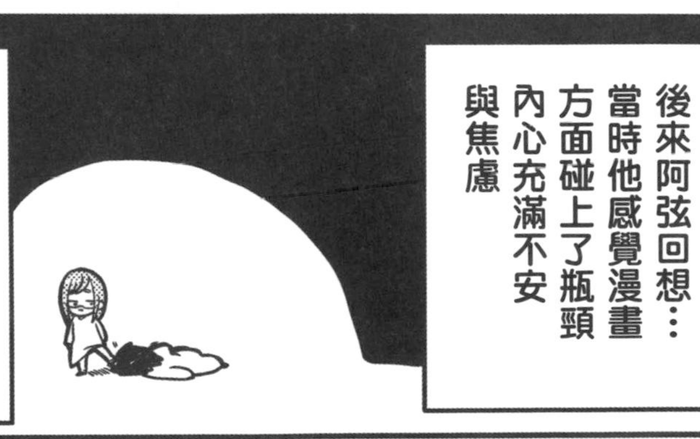

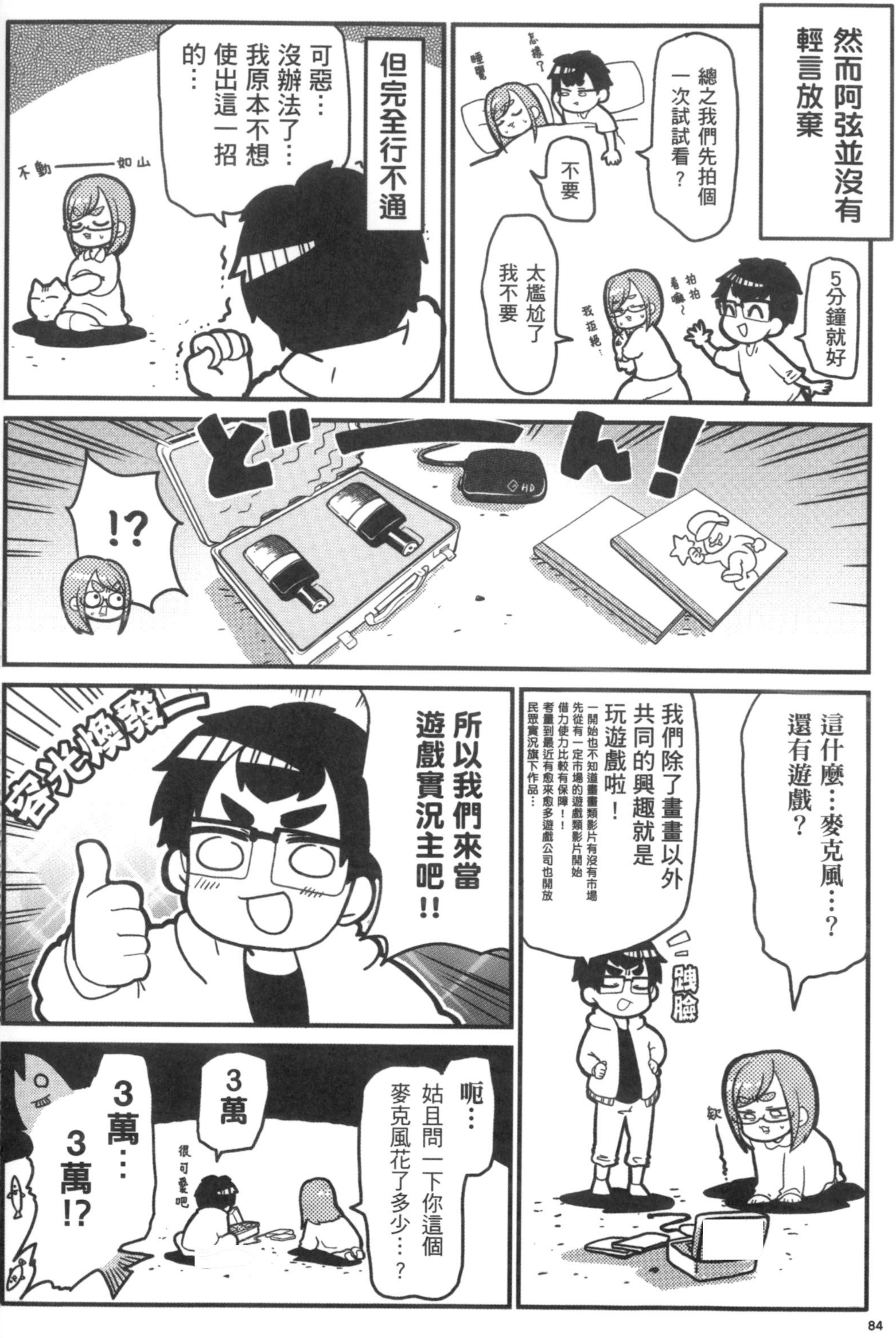

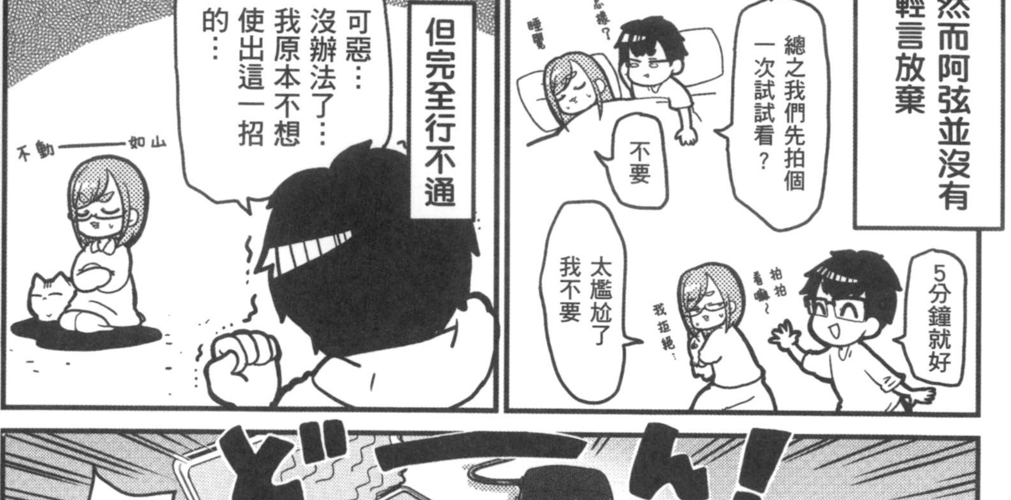
然而阿弦並沒有輕言放棄
5分鐘就好
拍拍看嘛～
我拒絕…
太尷尬了我不要
總之我們先拍個一次試試看？
怎樣？
睡覺
不要
但完全行不通
可惡…沒辦法了…我原本不想使出這一招的…
不動——如山
どーーん!
!?
這什麼…麥克風…？還有遊戲？
我們除了畫畫以外共同的興趣就是玩遊戲啦！
一開始也不知道畫畫類影片有沒有市場 先從有一定市場的遊戲類影片開始 借力使力比較有保障！！考量到最近有愈來愈多遊戲公司也開放民眾實況旗下作品…
踹臉
欸
所以我們來當遊戲實況主吧!!
容光煥發—
呃…姑且問一下你這個麥克風花了多少…？
3萬
很可愛吧
3萬…
3萬!?

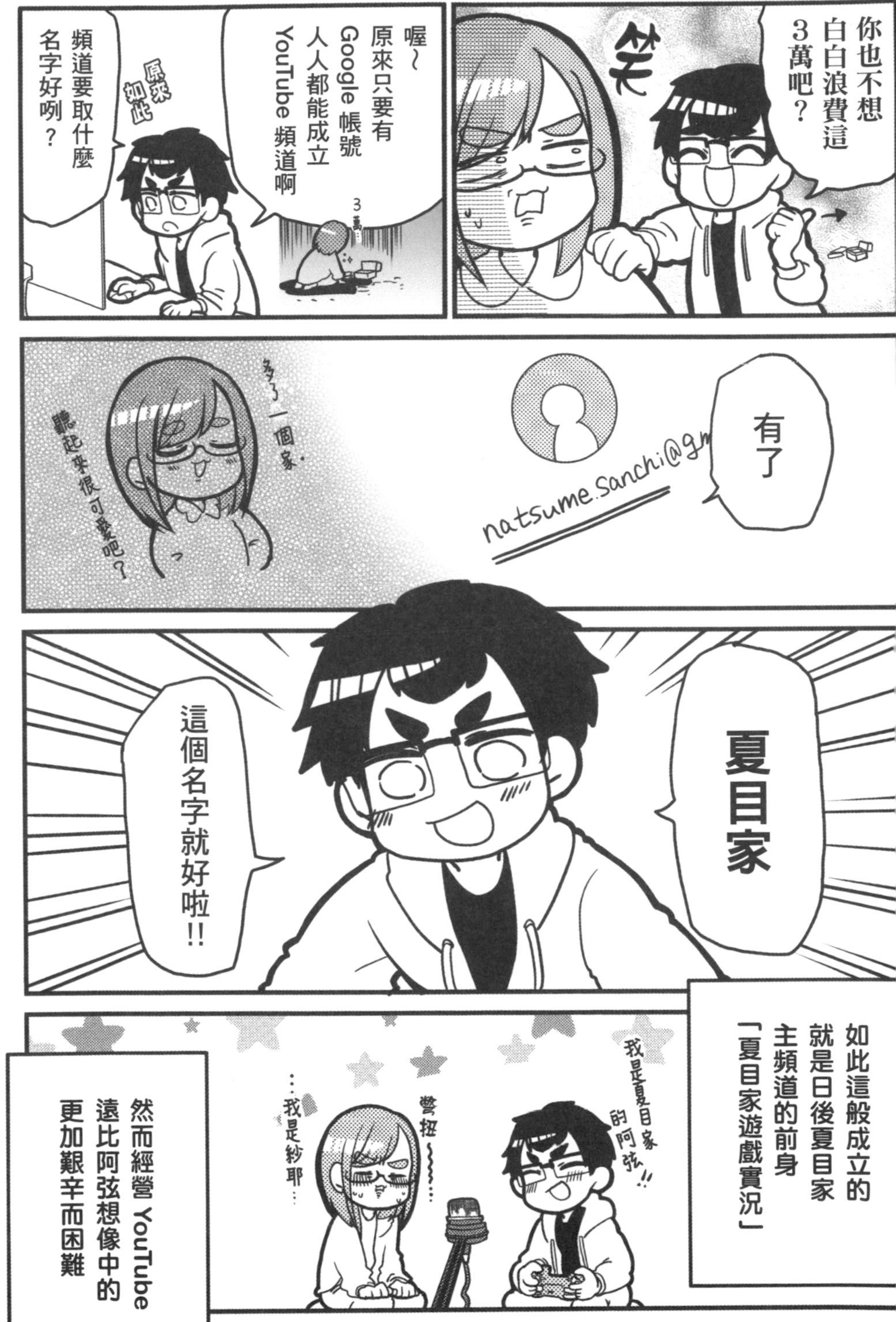
你也不想白白浪費這3萬吧？
笑
3萬…
喔～原來只要有Google帳號人人都能成立YouTube頻道啊
原來如此
頻道要取什麼名字好咧？
有了
natsume.sanchi@gm
多了一個家
聽起來很可愛吧？
夏目家
這個名字就好啦!!
如此這般成立的就是日後夏目家主頻道的前身「夏目家遊戲實況」
我是夏目家的阿弦!!
彆扭～～～…
…我是紗耶…
然而經營YouTube遠比阿弦想像中的更加艱辛而困難

你的問題，我們來回答！

Q&A特輯 3

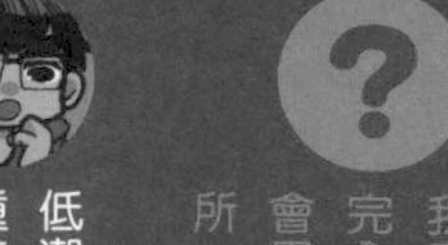

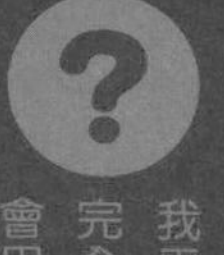

我平常也有在畫畫，但現在完完全全陷入低潮。想請問你們會用什麼方法擺脫低潮？（流所）

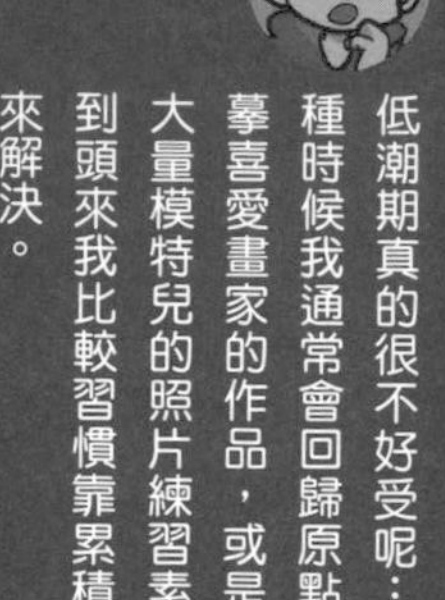

低潮期真的很不好受呢……這種時候我通常會回歸原點，臨摹喜愛畫家的作品，或是參考大量模特兒的照片練習素描。到頭來我比較習慣靠累積數量來解決。

但如果真的很痛苦的話也不用勉強，可以稍微遠離一下漫畫，看看自己喜歡的漫畫、聽聽音樂，補充自己的內涵後再回來畫畫……我支持你！

請問兩位第一次買的畫具是什麼？（望月）

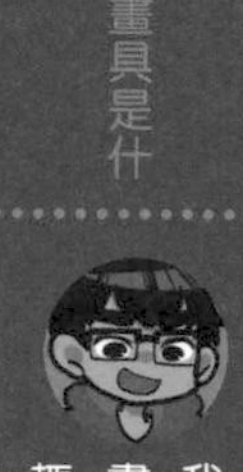

我第一次下定決心買下來的畫具是COPIC麥克筆！這真的是我夢寐以求的畫具呢……。

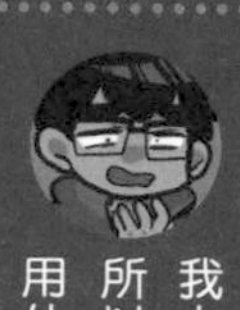

我上國中前還沒聽過COPIC，所以一直很好奇漫畫家到底都用什麼東西上色。（笑）我記得我第一次自己買的畫具是沾水筆。那時候我還以為沾水筆的用法跟原子筆一樣，不知道要另外買筆尖和墨水……。

沒想到現在口口聲聲說「資訊就是一切」的阿弦也有這樣的過去呢……（笑）

請問對你們來說，畫圖算是工作還是興趣？（小咪）

都是喔！（笑）

我自己的分別是，隨心所欲畫自己喜歡的東西時是「興趣」。替別人畫出他們想要的東西時是「工作」！

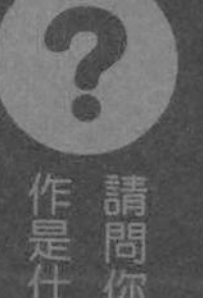

請問你們第一次從事的插畫工作是什麼？（水丸）

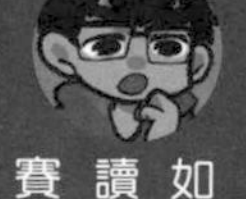

如果我記得的沒錯，應該是我讀大學時。那時我得了插畫比賽虛擬生物組的獎項，之後順勢接了一份工作，是幫社群遊戲設計低階怪物。

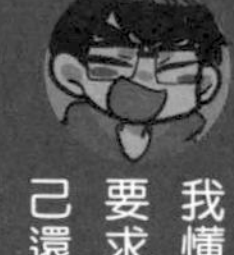

我第一次也是在大學的時候！是幫某間公司的傳單畫小小的插圖。雖然不是什麼大工作，但當時也是心驚膽跳的呢……。

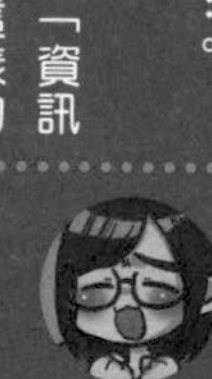

我懂！我還記得當時對方一直要求重畫，讓我深刻感受到自己還有多少進步空間。但朝著夢想跨出第一步的感覺還是很讓人興奮。（笑）

《第 4 章》

畫畫這條路，再坎坷也能笑著畫下去！

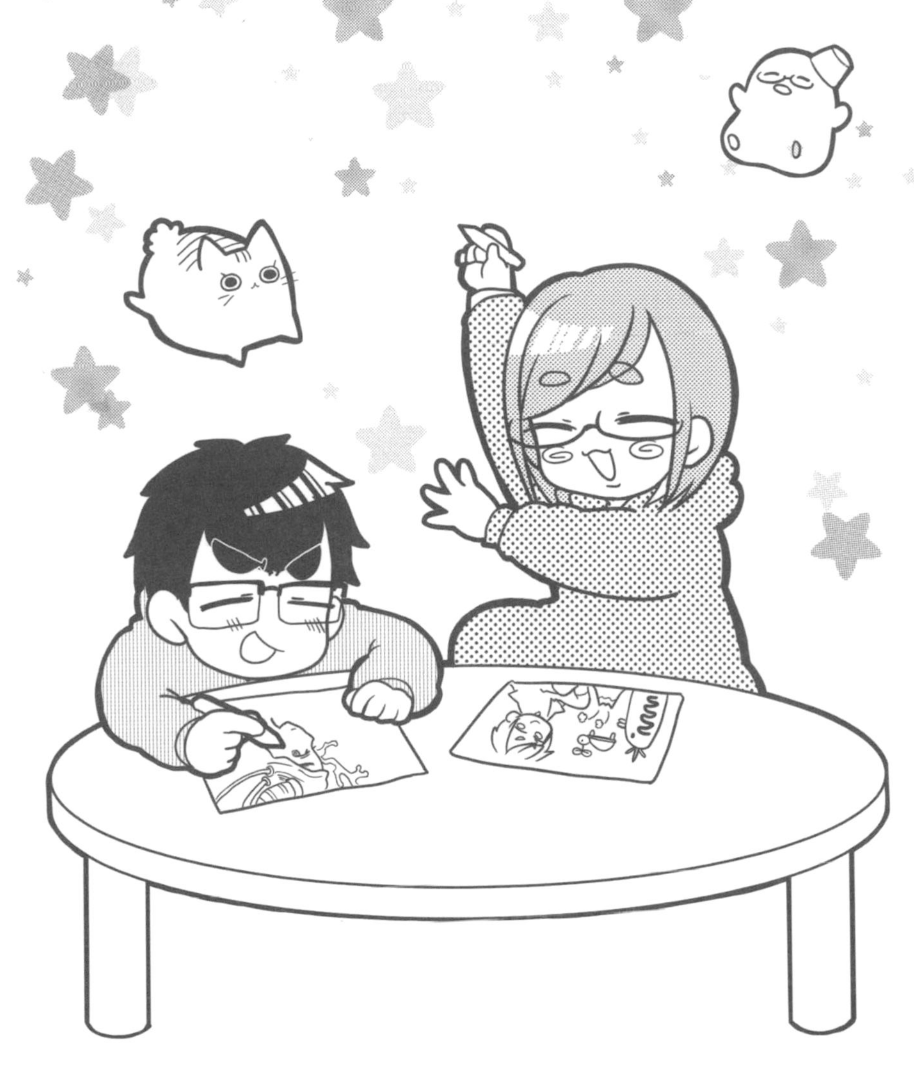

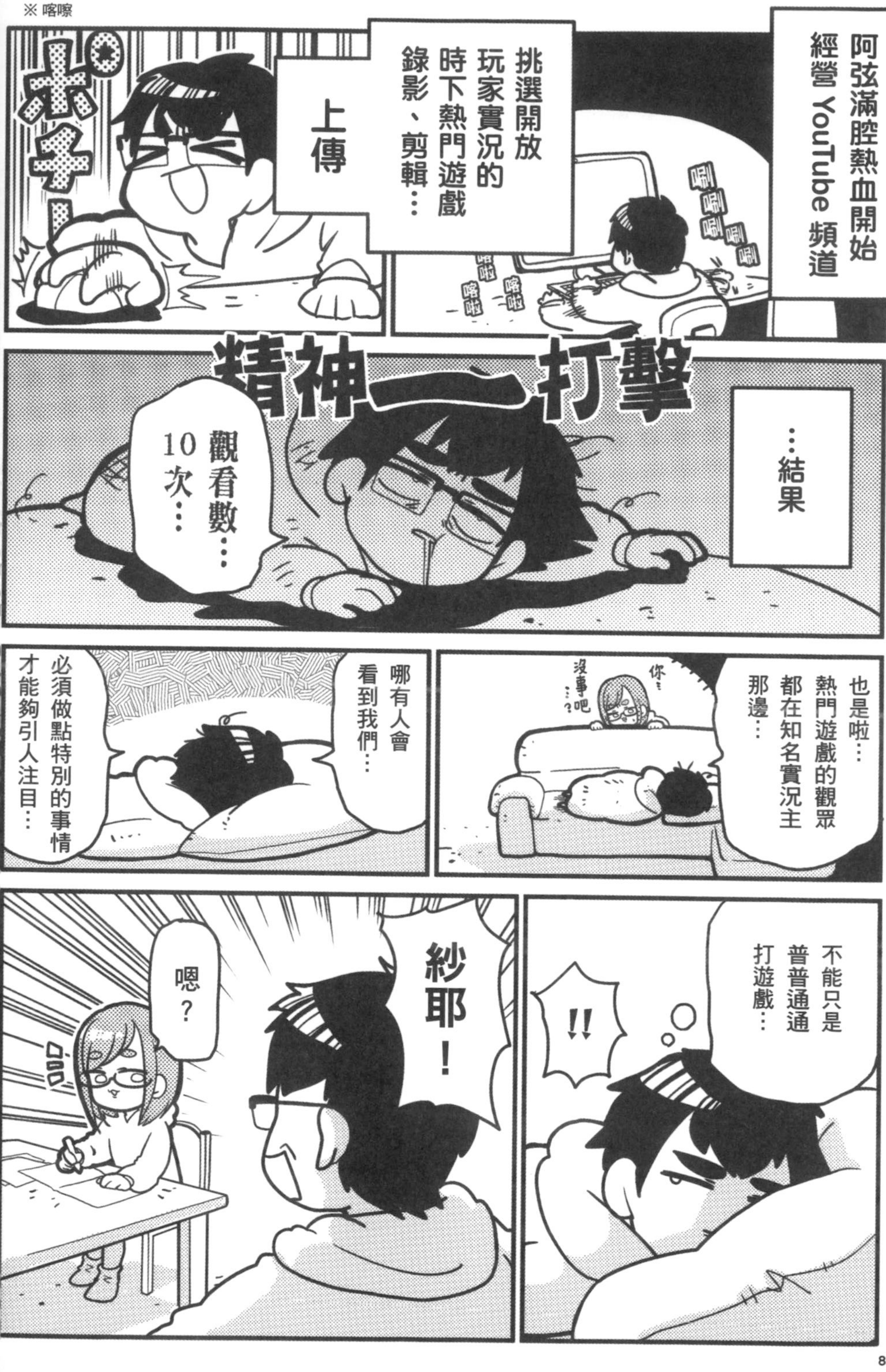

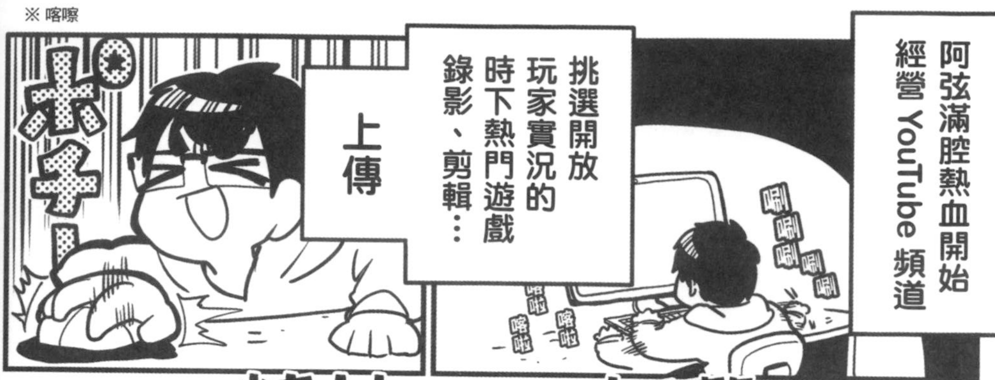

※喀嚓

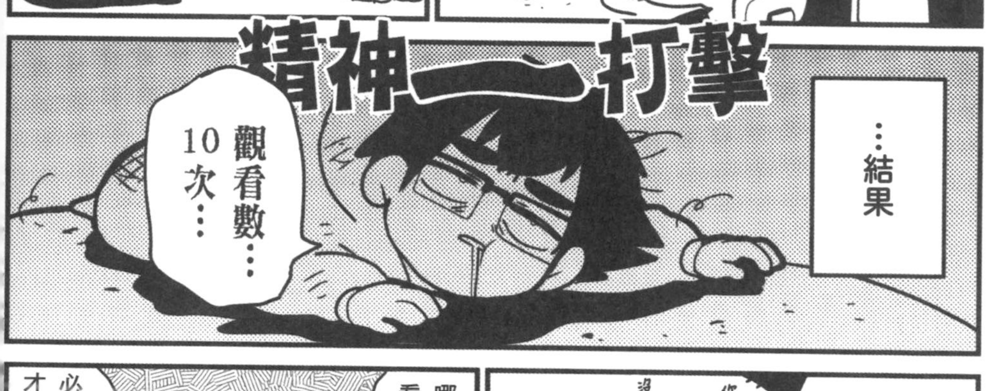

也是啦…熱門遊戲的觀眾都在知名實況主那邊…
你…沒事吧…？
哪有人會看到我們…
必須做點特別的事情才能夠引人注目…
不能只是普普通通打遊戲…
!!
紗耶！
嗯？

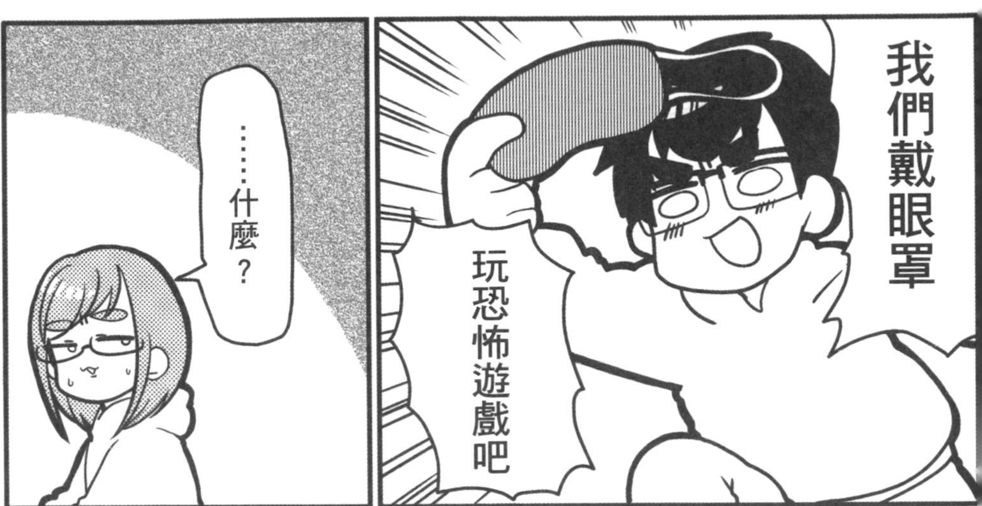
我們戴眼罩
玩恐怖遊戲吧
……什麼？

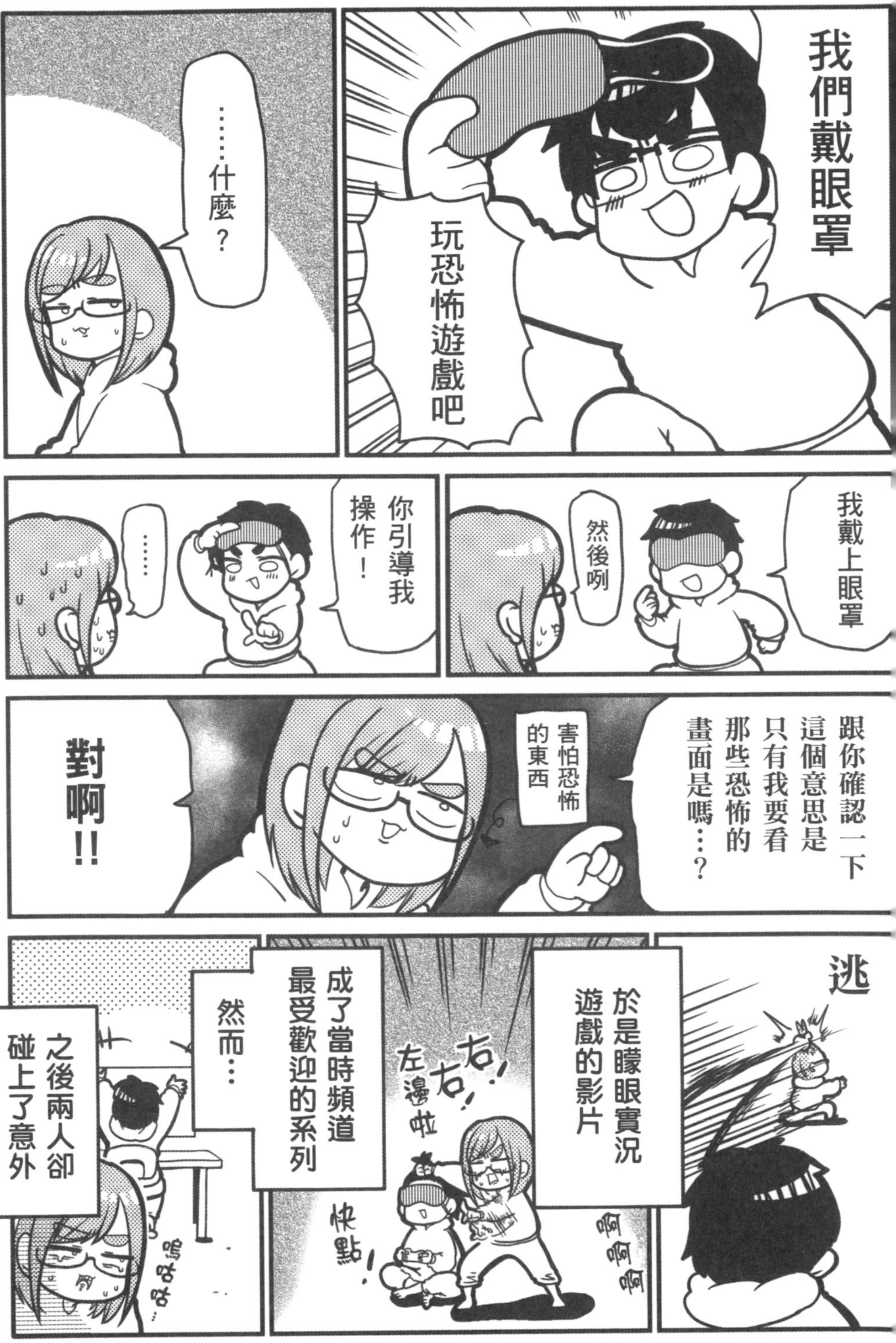

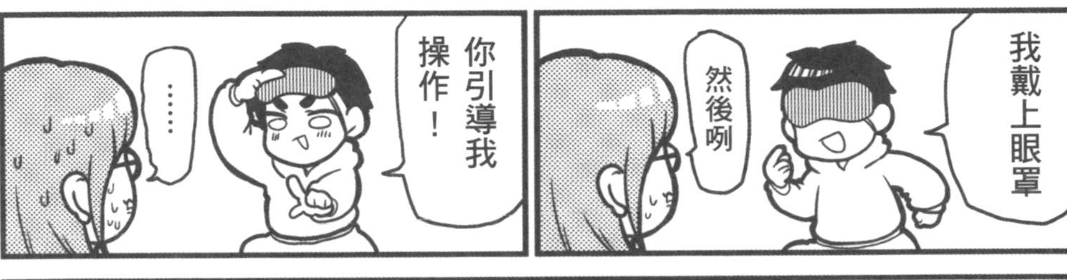
我戴上眼罩
然後咧
你引導我操作！
……
跟你確認一下這個意思是只有我要看那些恐怖的畫面是嗎…？
害怕恐怖的東西
對啊!!
逃
於是矇眼實況遊戲的影片
右，右，左邊啦
啊啊啊
快點！
成了當時頻道最受歡迎的系列
然而…
之後兩人卻碰上了意外
嗚嗚嗚…

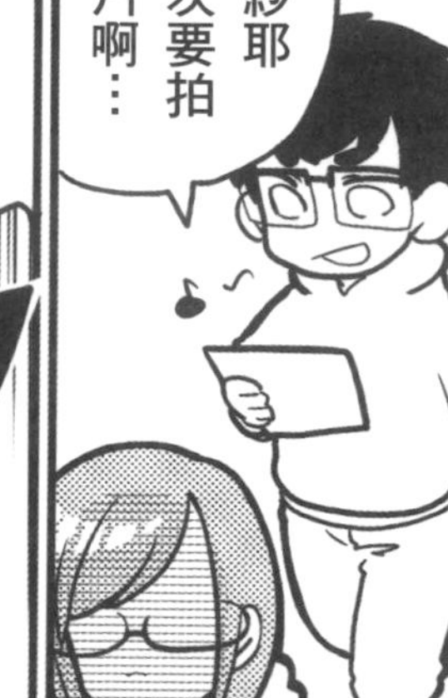
我說紗耶
下一次要拍
的影片啊…

我沒辦法
一次做這麼
多事情啦!!!
ダーン

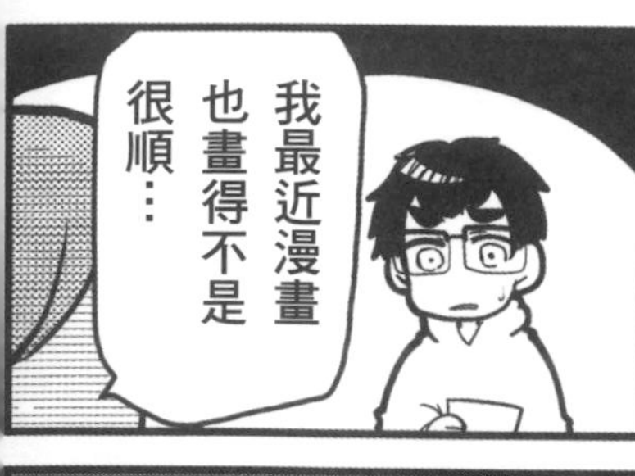
我最近漫畫
也畫得不是
很順…

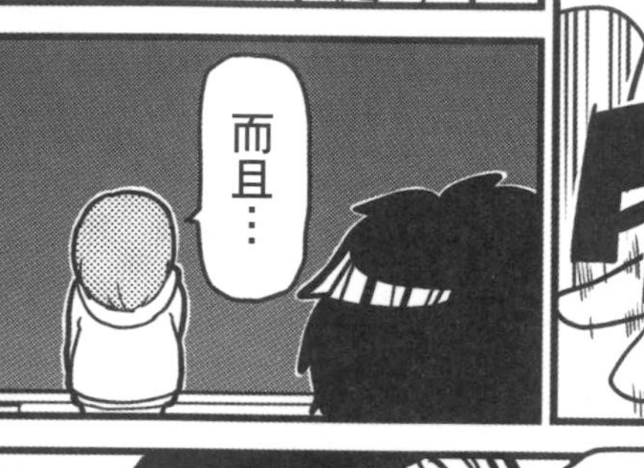
而且…

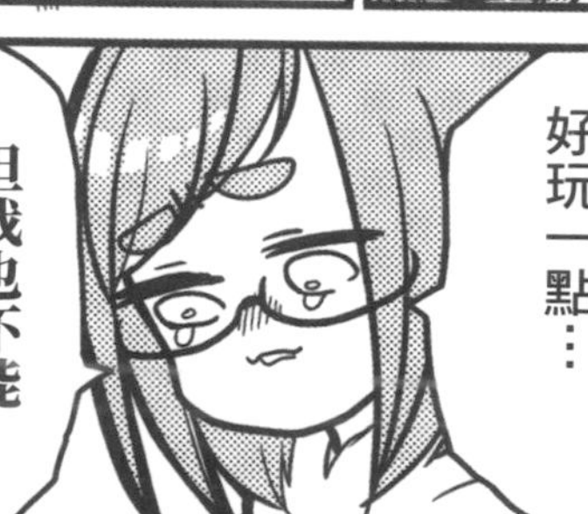
雖然最近做
YouTube 有比較
好玩一點…
但我也不能
這樣一直
玩下去啊…

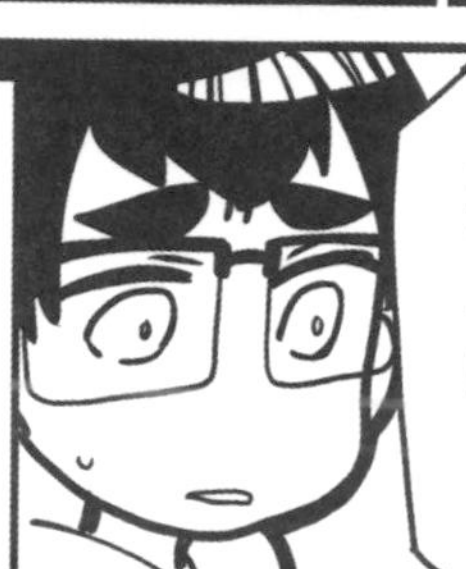
這段時期
兩人的想法
漸行漸遠

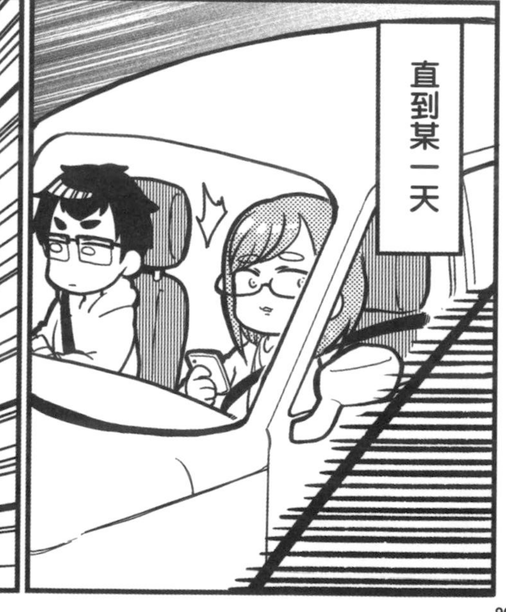
直到某一天

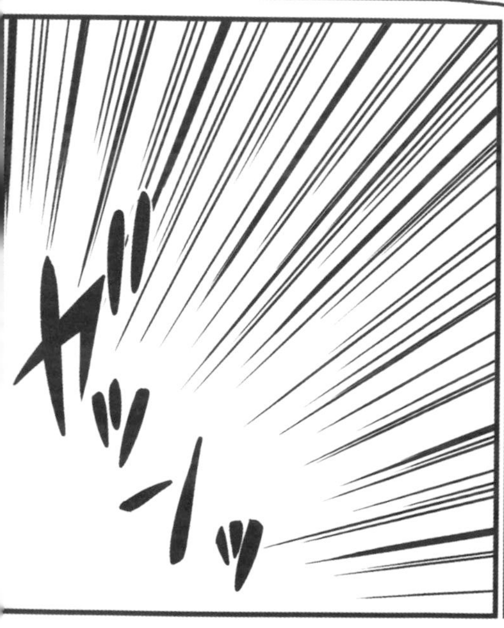

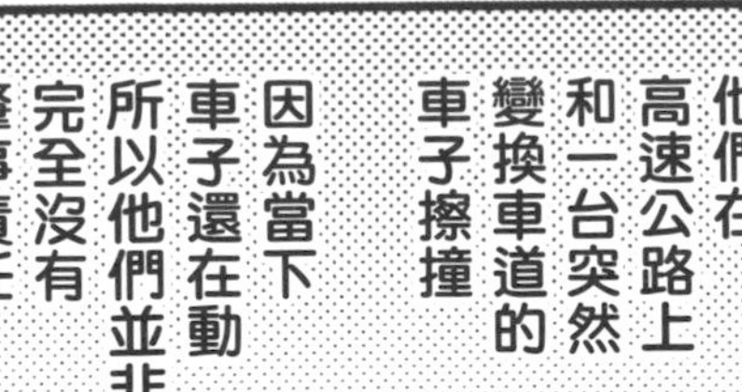
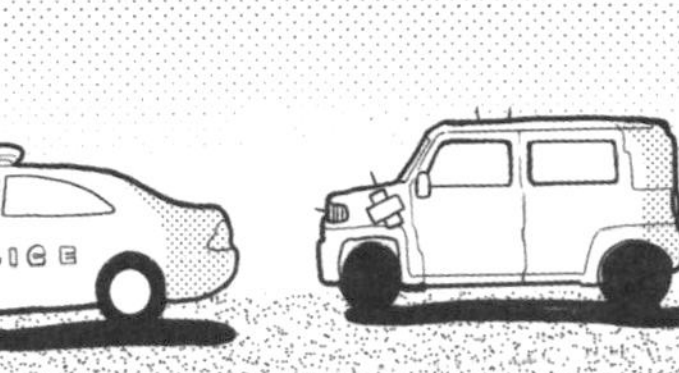
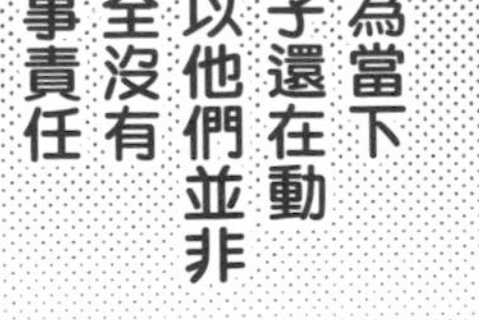
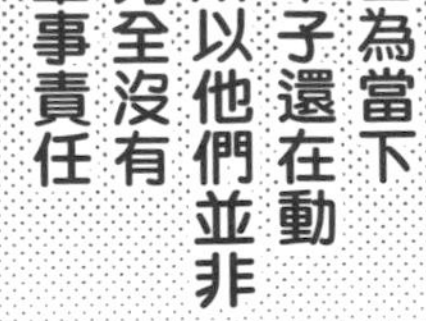
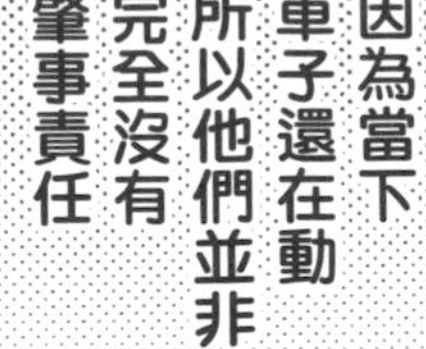
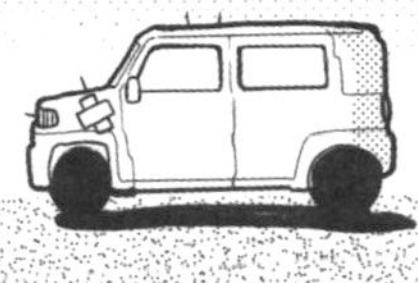
他們在高速公路上和一台突然變換車道的車子擦撞
因為當下車子還在動所以他們並非完全沒有肇事責任
然而狀況明顯是對方硬切過來所以他們最後只需要負1成責任…
POLICE
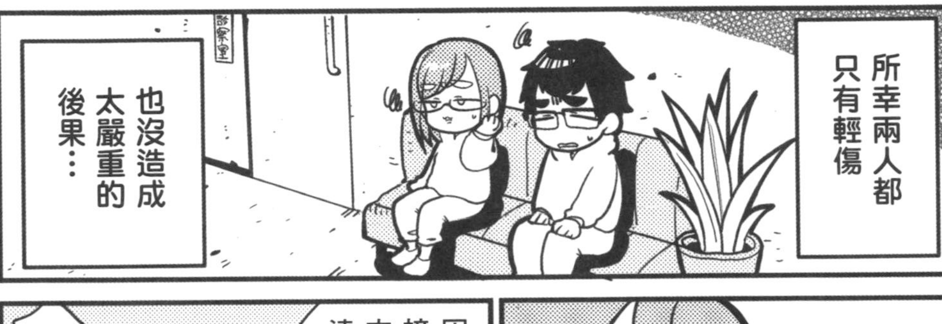
所幸兩人都只有輕傷
也沒造成太嚴重的後果…
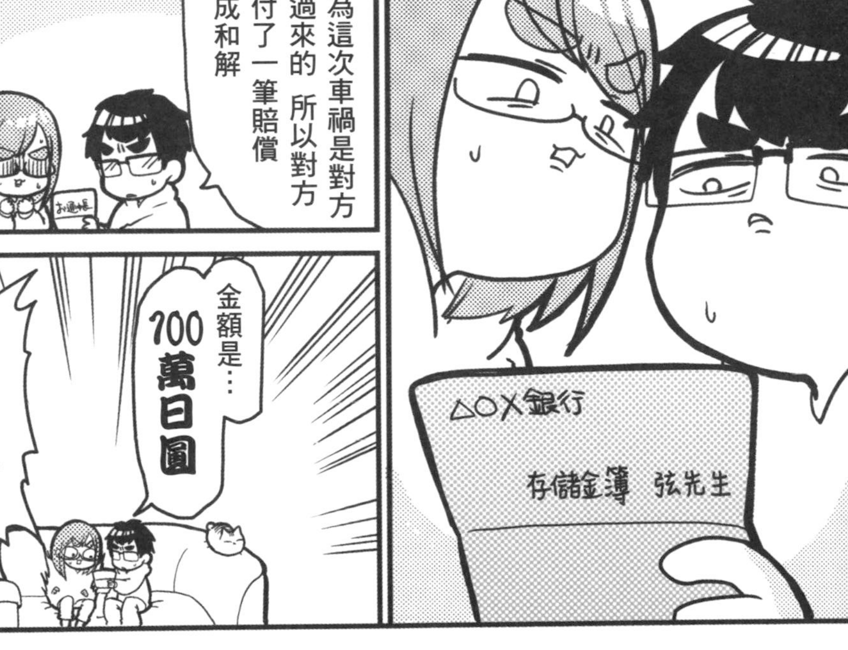
因為這次車禍是對方撞過來的 所以對方支付了一筆賠償達成和解
賠償
金額是…
100萬日圓
一百萬!?
△○×銀行
存儲金簿 弦先生

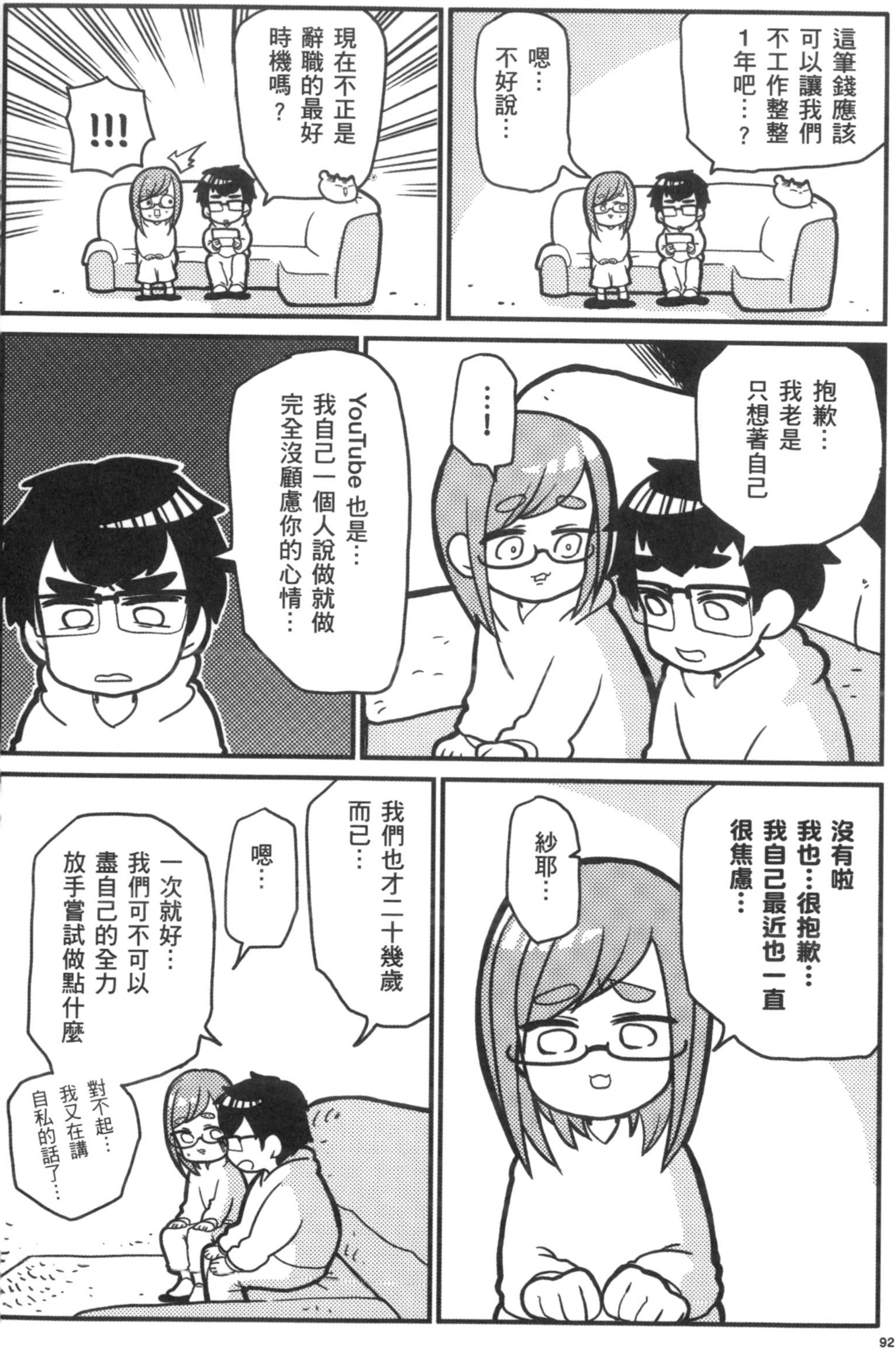

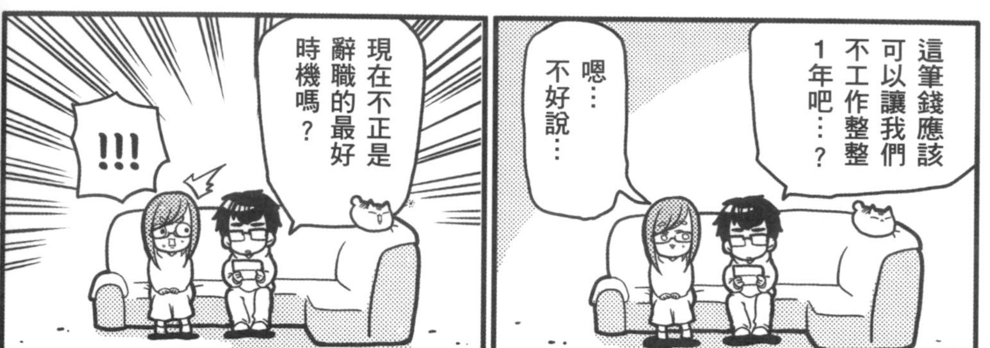
這筆錢應該可以讓我們不工作整整1年吧…？
嗯…不好說…
現在不正是辭職的最好時機嗎？
!!!
抱歉…我老是只想著自己
…!
YouTube也是…我自己一個人說做就做完全沒顧慮你的心情…
沒有啦我也…很抱歉…我自己最近也一直很焦慮…
紗耶…
我們也才二十幾歲而已…
嗯…
一次就好…我們可不可以盡自己的全力放手嘗試做點什麼
對不起…我又在講自私的話了…

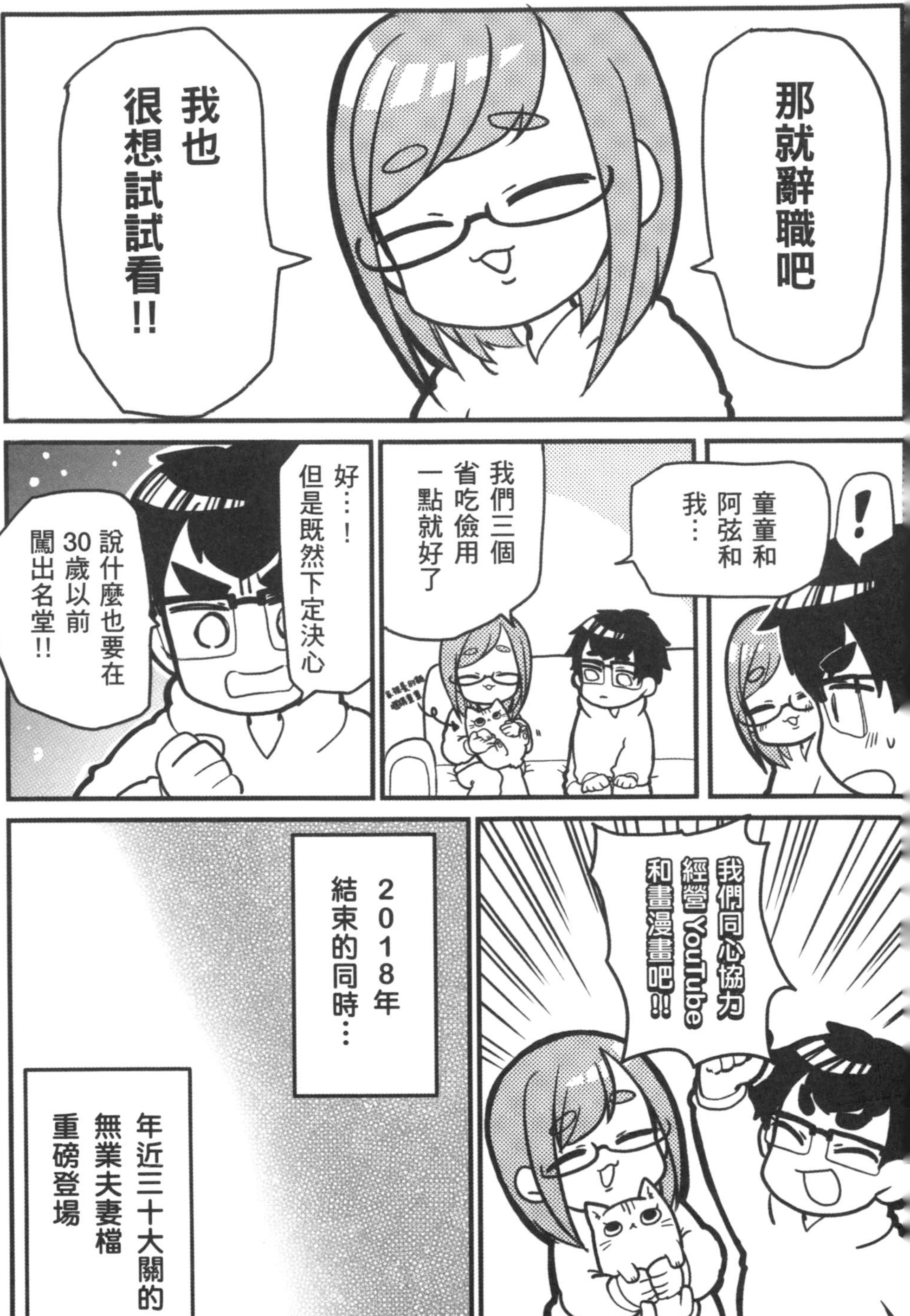

那就辭職吧
我也很想試試看!!
!
童童和阿弦和我…
我們三個省吃儉用一點就好了
好…!但是既然下定決心
說什麼也要在30歲以前闖出名堂!!
我們同心協力經營YouTube和畫漫畫吧!!
2018年結束的同時…
年近三十大關的無業夫妻檔重磅登場

兩人毅然決然
離職
發起退無可退的
最後挑戰…

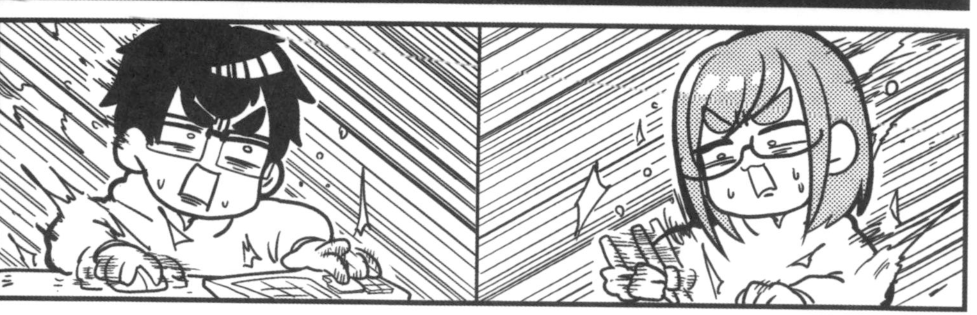

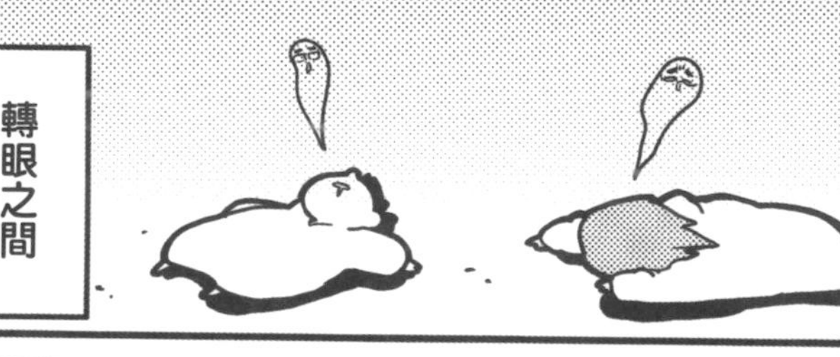

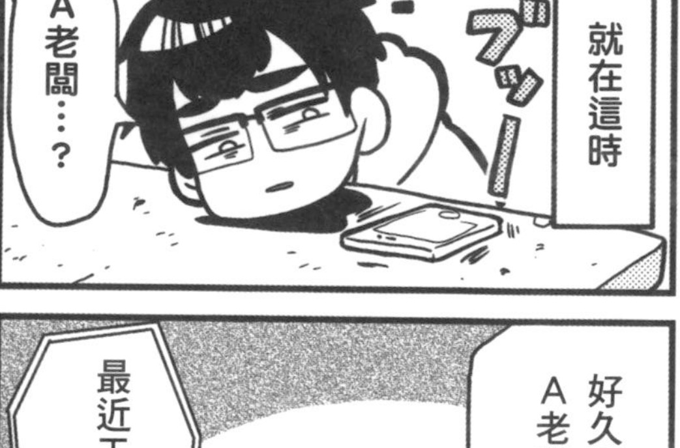

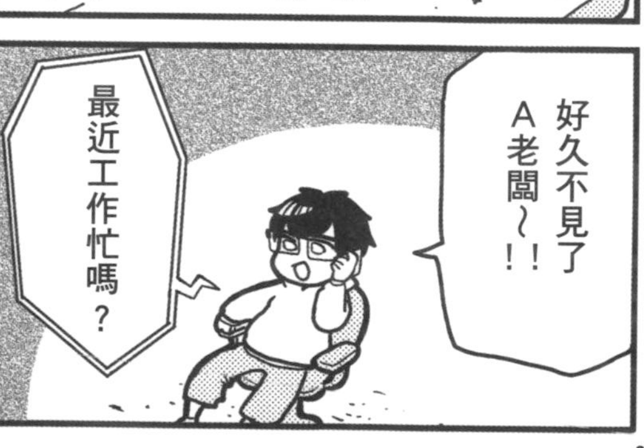

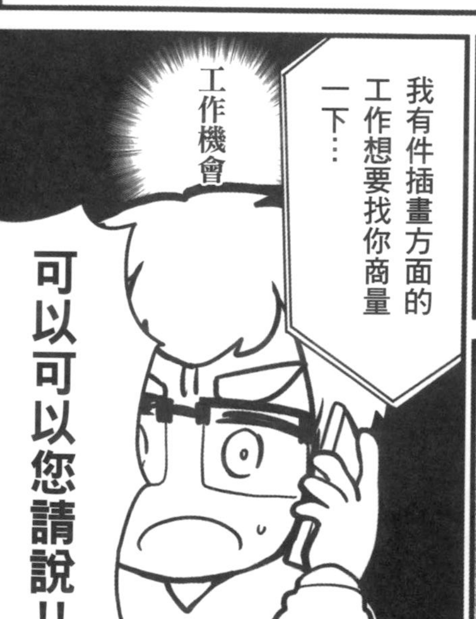

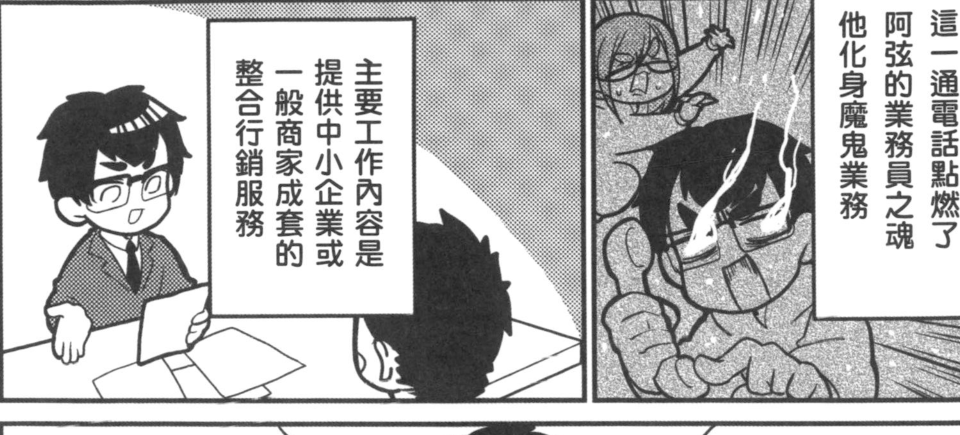

諸如品牌吉祥物的
設計、美術、
媒體設計以及
宣傳影片
都是由我們夫婦
一站式包辦
所以能壓低
製作成本
提供您物美價廉
的服務!!

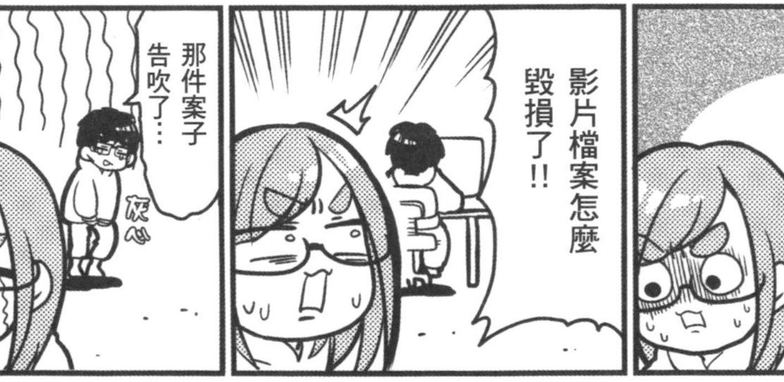

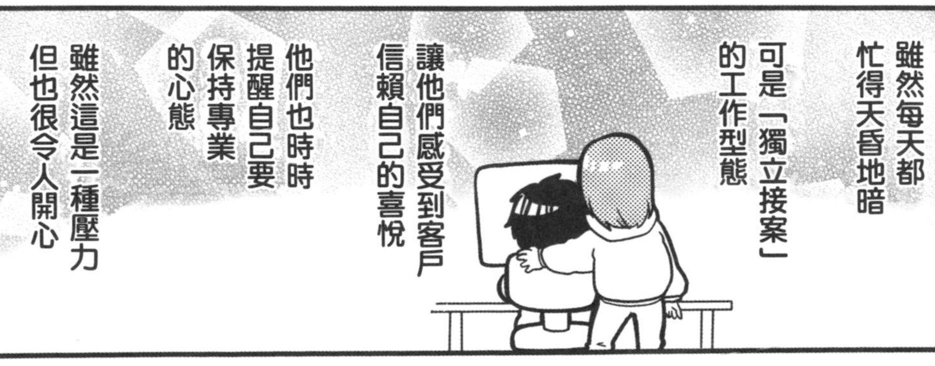

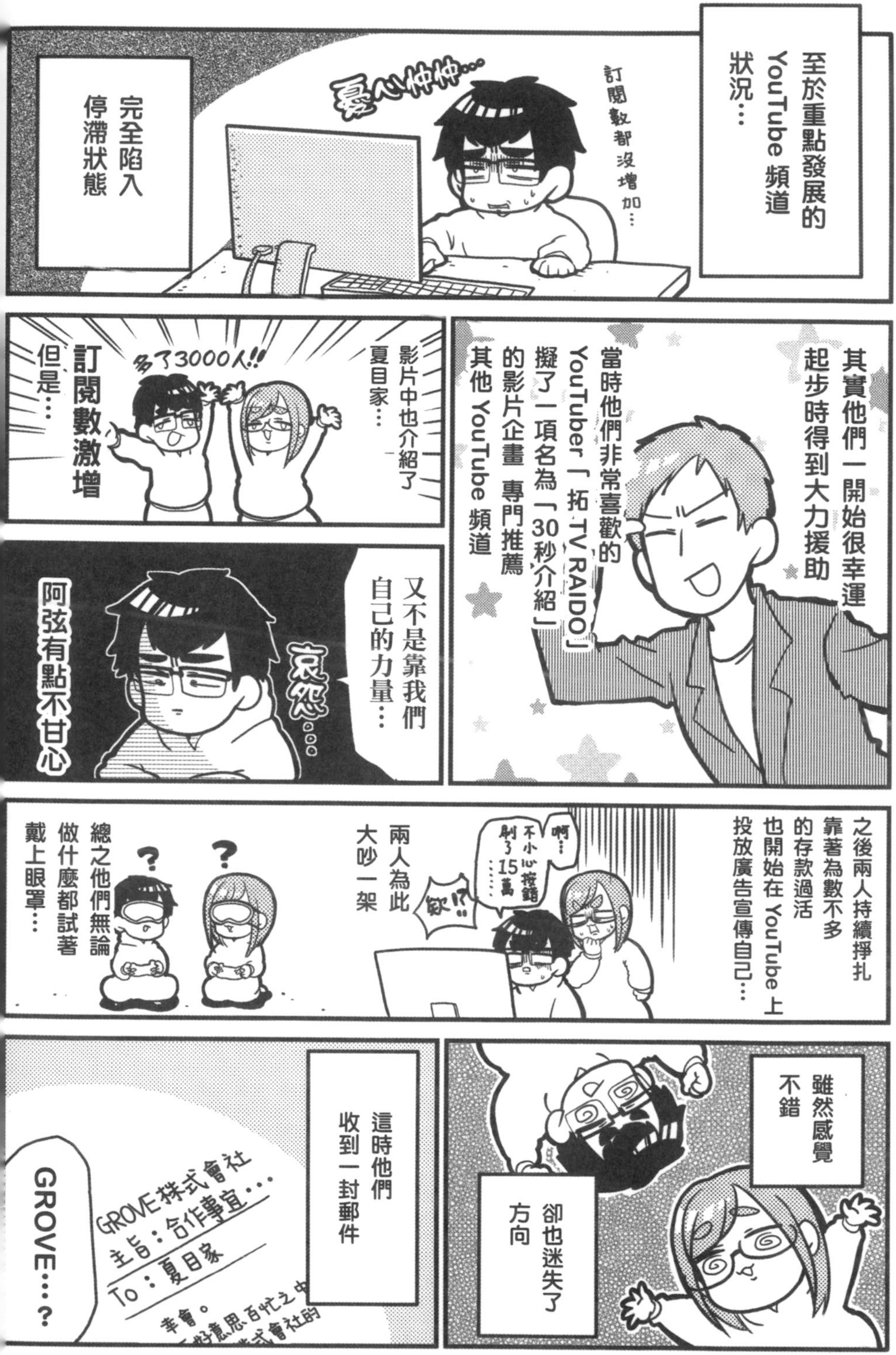

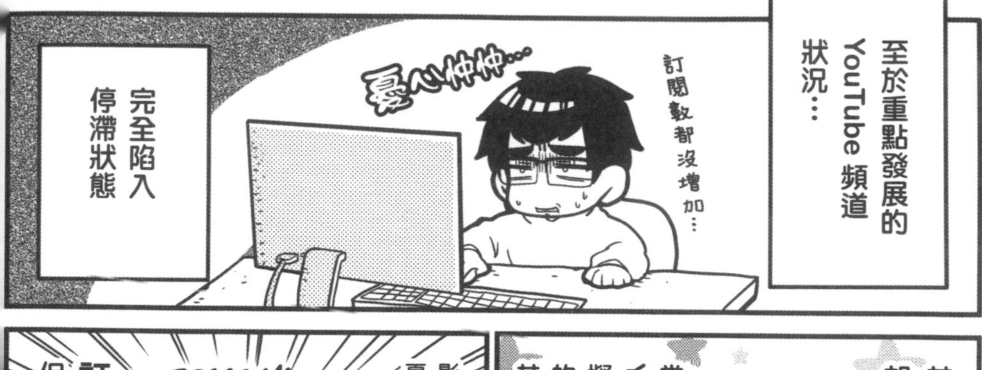

至於重點發展的YouTube頻道狀況…
訂閱數都沒增加…
憂心忡忡…
完全陷入停滯狀態
其實他們一開始很幸運起步時得到大力援助
當時他們非常喜歡的YouTuber「拓TV RAIDO」擬了一項名為「30秒介紹」的影片企畫 專門推薦其他YouTube頻道
影片中也介紹了夏目家…
多了3000人!!
訂閱數激增
但是…
又不是靠我們自己的力量…
哀怨…
阿弦有點不甘心
之後兩人持續掙扎靠著為數不多的存款過活也開始在YouTube上投放廣告宣傳自己…
啊…不小心按錯刷了15萬……
欸!?
兩人為此大吵一架
總之他們無論做什麼都試著戴上眼罩…
雖然感覺不錯
卻也迷失了方向
這時他們收到一封郵件
GROVE株式會社
主旨：合作事宜…
To：夏目家
GROVE…?

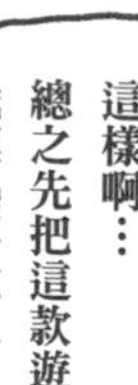
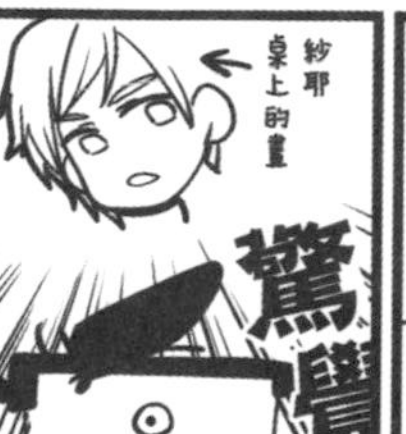
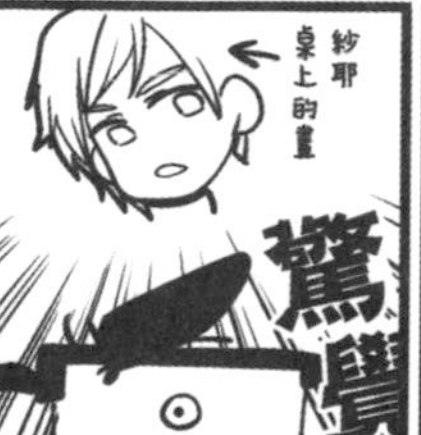
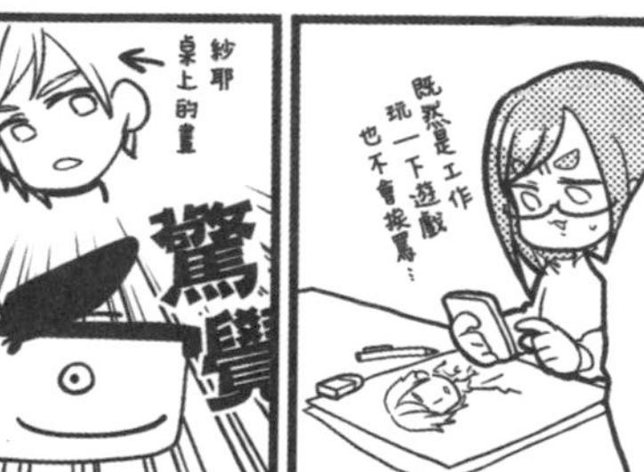
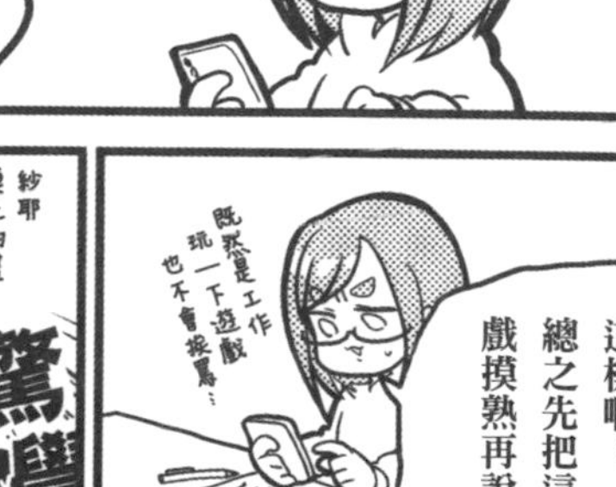
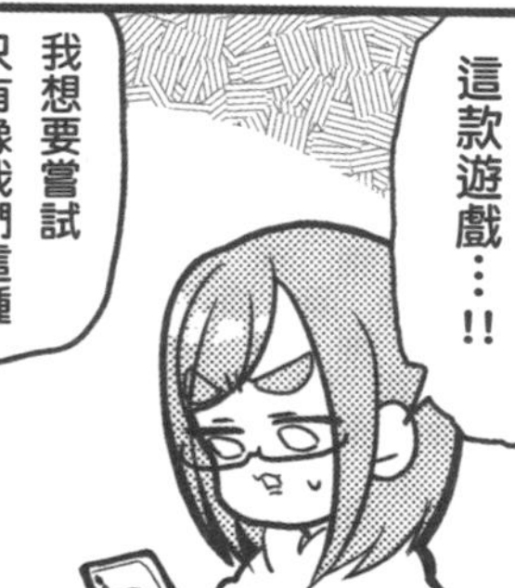
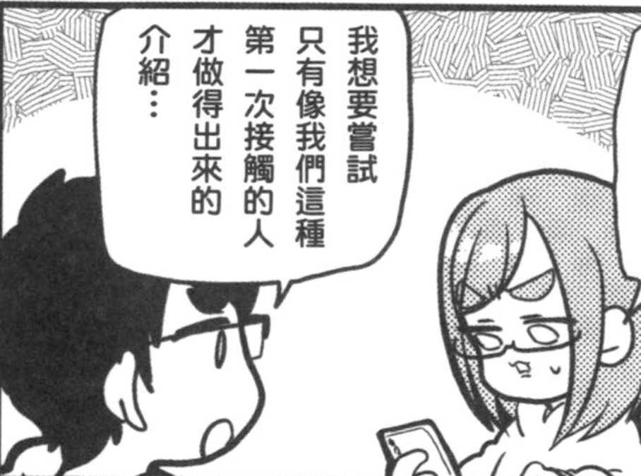

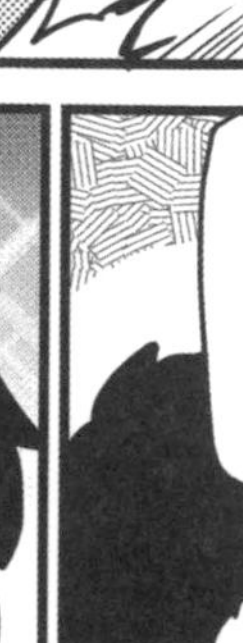
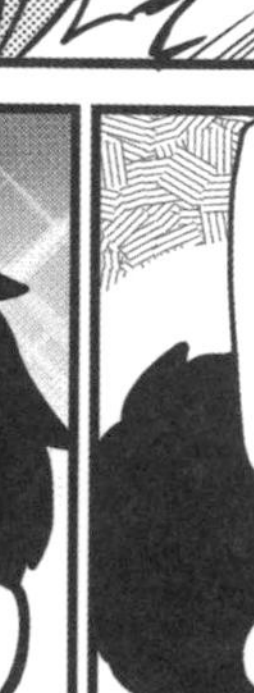
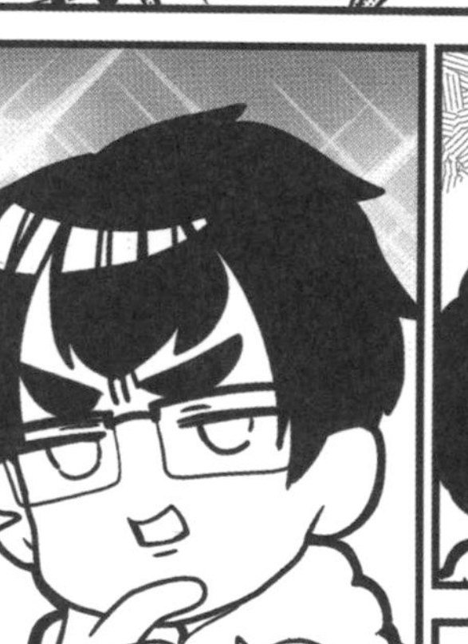
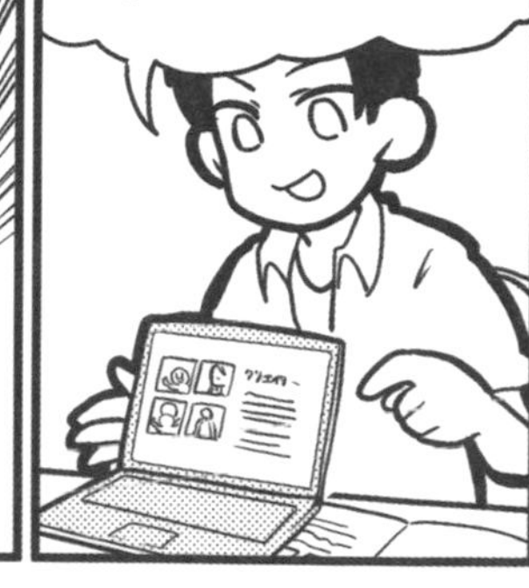
經紀公司挖角
緊張
緊張
是傳說中的 YouTuber 經紀公司…
我們不只會支援兩位的創作活動
當然也會介紹一些企業的案子給兩位！
合作愉快!!
兩人決定加入公司！
過了一陣子
紗耶!!
ズシャアアン
工作的案子來了!! 要工商遊戲！
兩人第一次以 YouTuber 身分接到廠商的工作
我從來沒聽說過這款遊戲…!!
我想要嘗試只有像我們這種第一次接觸的人才做得出來的介紹…
我們試著在完全不知道內容的狀況下畫畫看遊戲角色如何？
不如…
這樣啊… 總之先把這款遊戲摸熟再說吧…
既然是工作 玩一下遊戲 也不會挨罵…
驚覺
紗耶 桌上的畫

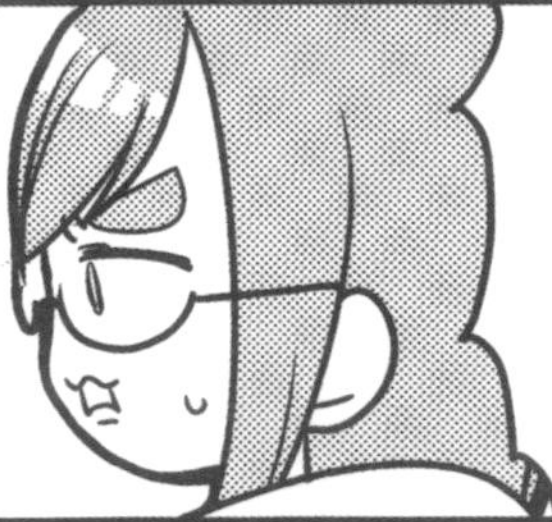
明明不知道
還是要畫嗎!?
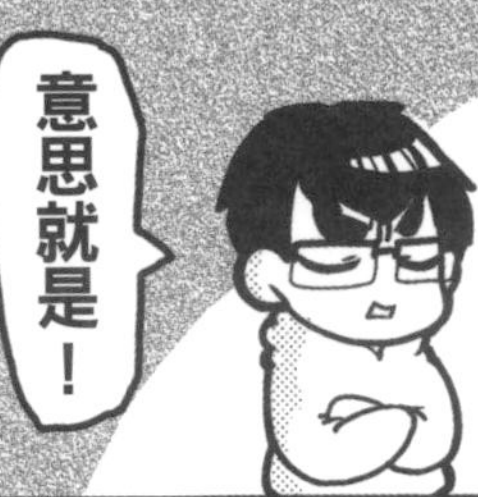
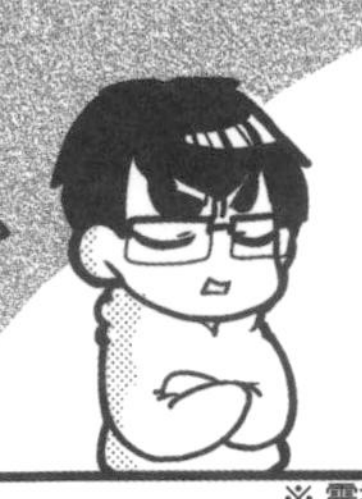
意思就是！

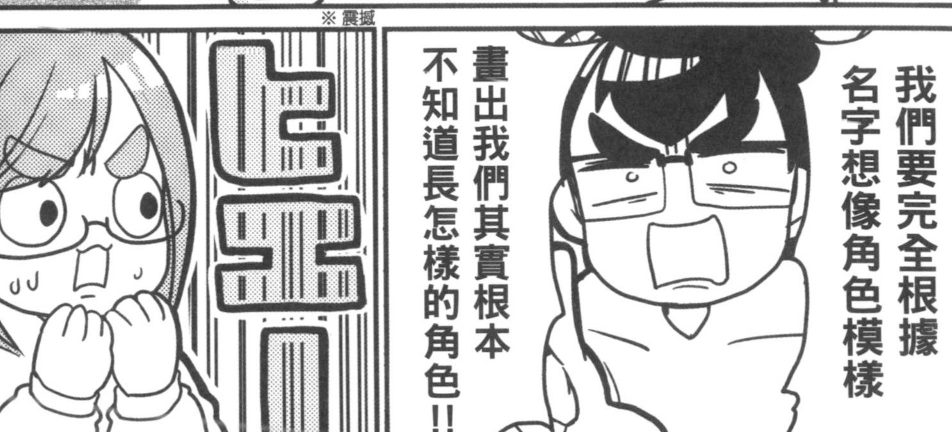
我們要完全根據
名字想像角色模樣
畫出我們其實根本
不知道長怎樣的角色!!
※震撼
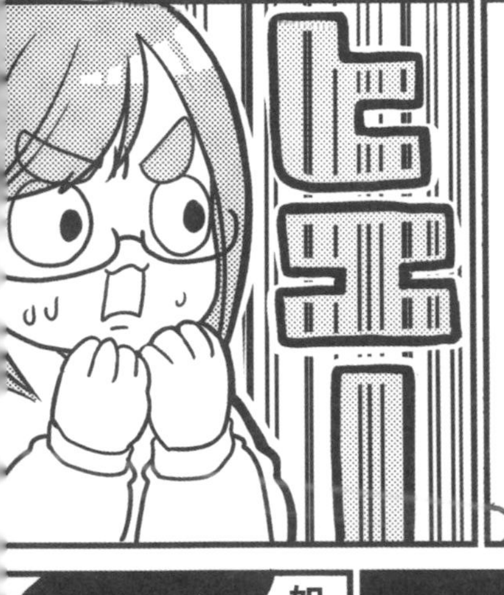

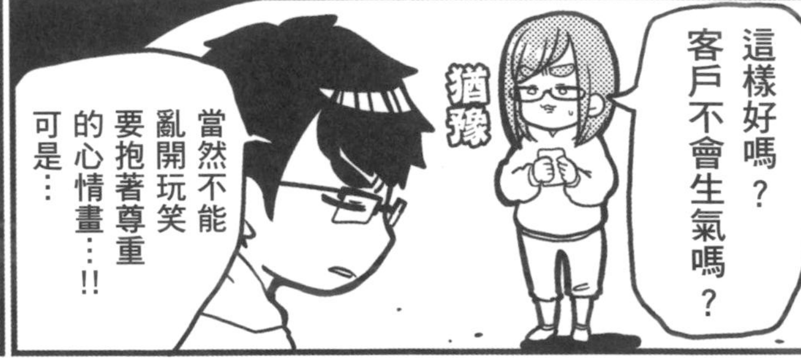
這樣好嗎？
客戶不會生氣嗎？
猶豫
當然不能
亂開玩笑
要抱著尊重
的心情畫…!!
可是…
如果被罵了…
我道歉!!

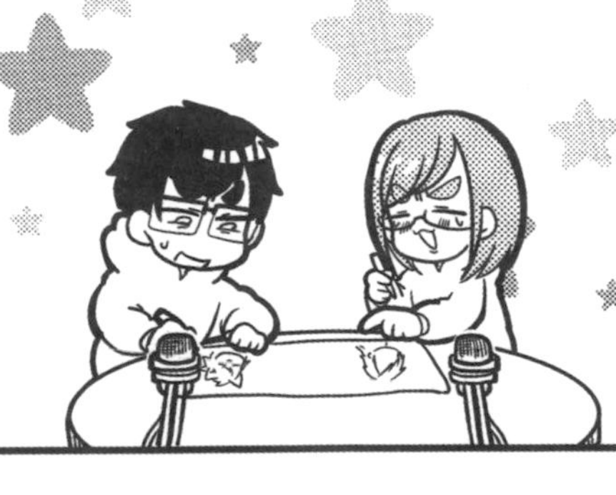
後來促使夏目家
轉型成繪畫型頻道的
「完全想像作畫」
系列影片…
最早就是
源自於這時
的突發奇想

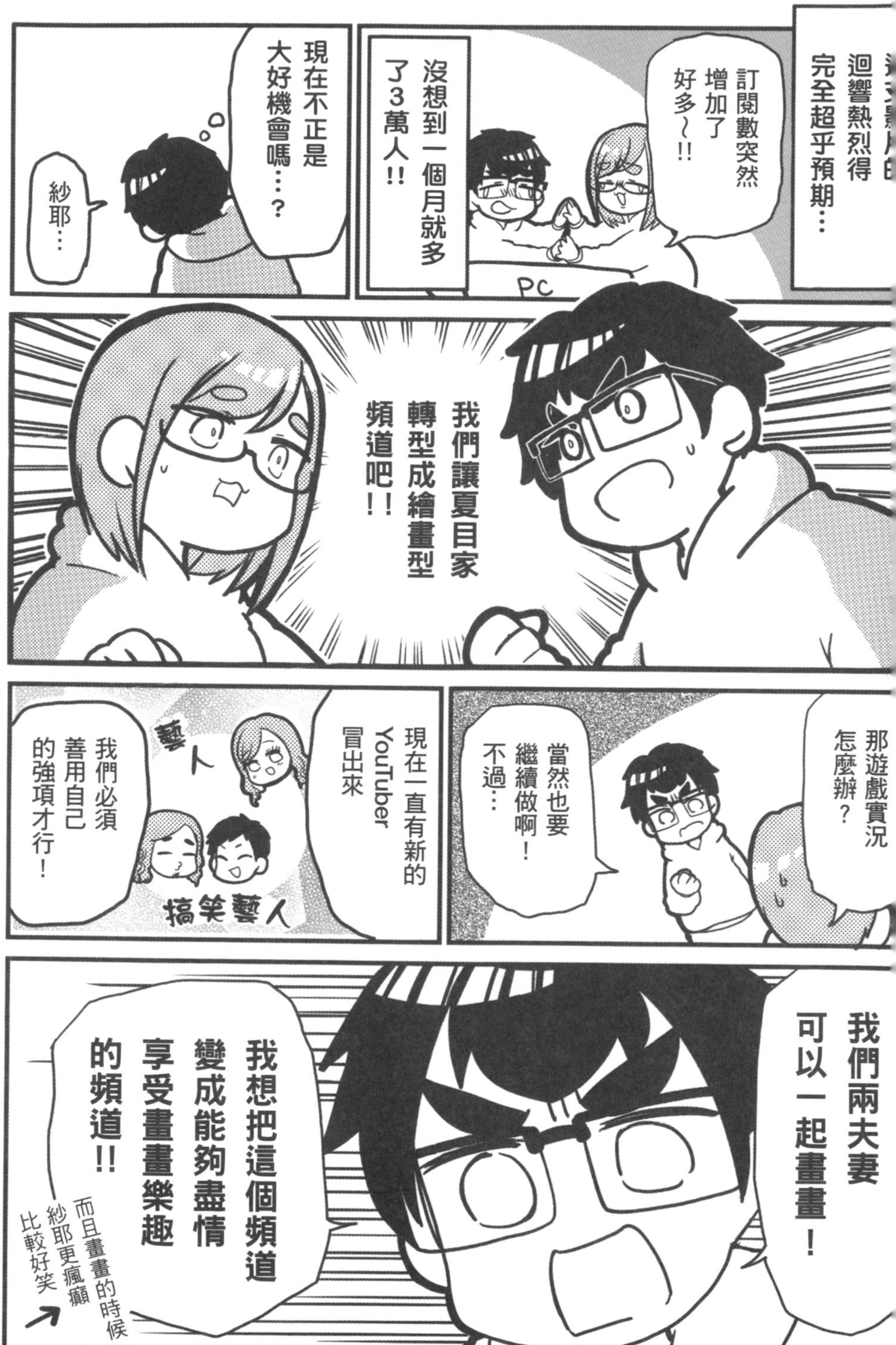

迴響熱烈得
完全超乎預期…
訂閱數突然增加了好多~!!
沒想到一個月就多了3萬人!!
現在不正是大好機會嗎…?
紗耶…
PC
我們讓夏目家轉型成繪畫型頻道吧!!
那遊戲實況怎麼辦?
當然也要繼續做啊!不過…
現在一直有新的YouTuber冒出來
我們必須善用自己的強項才行!
藝人
搞笑藝人
我們兩夫妻可以一起畫畫!
我想把這個頻道變成能夠盡情享受畫畫樂趣的頻道!!
而且畫畫的時候紗耶更瘋癲比較好笑

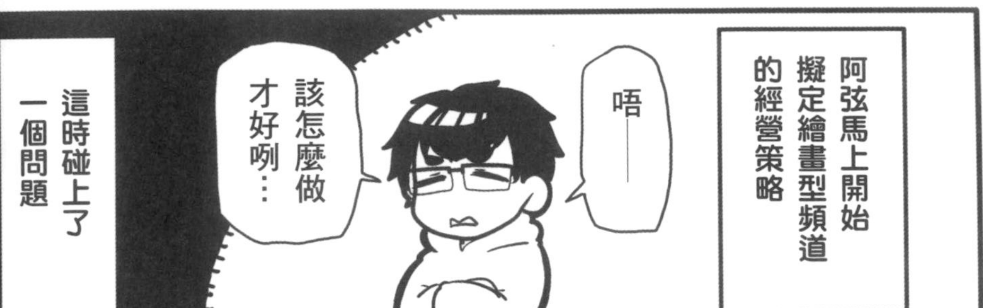
阿弦馬上開始擬定繪畫型頻道的經營策略
唔——
該怎麼做才好咧…
這時碰上了一個問題

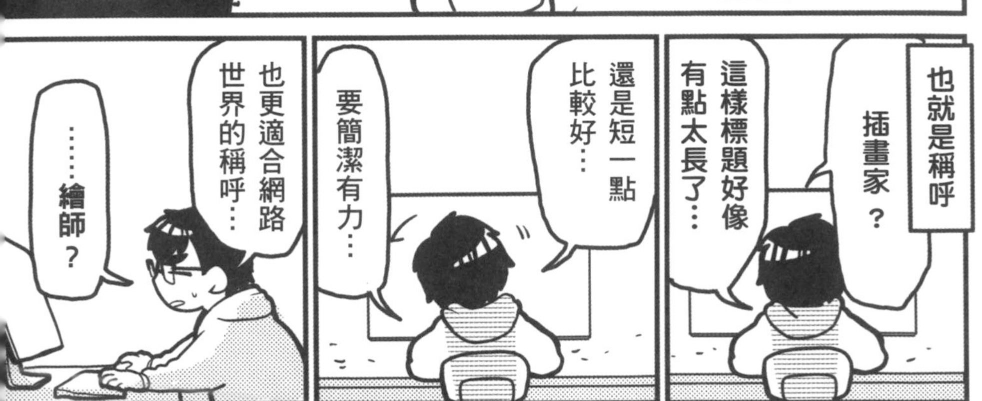
也就是稱呼
插畫家？
這樣標題好像有點太長了…
還是短一點比較好…
要簡潔有力…
也更適合網路世界的稱呼…
……繪師？

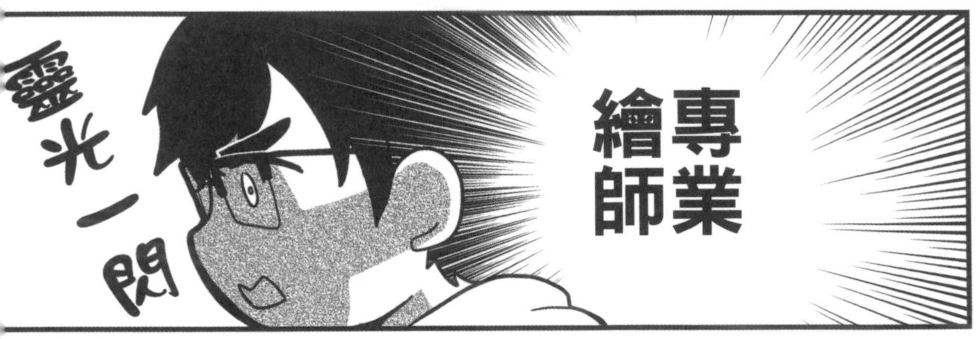
專業繪師
靈光一閃

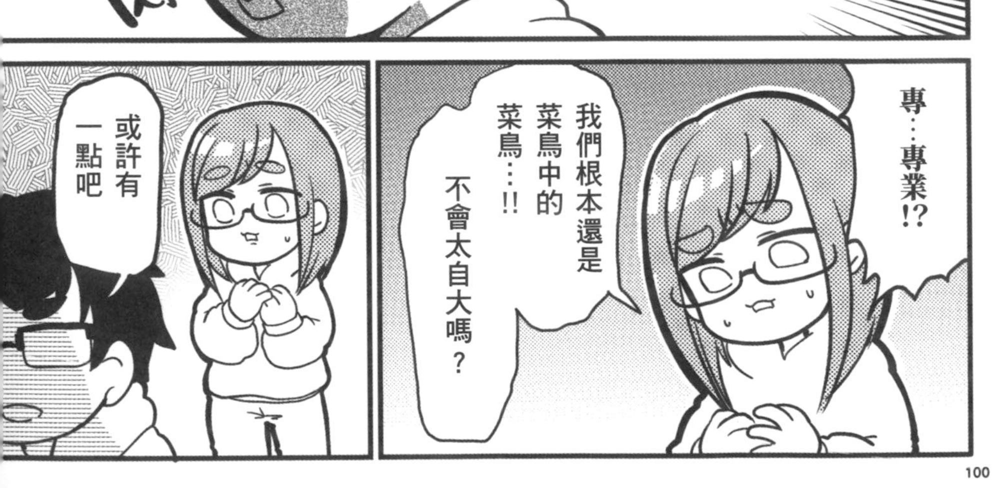
專…專業!?
我們根本還是菜鳥中的菜鳥…!!
不會太自大嗎？
或許有一點吧

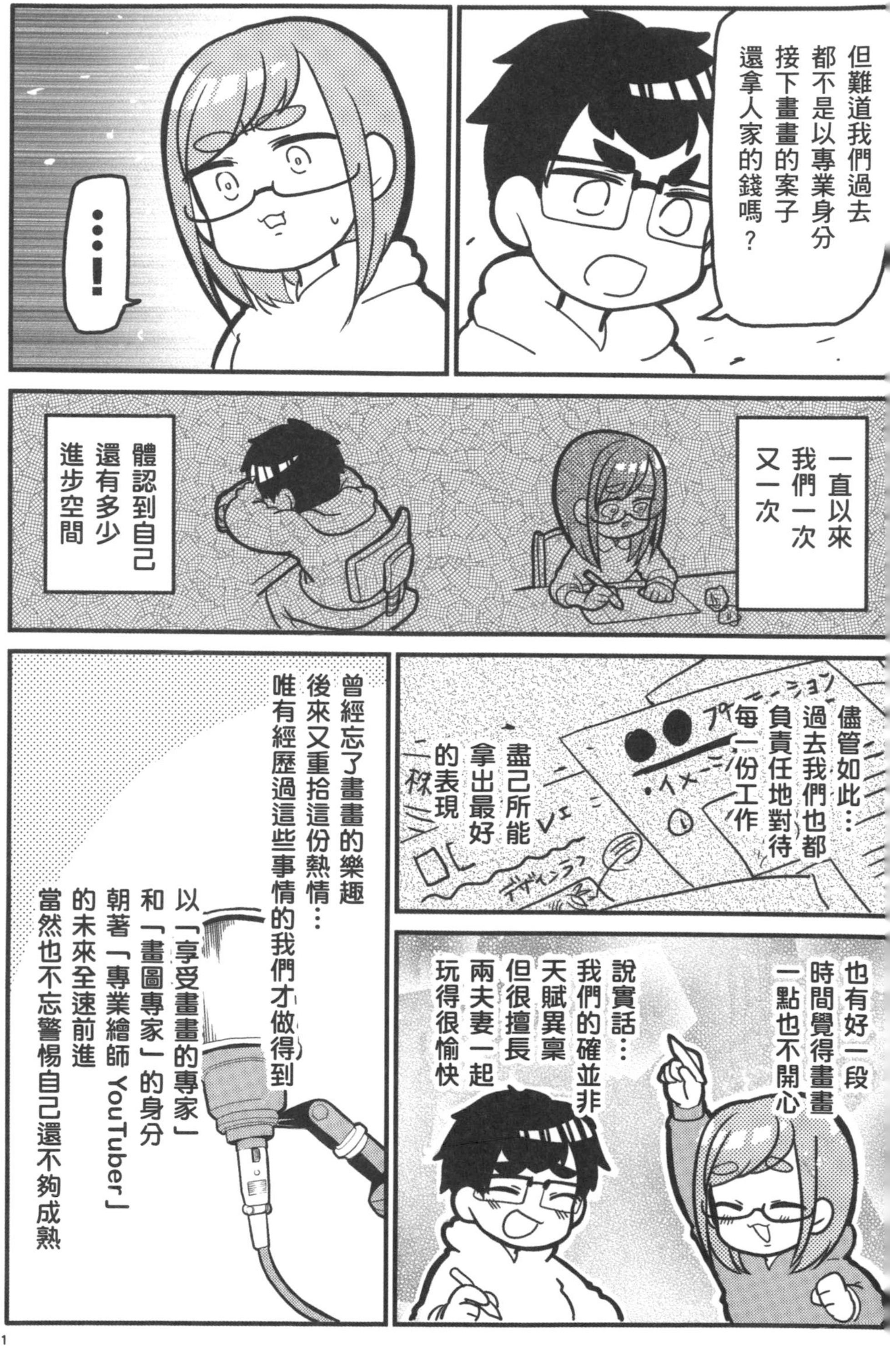

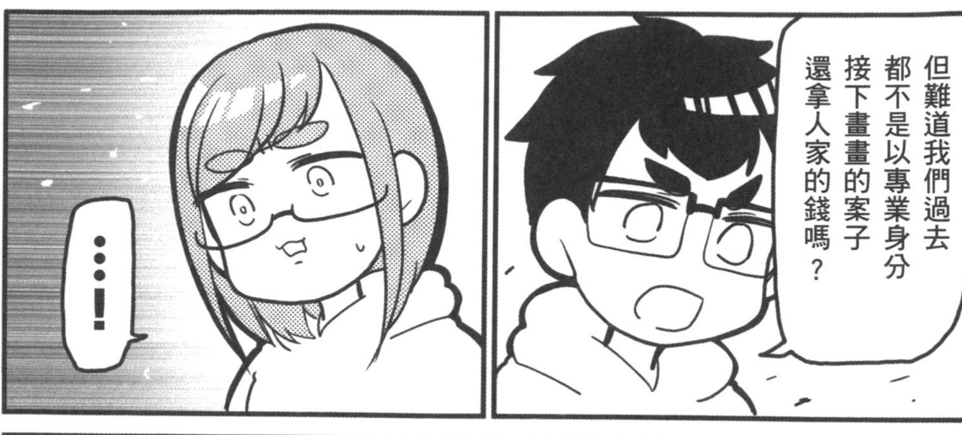

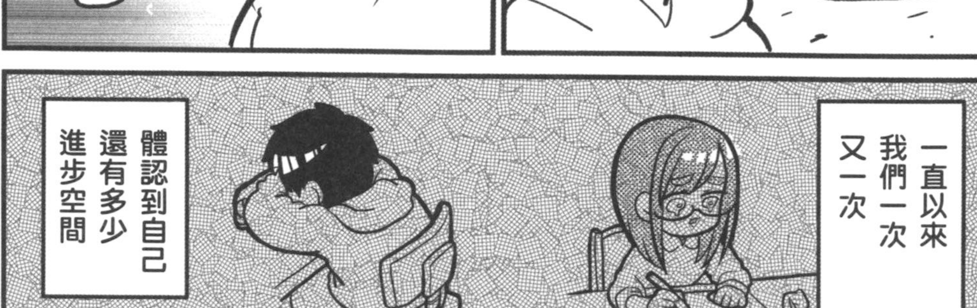

儘管如此……
過去我們也都
負責任地對待
每一份工作
盡己所能
拿出最好
的表現

也有好一段
時間覺得畫畫
一點也不開心
說實話……
我們的確並非
天賦異稟
但很擅長
兩夫妻一起
玩得很愉快

曾經忘了畫畫的樂趣
後來又重拾這份熱情……
唯有經歷過這些事情的我們才做得到
以「享受畫畫的專家」
和「畫圖專家」的身分
朝著「專業繪師 YouTuber」
的未來全速前進
當然也不忘警惕自己還不夠成熟

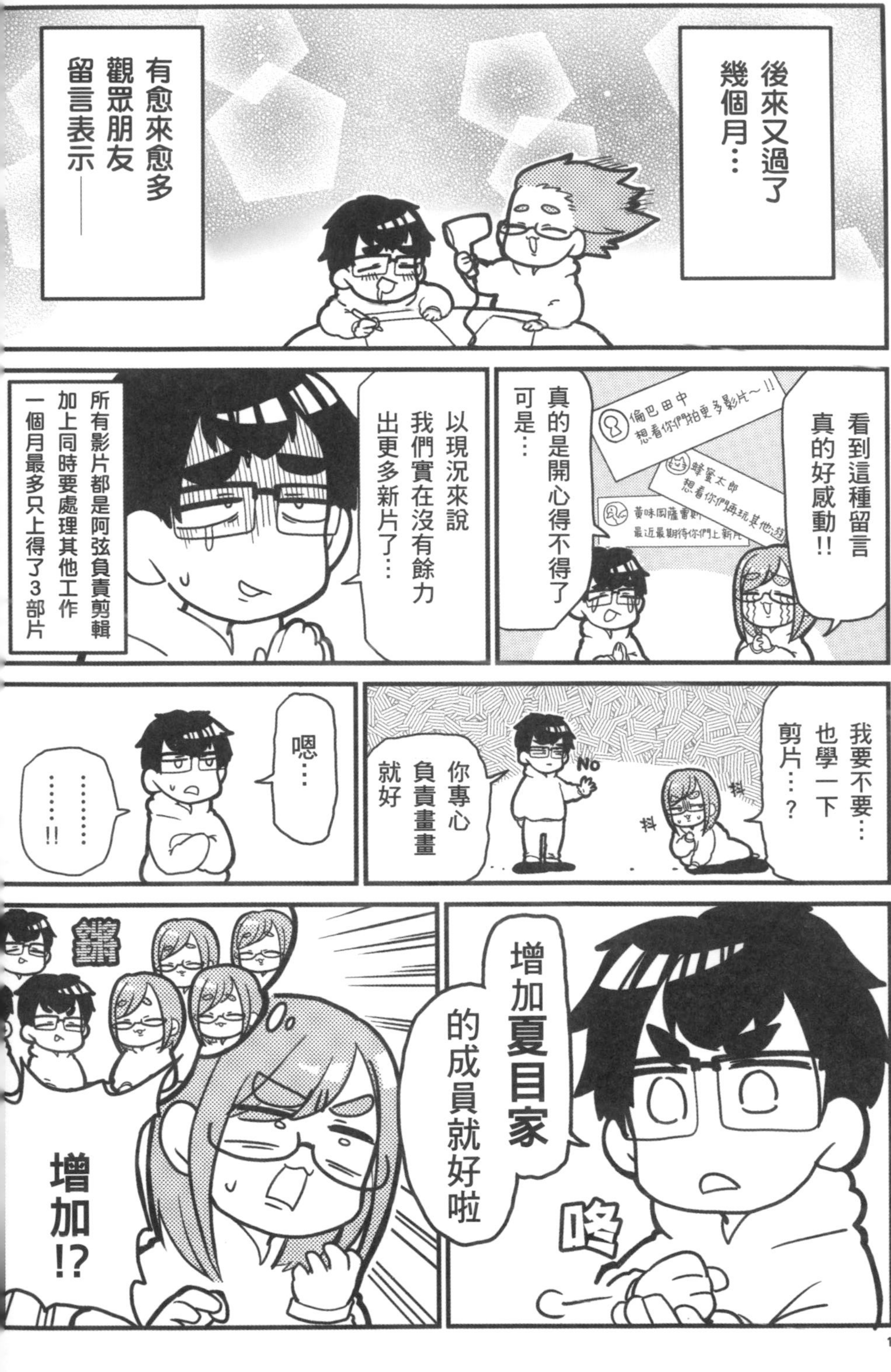

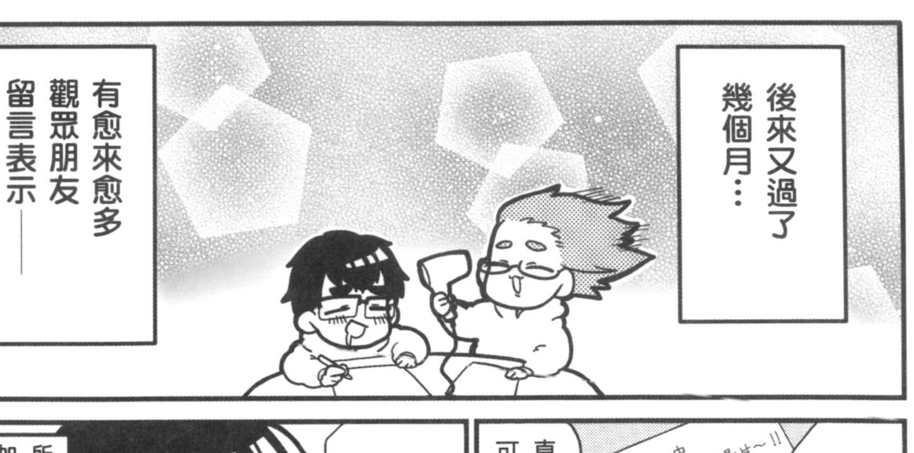

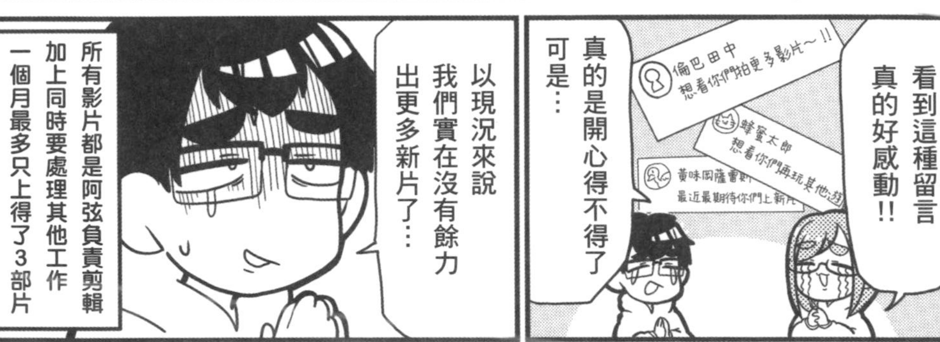

我要不要…
也學一下
剪片…?
抖
抖
No
你專心
負責畫畫
就好
嗯…
………!!

增加夏目家
的成員就好啦
咚
鏘
增加!?

做出這項決定的同時
２０２０年4月…
全球爆發了前所未有的
新冠肺炎疫情
日本政府發布緊急事態宣言
呼籲民眾盡量待在家裡

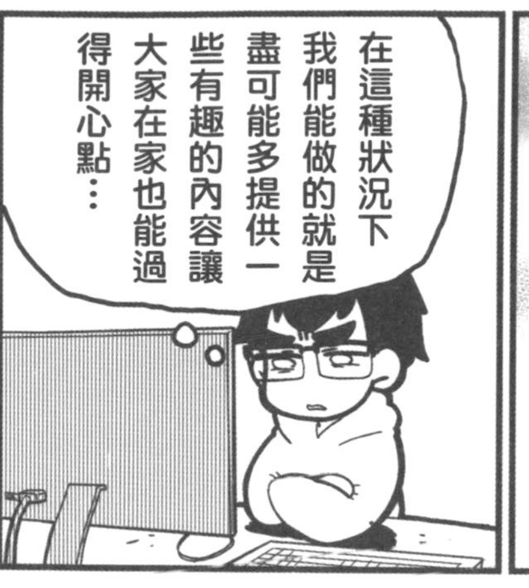
在這種狀況下
我們能做的就是
盡可能多提供一
些有趣的內容讓
大家在家也能過
得開心點…

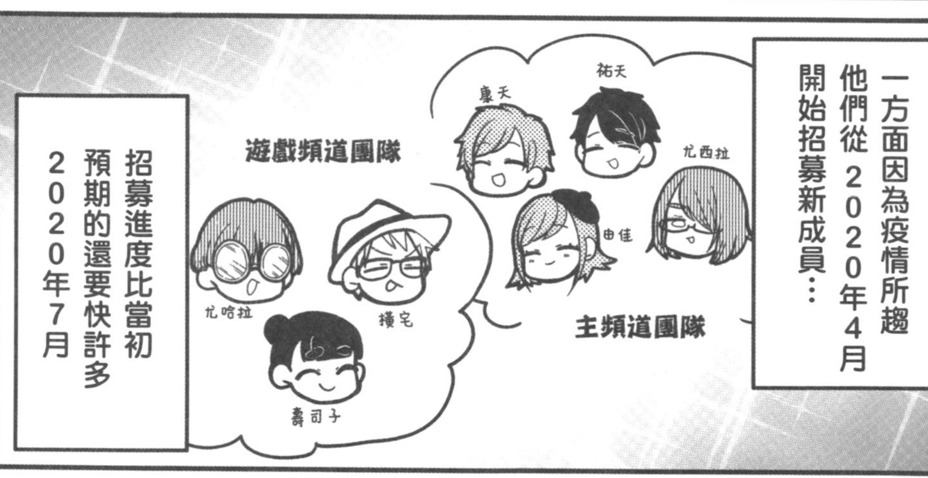
一方面因為疫情所趨
他們從２０２０年4月
開始招募新成員…
祐天
康天
尤西拉
由佳
主頻道團隊
遊戲頻道團隊
尤哈拉
撸宅
壽司子
招募進度比當初
預期的還要快許多
２０２０年7月

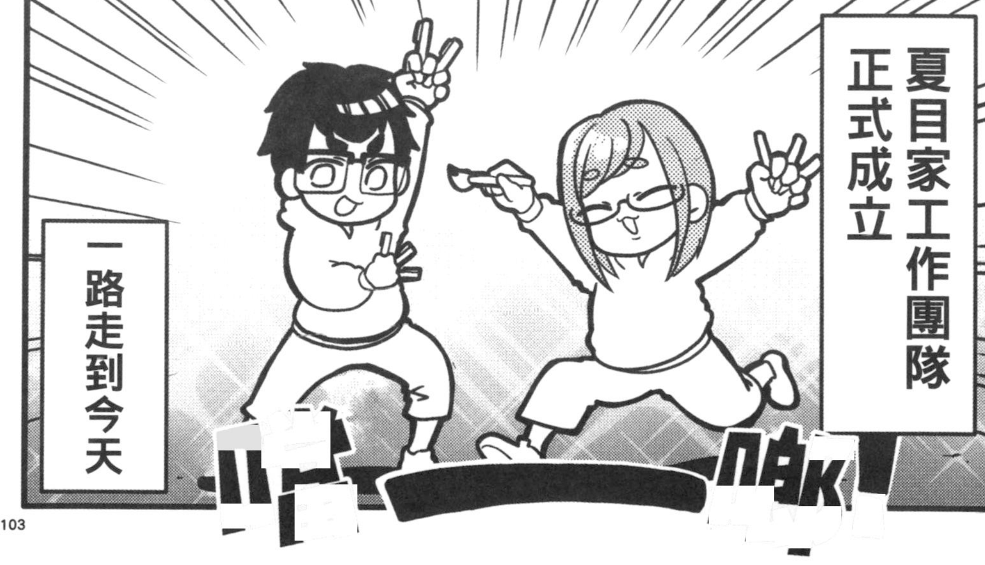
夏目家工作團隊
正式成立
一路走到今天

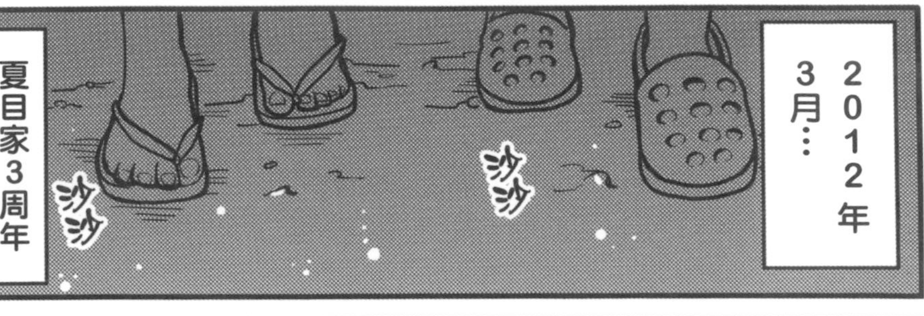
2012年3月…
夏目家3周年紀念直播後兩人出門散步
沙沙
沙沙

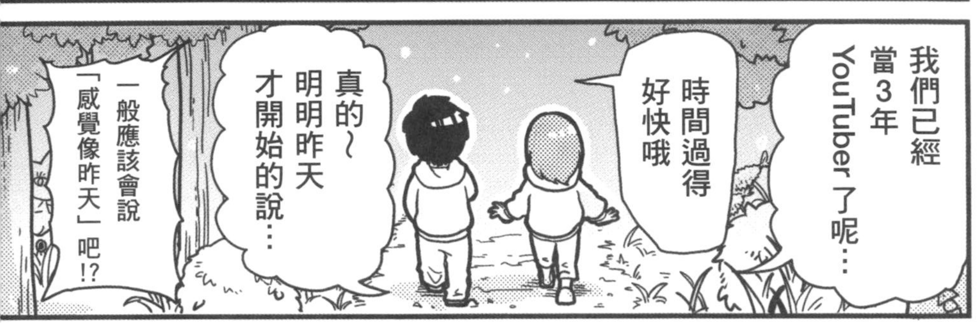
我們已經當3年YouTuber了呢…
時間過得好快哦
真的~明明昨天才開始的說…
一般應該會說「感覺像昨天」吧!?

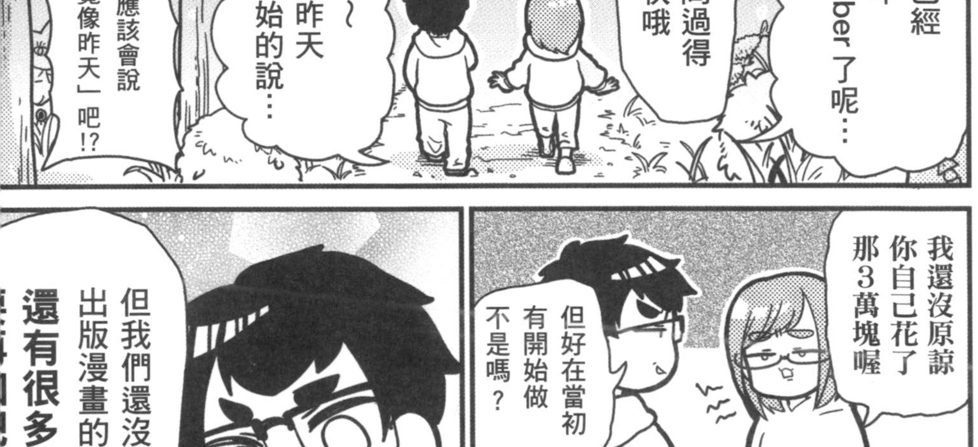
我還沒原諒你自己花了那3萬塊喔
但好在當初有開始做不是嗎？
但我們還沒達成出版漫畫的目標
還有很多事情

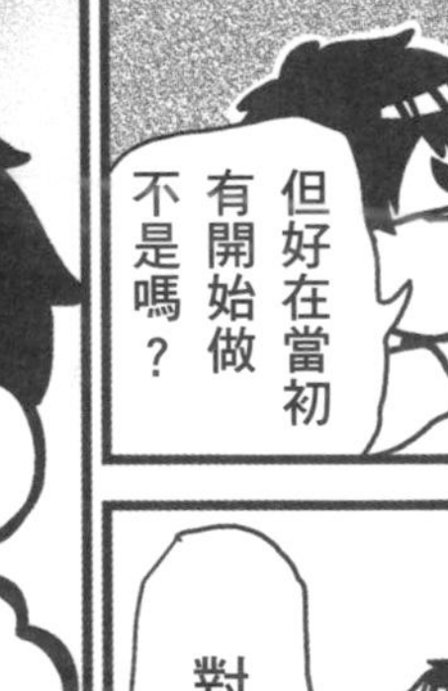

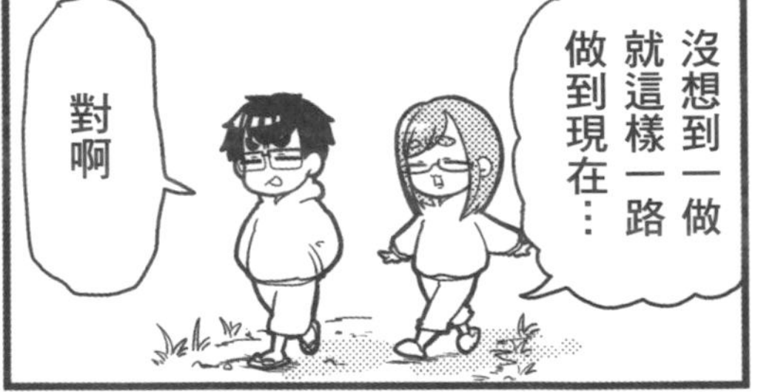
沒想到一做就這樣一路做到現在…
對啊

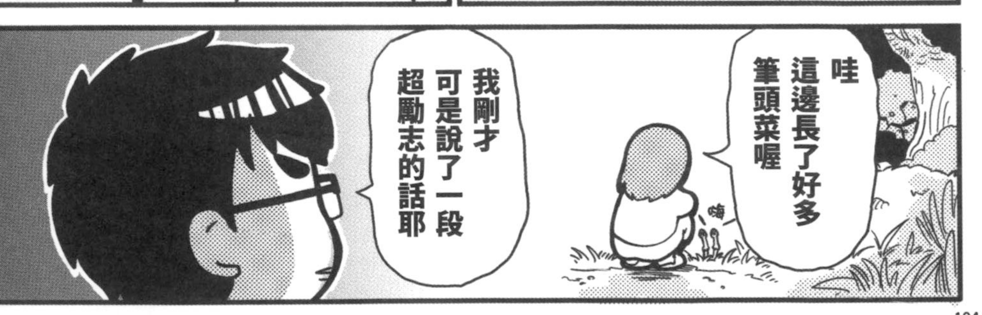
哇這邊長了好多筆頭菜喔
我剛才可是說了一段超勵志的話耶

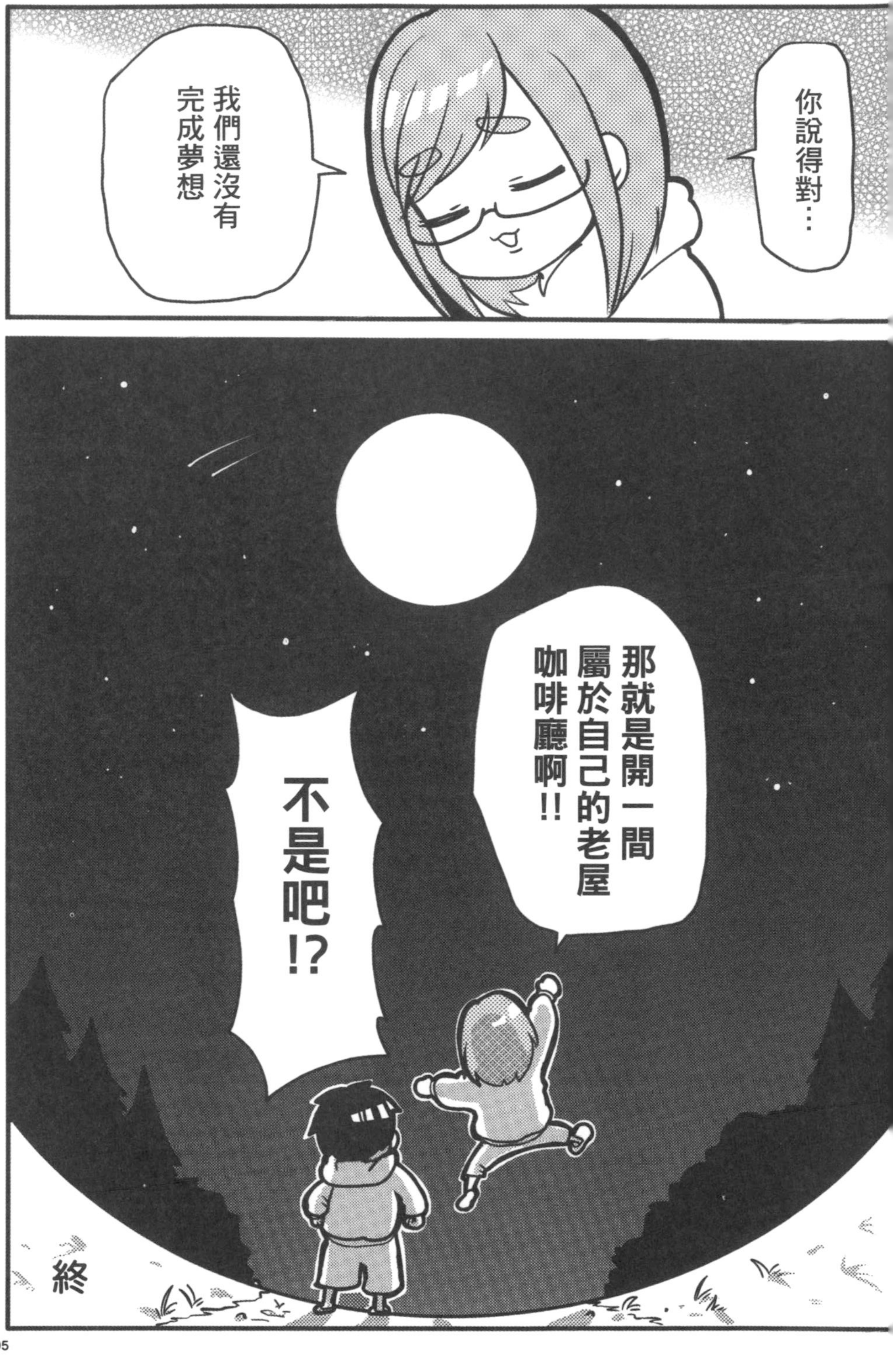

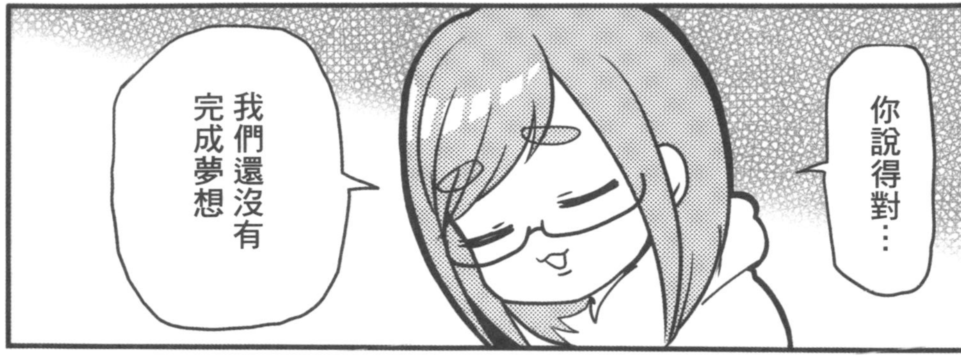
你說得對…
我們還沒有完成夢想

那就是開一間屬於自己的老屋咖啡廳啊!!
不是吧!?
終

對談錄 6

夏目家開始當YouTuber之前的工作

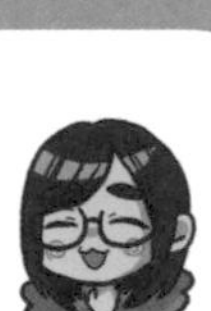

哎呀～漫畫也平安落幕了。請問解說員鈴木・究極岡薩雷斯你怎麼看？

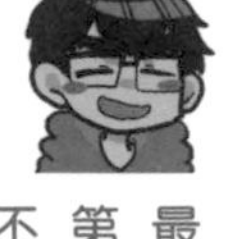

最後一節對談不要把話題丟給第一次登場的人物啦！不過真的很謝謝大家看到這裡。最後我們要來談談大家常問的問題：「夏目家以前是做什麼工作的？」

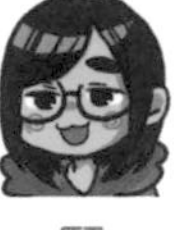

願聞其詳啊客官。

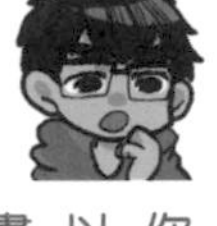

你也是當事人好不好！我們以前的工作經歷就和漫畫裡面畫的一樣，所以這裡談談成為自由業之後的工作狀況好了。

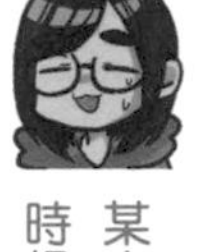

某方面來說，那是我們最拚的時候呢……。

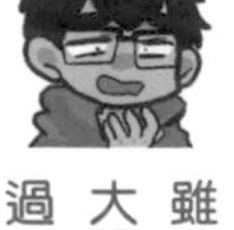

雖然我們在YouTube的影片上大膽自稱是「專業繪師」，不過實際上工作內容也是一言難盡，算是滿特殊的工作型態吧。

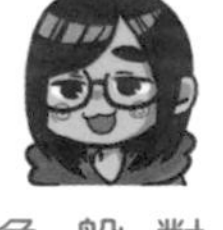

對啊～畢竟我們做的不只是一般「插畫家」的工作。雖然我負責的工作真的只有畫畫就是了。（笑）

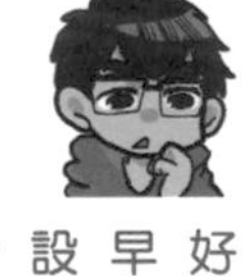

好像是耶……？（笑）我們最早在公司上班時就從事插畫和設計的工作，但也幾乎沒留下什麼「代表作品」，所以當時最大的問題就在於怎麼樣才能接到工作。

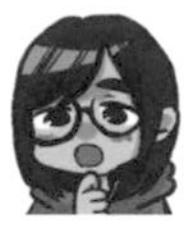

我們也不是說畫功超級好，那時候也沒有很多追蹤者。

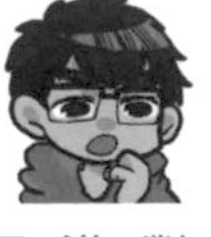

對，甚至可以說我們還有太多進步空間。雖然說實力是靠天天努力累積出來的，但我們也一直在思考，有沒有什麼是我們現在有辦法提供的特殊價值？最後得出的結論是：

・熟悉媒體內容的整合應用方式（提供成品應用途徑而非單純製作）

・夫妻倆一站式製作，可以降低成本（插畫、漫畫、設計、影像）

・個人經營規模小，應對上比企業更靈活

簡單回顧一下大概就是這幾點吧。

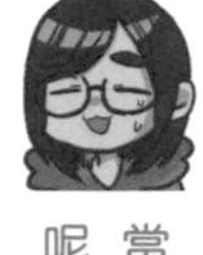

當時阿弦還兼任熱血業務員呢。

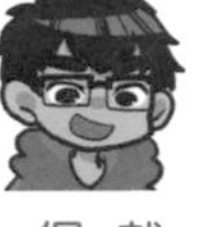

就是說啊……但問題是我表現得太積極，反而很像什麼可疑人士。（笑）所以讓有在迪士尼打工過、待人和善的紗耶夾在中間就能發揮不錯的緩衝效果。

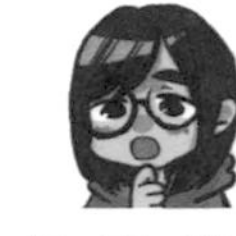

我發揮自己服務業的經驗，還有畫插畫的經驗，雖然畫得不是特別好就是了。阿弦在綜合企劃提案和處理各方面製作業務的能力比較強……當時的工作真的是用上了我們所有的知識和經驗呢。（笑）

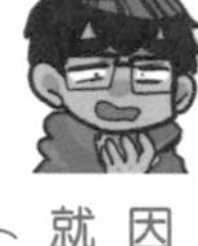

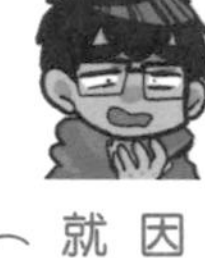

因為辭職後如果不靠自己工作就會餓死，所以我們超拚的。（笑）

不過能接觸不同業種的客戶也很好玩！有餐飲業、芭蕾舞教室、住宅相關行業、美容用品廠商、婚禮產業……。

沒錯！雖然我們也是邊做邊摸索，但因為我們是同時提供客戶製作與行銷策略，所以不用單純以量制勝，單一案件也能談出比較好的價格。

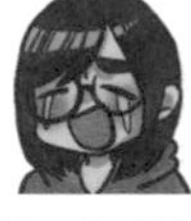

這樣一想，那跟我們現在當YouTuber做的事情豈不是沒兩樣嗎……？

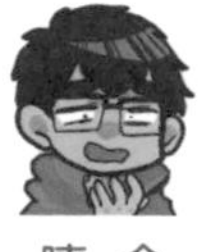

企劃、攝影、插畫、設計……咦？還真的耶。（笑）

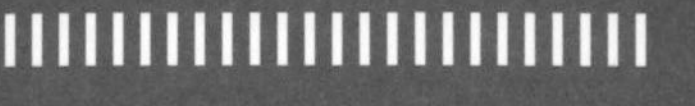

你的問題，我們來回答！

Q & A 特輯 4

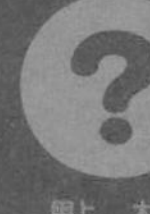

想知道你們喜歡對方的哪一點！（nuts）

應該是笑點有共鳴，彼此也很配合吧？一起要起白癡來比較輕鬆，也比較開心！

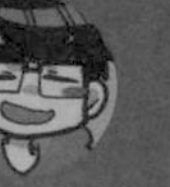

想來想去應該就是這點了。（笑）我也喜歡她無論對什麼小事都可以感動得要命。

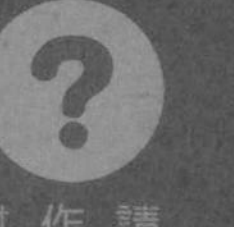

請問你們夫妻平常在畫畫的工作上會詢問對方的意見或互相討論嗎？（鮭魚條之神）

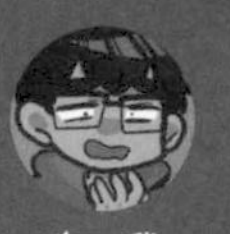

我們三不五時就會討論，但這有好有壞啦。（笑）

對啊，有人可以討論是件好事，但也可能點燃吵架的火種……。（笑）

如果一方太不留情面，另一方就會不爽，然後就會直接吵起來。

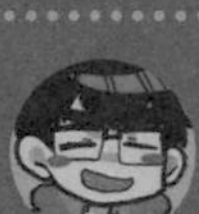

我們兩個……不管長多大還是跟小孩子一樣呢。（笑）

我想知道為什麼阿弦跟紗耶告白的時候要把她的眼睛跟鼻子遮起來？（笑）（怪獸）

這到底是為什麼呢？（笑）

愈想愈覺得那是發生在超現實空間的事件……。

大概是因為那個時候緊張過頭導致大腦運作出現異常了吧。

想問阿弦和紗耶你們最喜歡自己頻道的哪一支影片？（KOU）

我喜歡滿久以前的影片，就是玩OVERCOOKED的時候絕對不能講出某幾個特定詞彙的那一部。（笑）

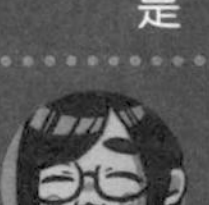
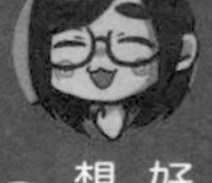

好懷念喔！我最喜歡的怎麼想都是黑歷史那一部吧……。（笑）

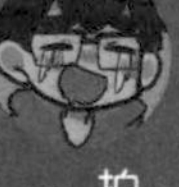

拍的時候發生超多狀況的。（笑）

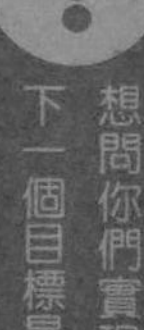

想問你們實現出書的夢想後，下一個目標是什麼？（優樂）

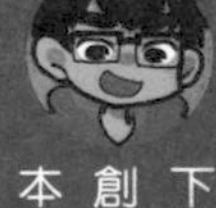
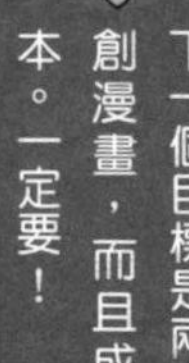

下一個目標是兩個人一起畫原創漫畫，而且成功出版單行本。一定要！

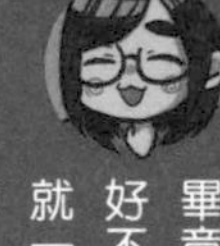

畢竟我們的原點還是漫畫呀！好不容易回到這條路上，總之就一步一腳印好好努力，好好享受～！

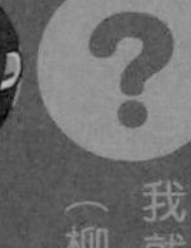

我就問！你們現在幸福嗎？（柳橙頭）

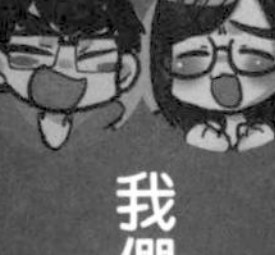

我們超幸福的！

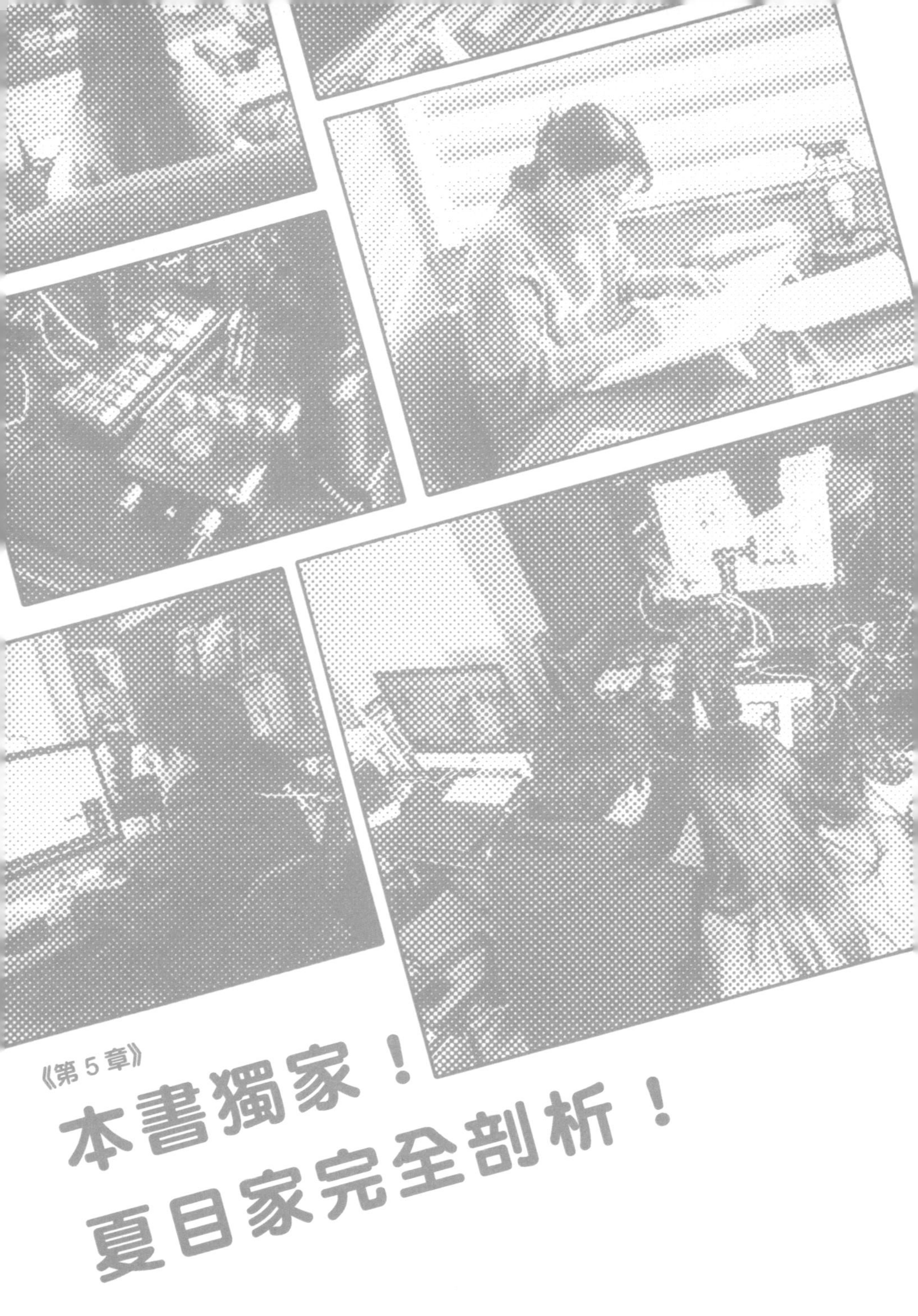

《第 5 章》

本書獨家！夏目家完全剖析！

夏目家的器材大公開

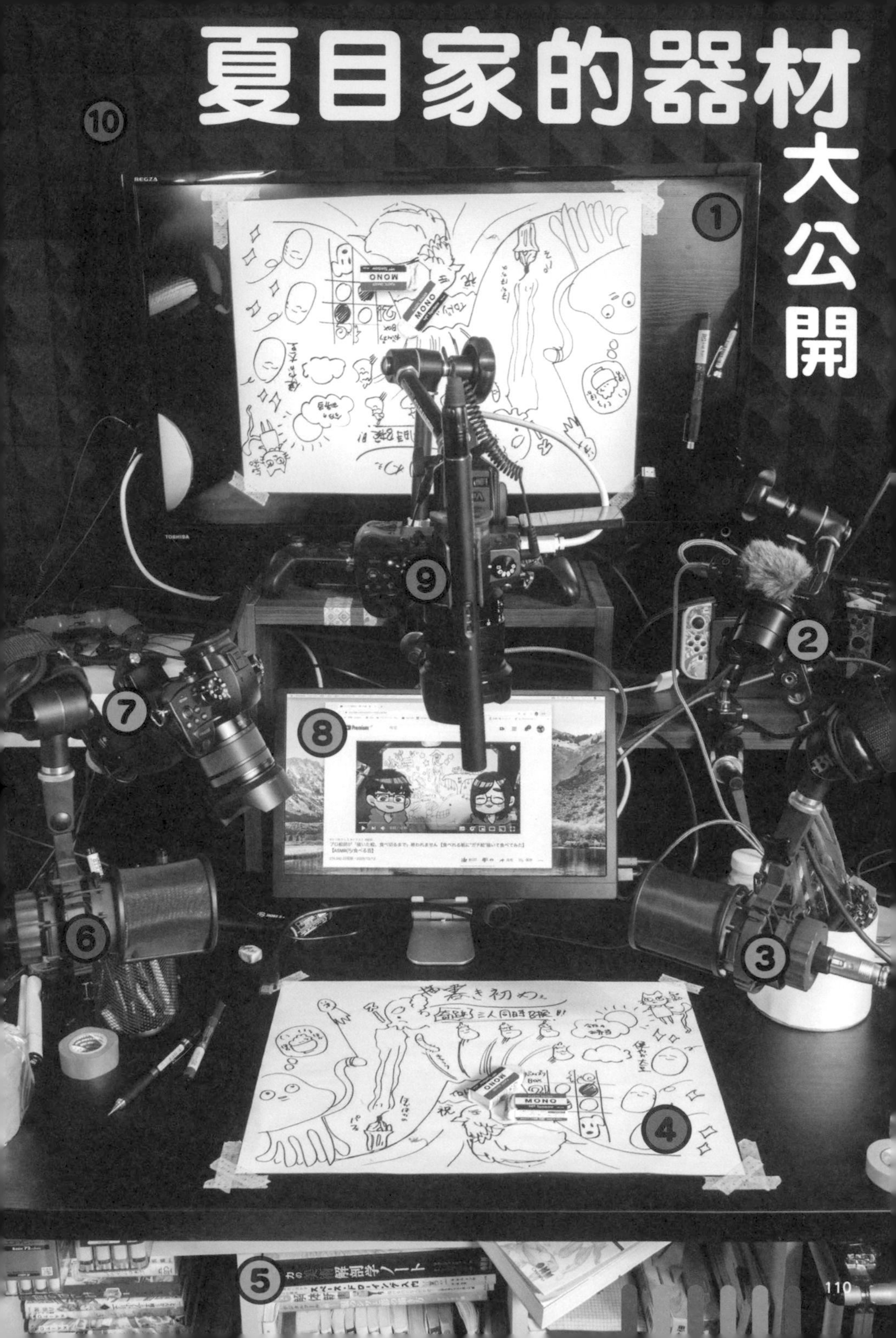

①
②
③
④
⑤
⑥
⑦
⑧
⑨
⑩

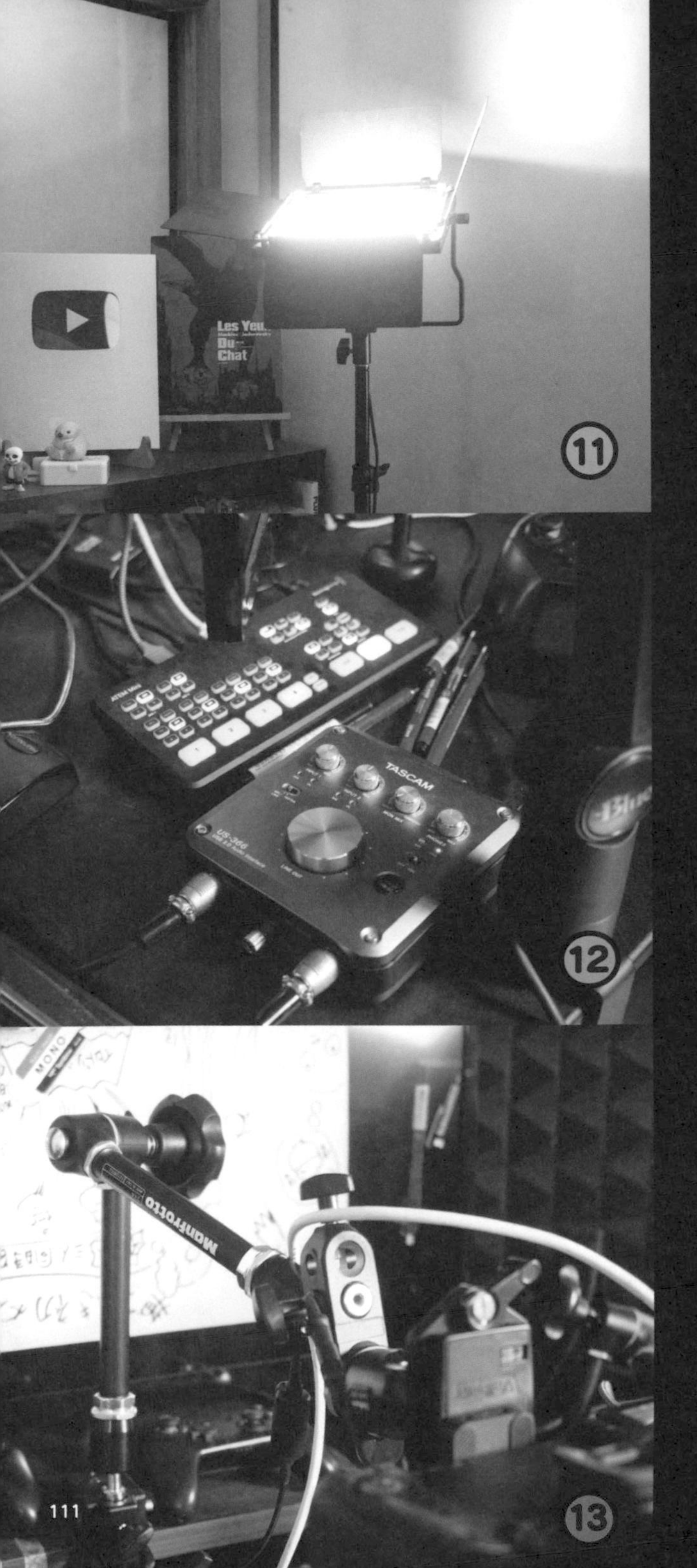

❶ 主螢幕
❷ 紗耶用手部攝影機
❸ 紗耶用麥克風
❹ 紙張位置
❺ 書架
❻ 阿弦用麥克風
❼ 阿弦用手部攝影機
❽ 副螢幕
❾ 主攝影機
❿ 隔音棉
⓫ 補光燈
⓬ 錄音介面
⓭ 相機支架

影片製作過程

1 企劃發想（主要由阿弦負責）

平常想到企劃的點子就會輸入 Evernote 的企劃筆記本

2 企劃草案決定好之後開始製作縮圖草稿，再檢討企劃

3 加深企劃內容

調查影片中會講到的小知識和詳細資料

4 攝影前討論

雖然拍攝過程沒有腳本，但還是會大致討論影片流程

5 攝影

6 影片資料上傳至 Google Drive 共享給團隊的剪輯師

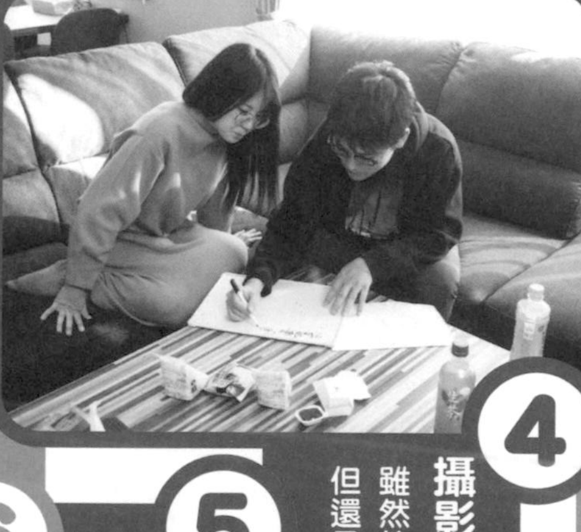

※2020年7月以前的所有影片都是由阿弦一個人剪輯，2021年起團隊內共有7名剪輯師共同分擔。

7 剪輯師先將還沒上效果的純剪接檔案傳給阿弦確認

↓阿弦再指示需要刪減或增加的片段。也會仔細標註紗耶的插圖要放在哪個片段。（例：2分30秒～2分45秒～）

8 剪輯與紗耶繪製插圖的作業同時進行並即時共享

剪輯師負責處理固有插畫素材，紗耶則負責繪製影片需要的新插畫素材。

※如果縮圖上會用到影片中沒有的圖，也會在這個階段繪製縮圖用的插畫。

9 確認成品第一版有沒有需要最後修正的地方

10 影片製作完畢！

11 上傳 YouTube 並進行各項設定後即完成！

※基本上一支影片從拍攝到上線只需要1週的時間

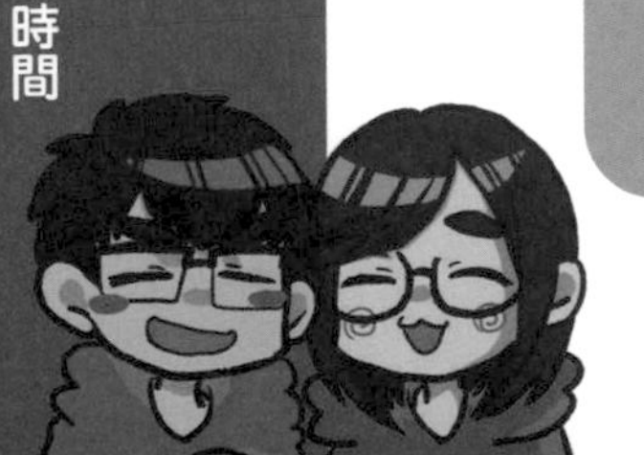

貼身跟拍夏目家一整天！

潛入現實中位於關東地區的「夏目家」！

攝影、直播、上傳的一日時程表

9點 起床、淋浴

9點半 散步（如果有精神的話）

10點 繪製影片用插畫（紗耶）

聯絡與調整行程（阿弦）

11點 討論拍攝內容

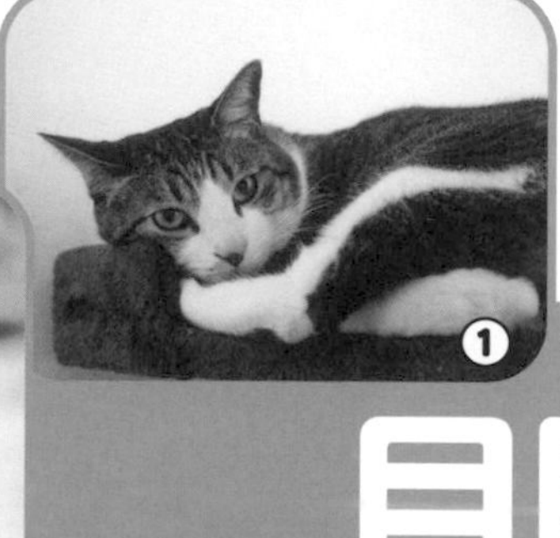

① 愛貓：童子

② 散步

③ 討論（阿弦）

④ 討論（紗耶）

11點半　準備拍攝

12點　正式拍攝

13點半　結束拍攝

13點半　吃飯（平常比較少吃早餐……）

14點半　編輯影片檔案
↓後續交付剪輯師處理（阿弦）
繪製縮圖插畫（紗耶）

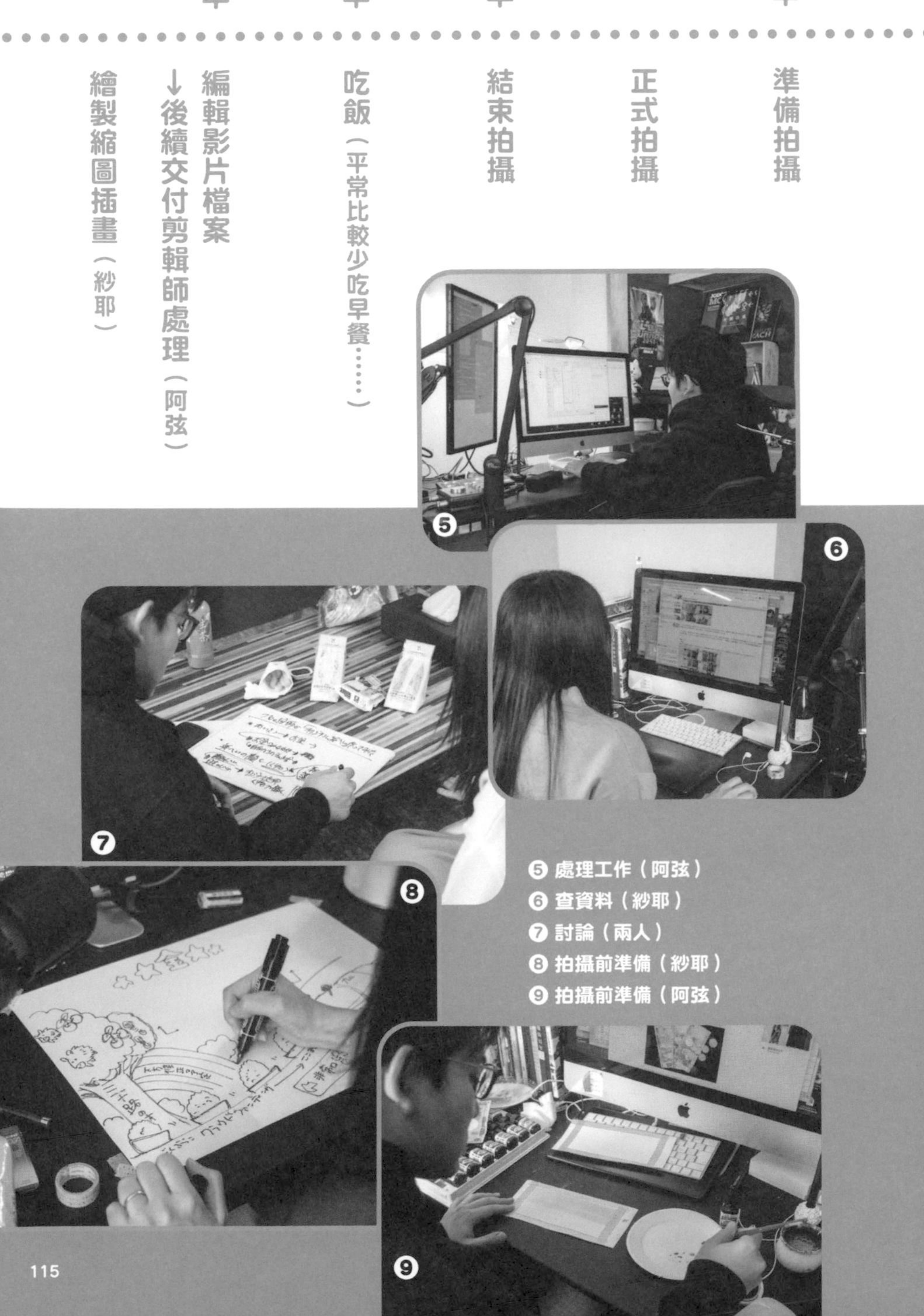

❺ 處理工作（阿弦）
❻ 查資料（紗耶）
❼ 討論（兩人）
❽ 拍攝前準備（紗耶）
❾ 拍攝前準備（阿弦）

16點　設計影片縮圖（阿弦）
繼續繪製縮圖與其他插畫（紗耶）

17點　處理上片相關工作

18點　上傳影片

18點半　吃飯配上傳的影片

19點半　準備拍第2支影片

20點　開始拍第2支影片

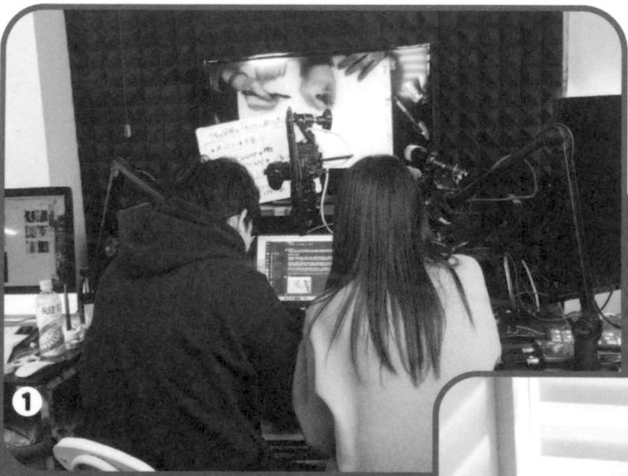

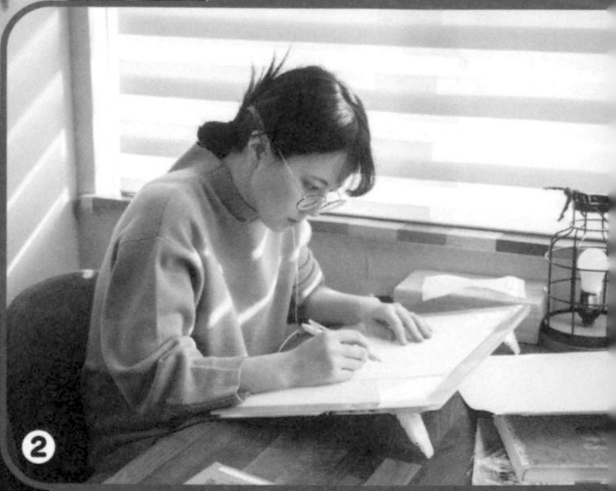

❶ 拍攝時
❷ 繪圖過程（紗耶）
❸ 乾燥圖畫（紗耶）

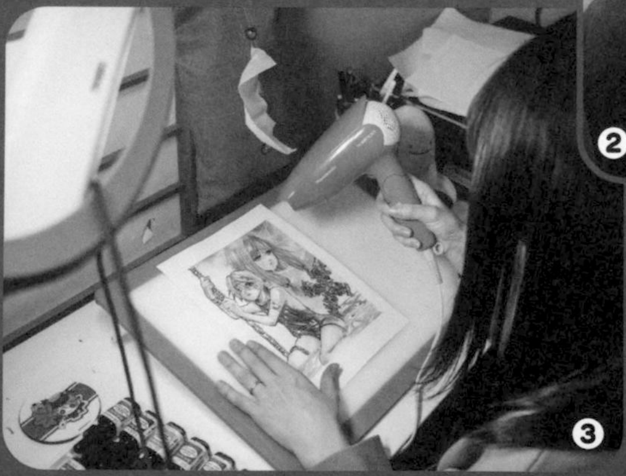

若當天有插畫工作要處理，
原本拍攝影片的時間就用來繪製插畫，
或視當天情況調整成
拍攝遊戲實況影片或練習時間

21點　準備直播

21點半　開始直播

24點　結束直播

24點半　打3場任天堂明星大亂鬥

1點　只打3場不夠過癮

1點半　梳洗準備就寢

2點　睡覺

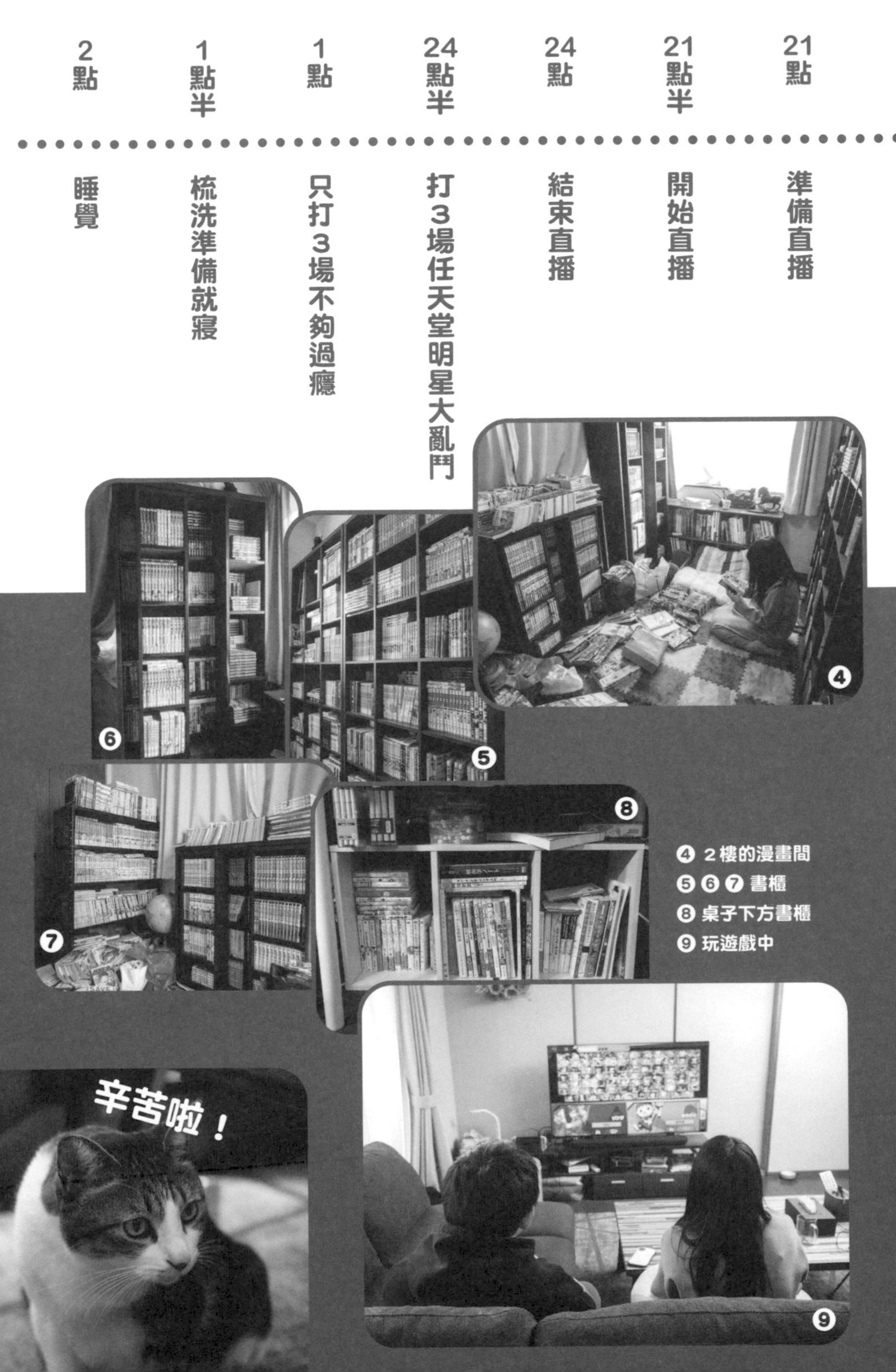

④ 2樓的漫畫間
⑤⑥⑦ 書櫃
⑧ 桌子下方書櫃
⑨ 玩遊戲中

《第 6 章》

插畫作品集

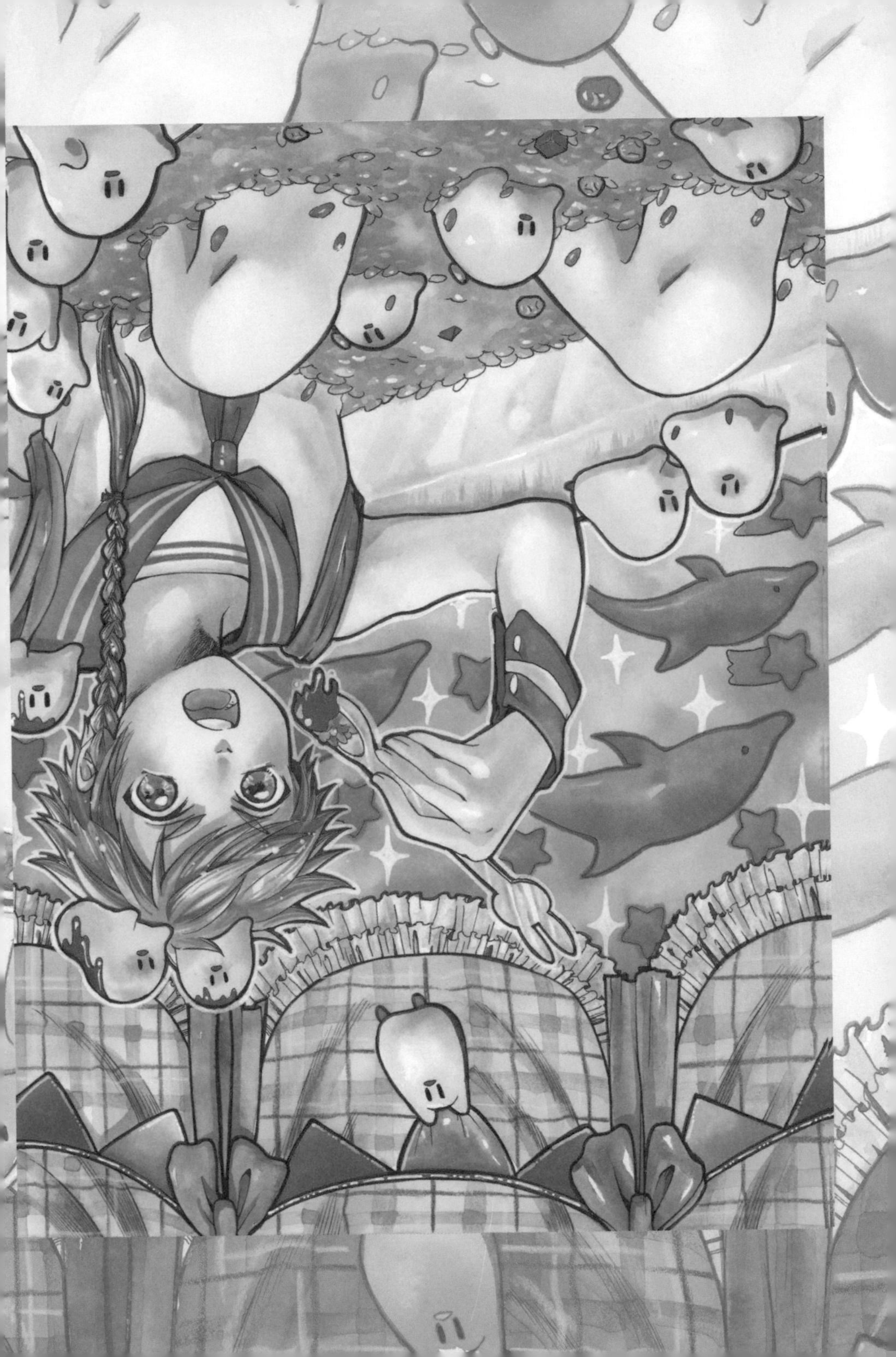

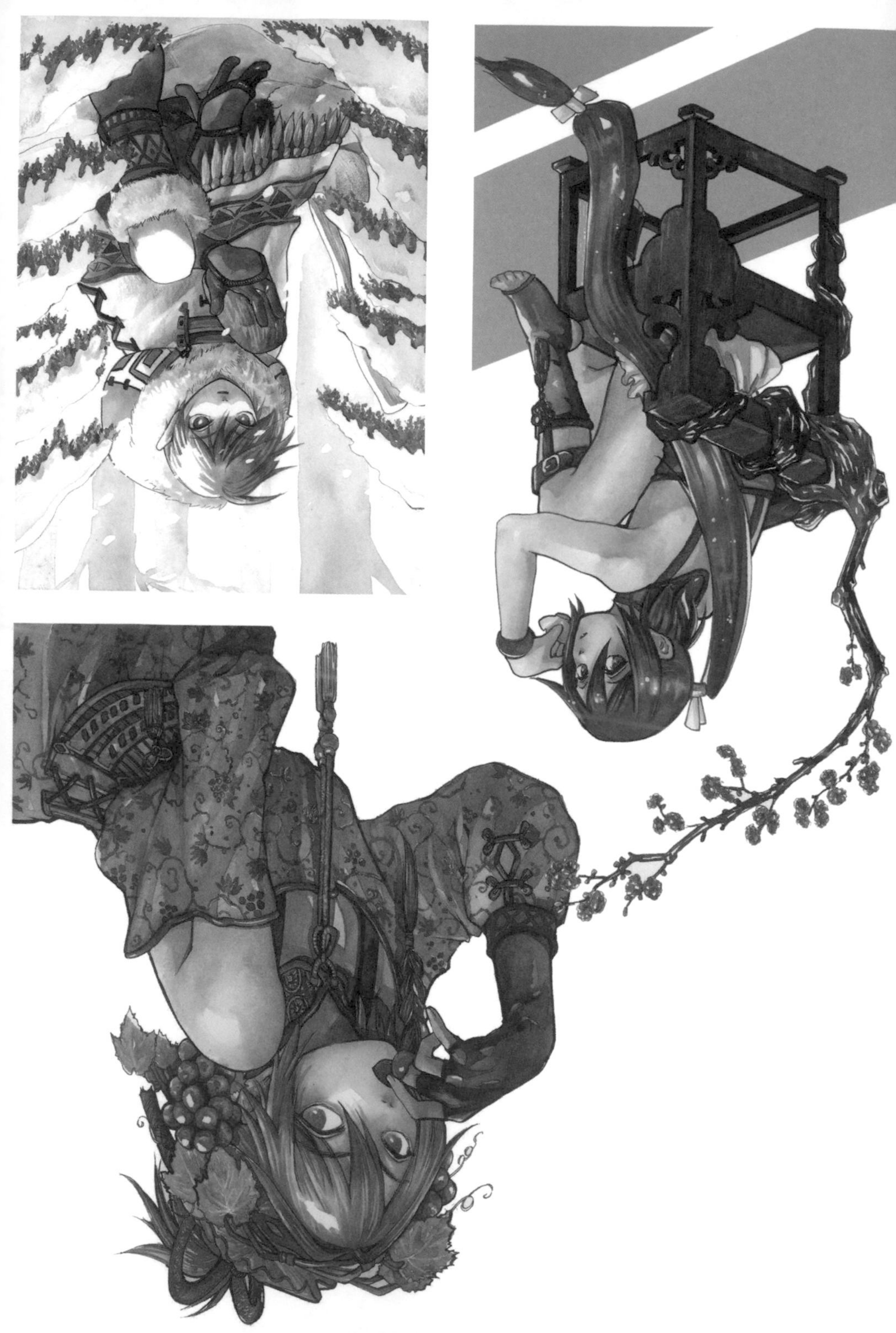

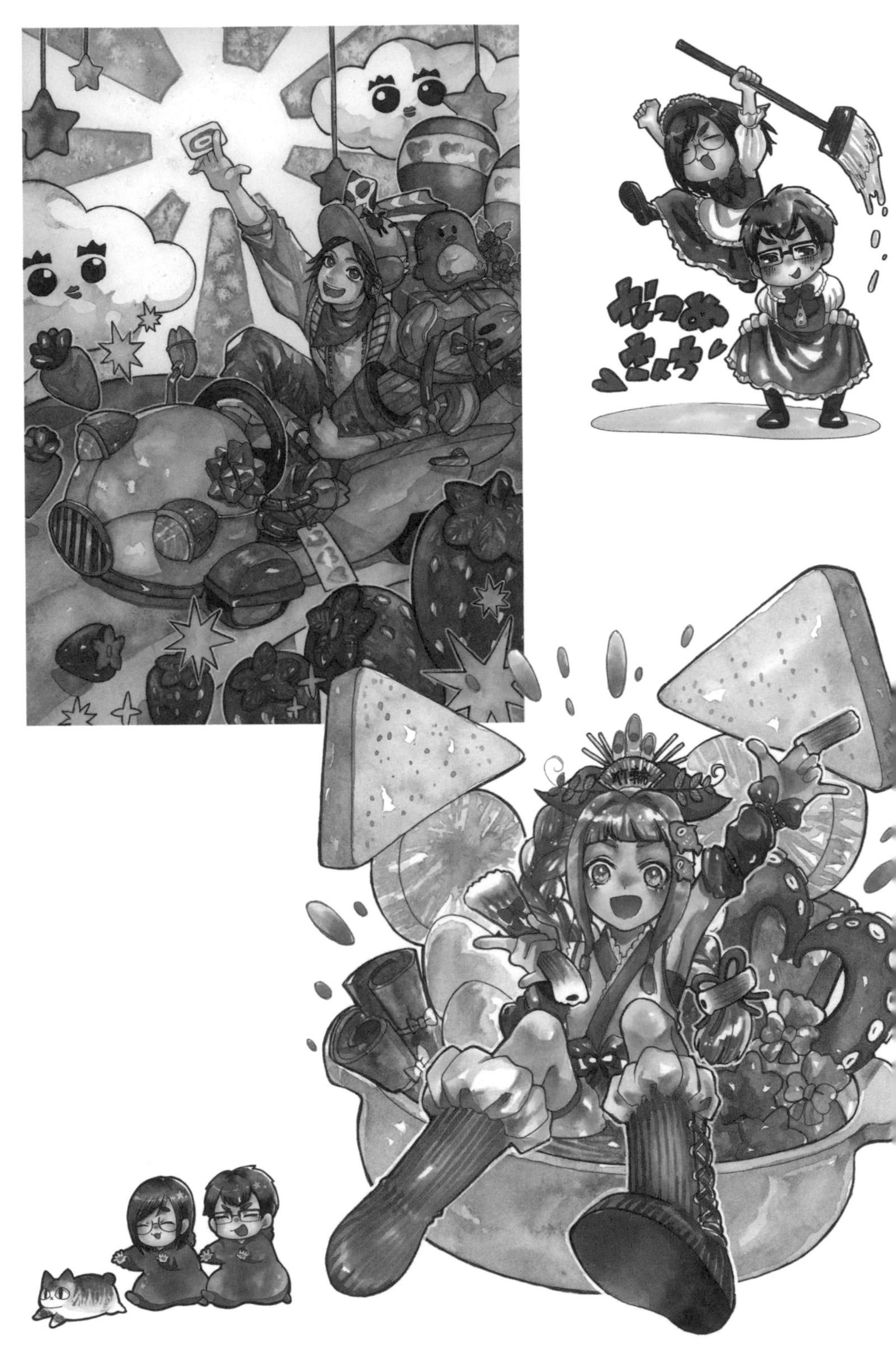
なつめ
さんち

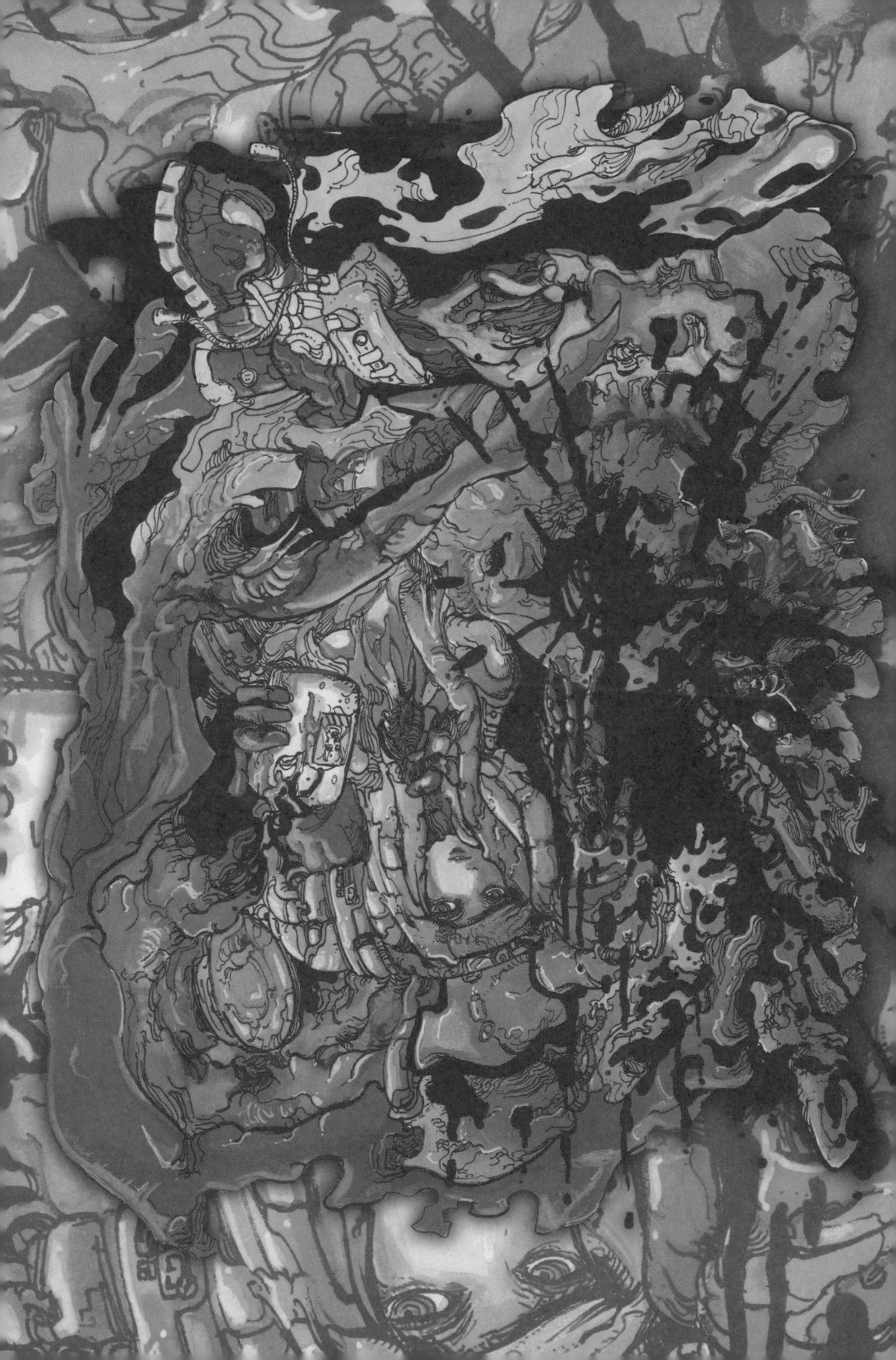

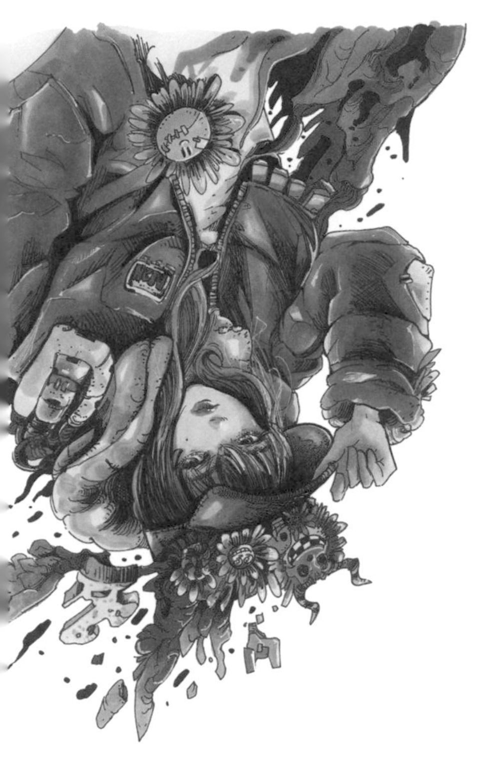

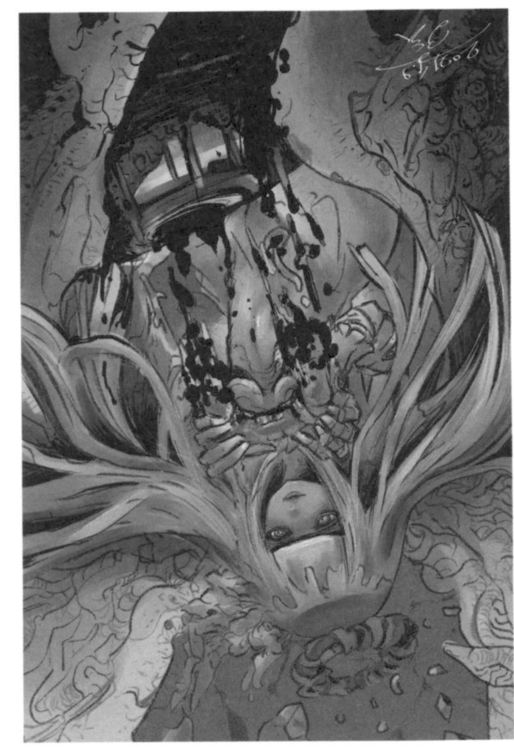

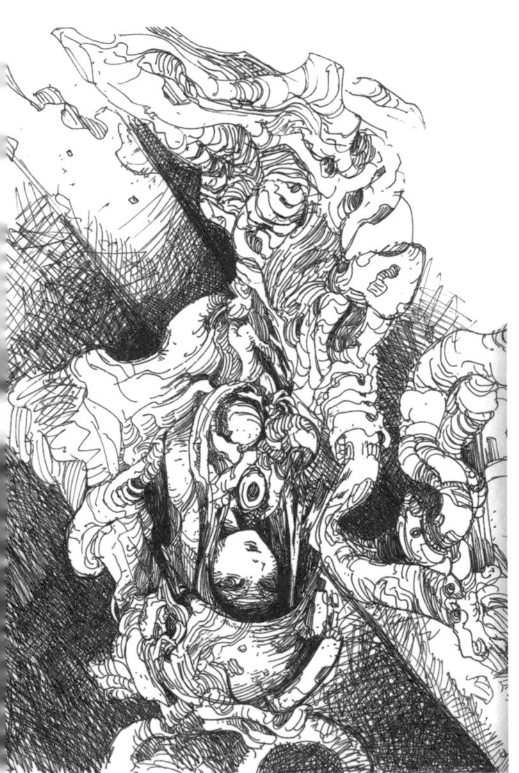

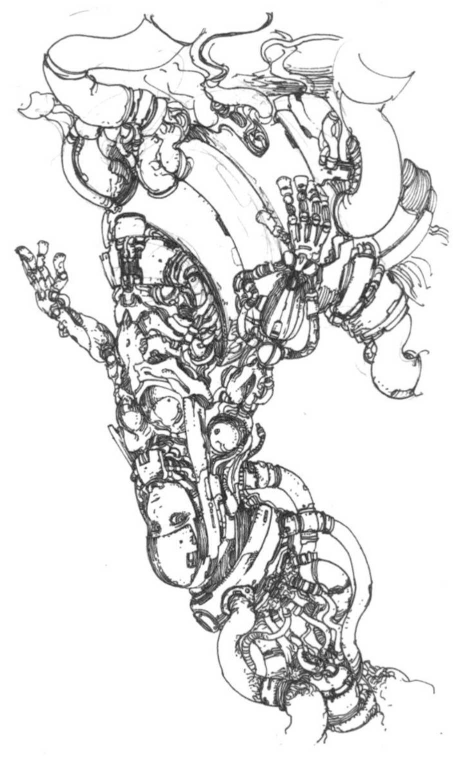

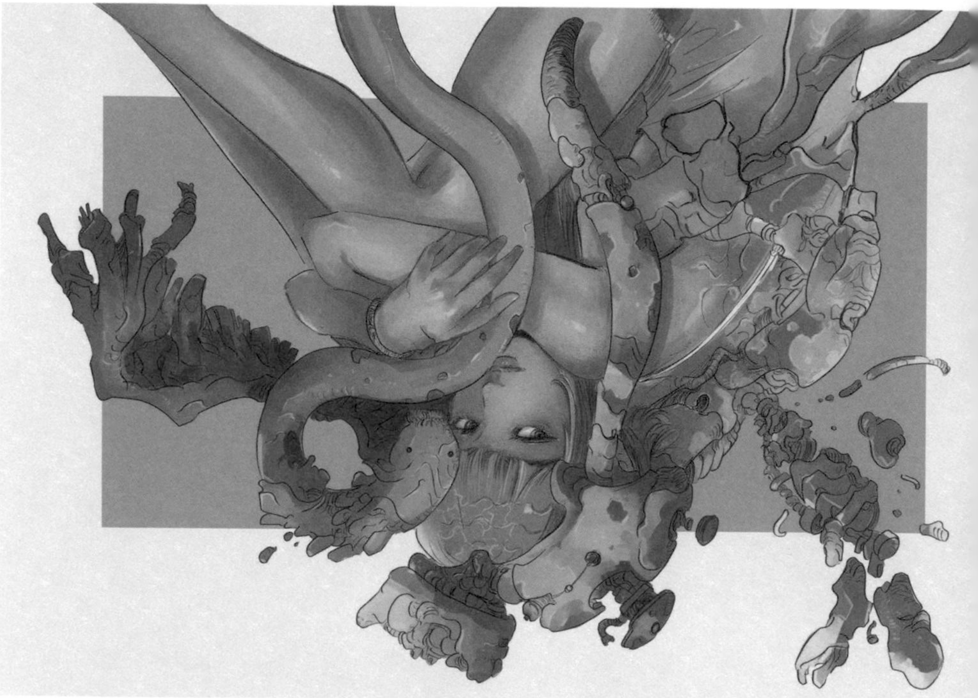

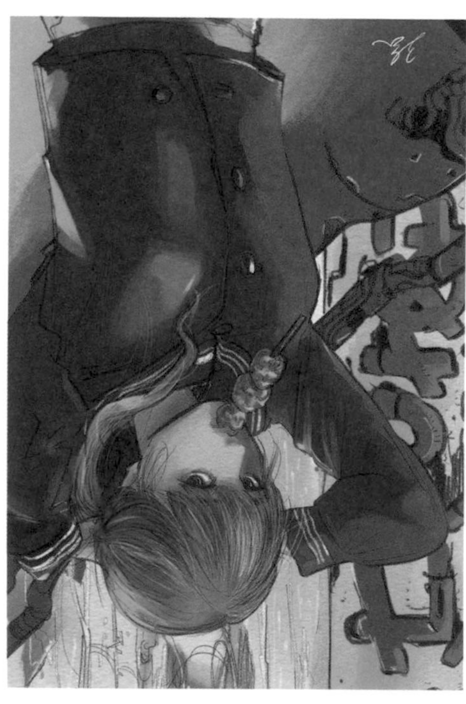

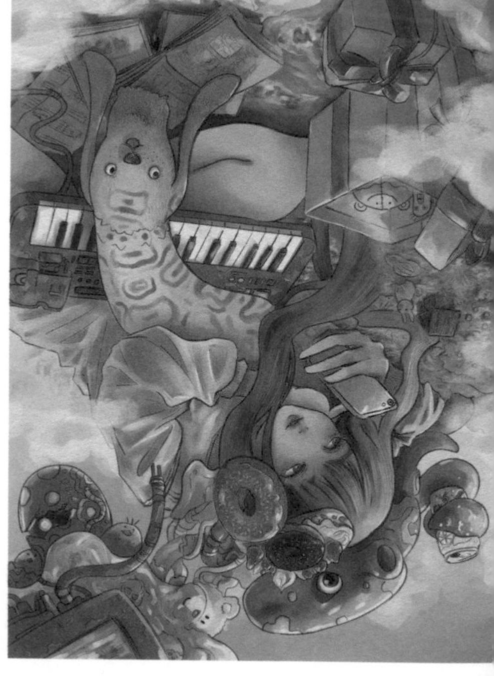

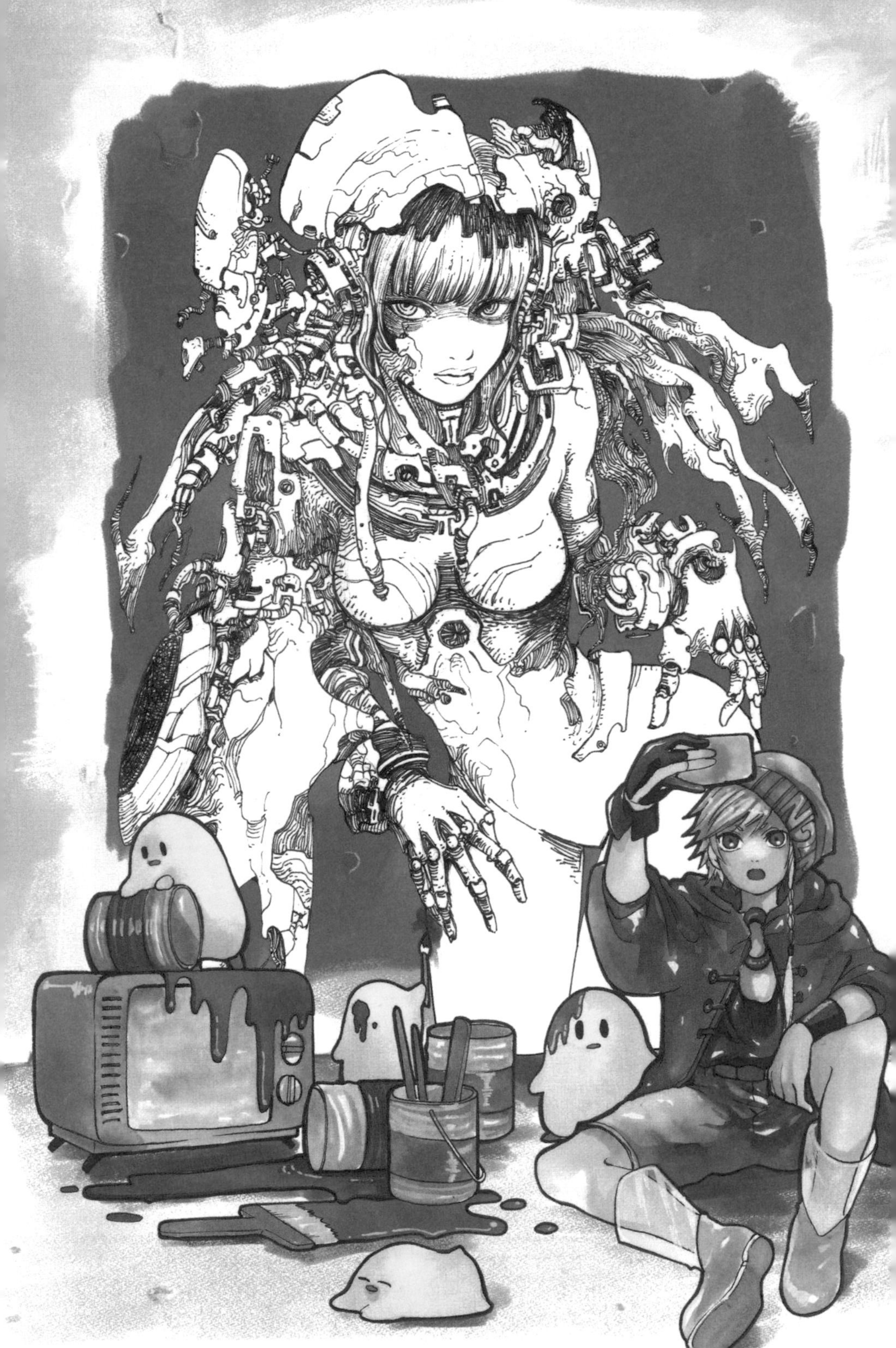

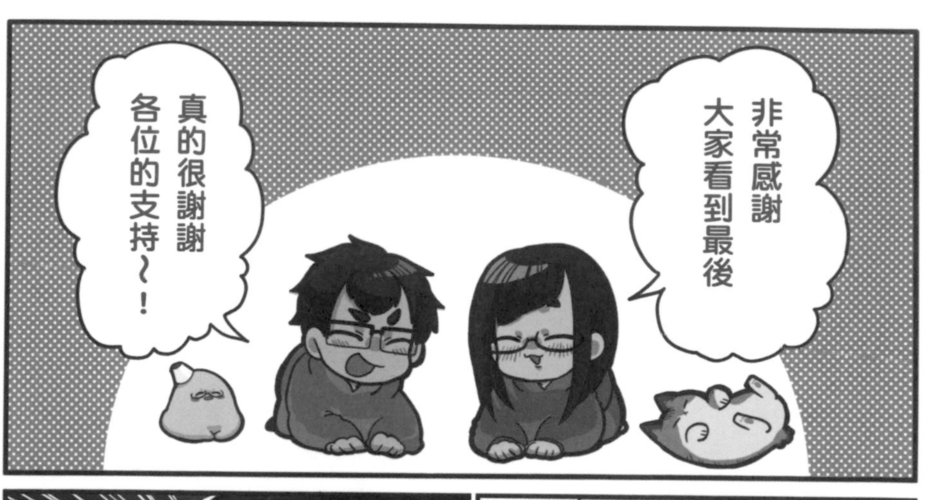
真的很謝謝各位的支持～！
非常感謝大家看到最後

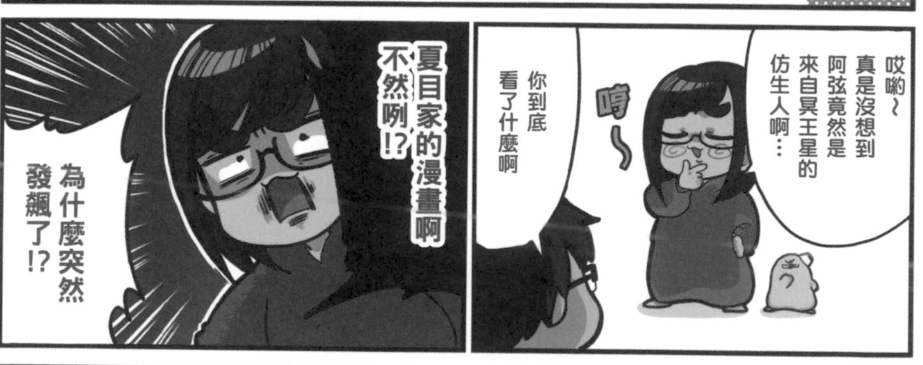
哎喲～真是沒想到阿弦竟然是來自冥王星的仿生人啊…
哼～
你到底看了什麼啊
夏目家的漫畫啊不然咧!?
為什麼突然發飆了!?
雖然把我們自己前半生的經歷畫出來給大家看實在是有點不好意思
害羞～～
真的是有那麼一滴滴害羞捏～

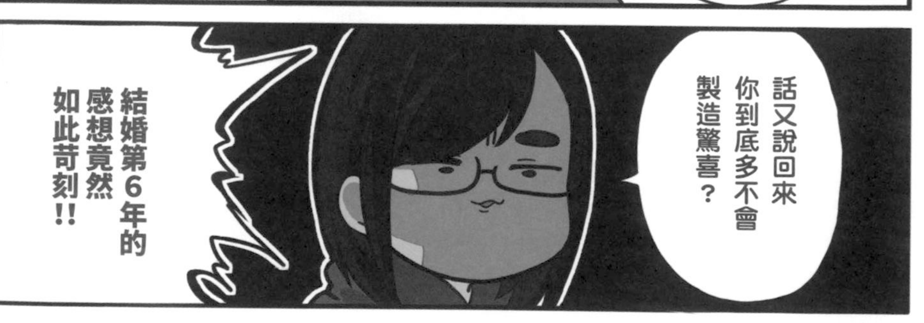
話又說回來你到底多不會製造驚喜？
結婚第6年的感想竟然如此苛刻!!

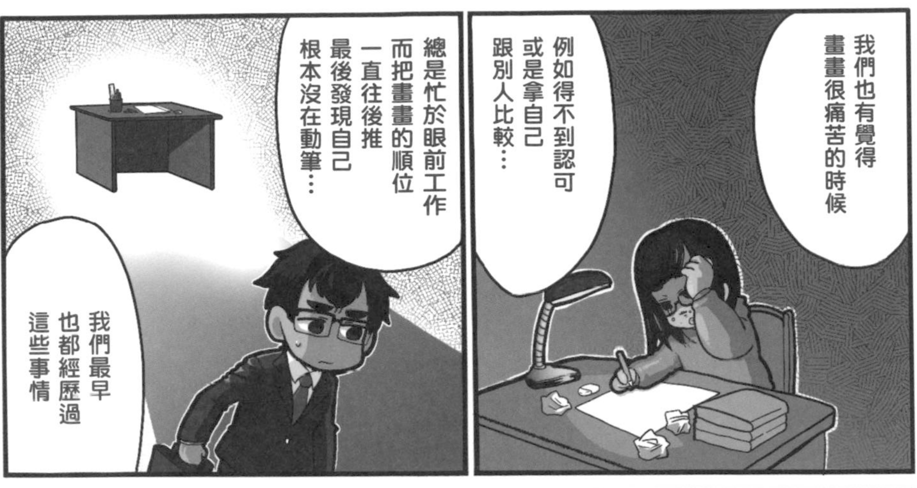
我們也有覺得
畫畫很痛苦的時候
例如得不到認可
或是拿自己
跟別人比較…
總是忙於眼前工作
而把畫畫的順位
一直往後推
最後發現自己
根本沒在動筆…
我們最早
也都經歷過
這些事情

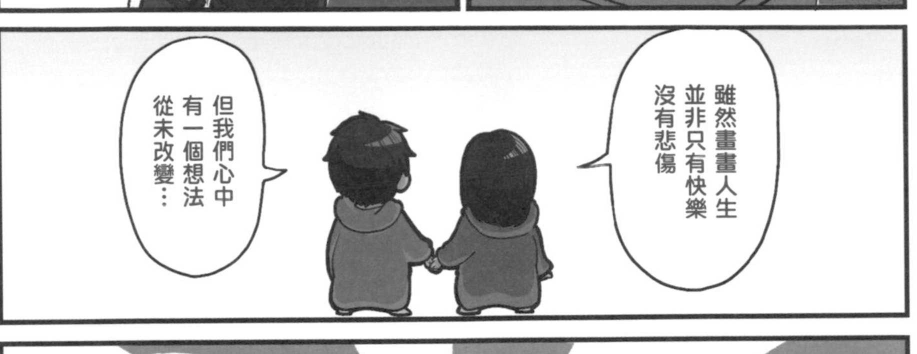
雖然畫畫人生
並非只有快樂
沒有悲傷
但我們心中
有一個想法
從未改變…

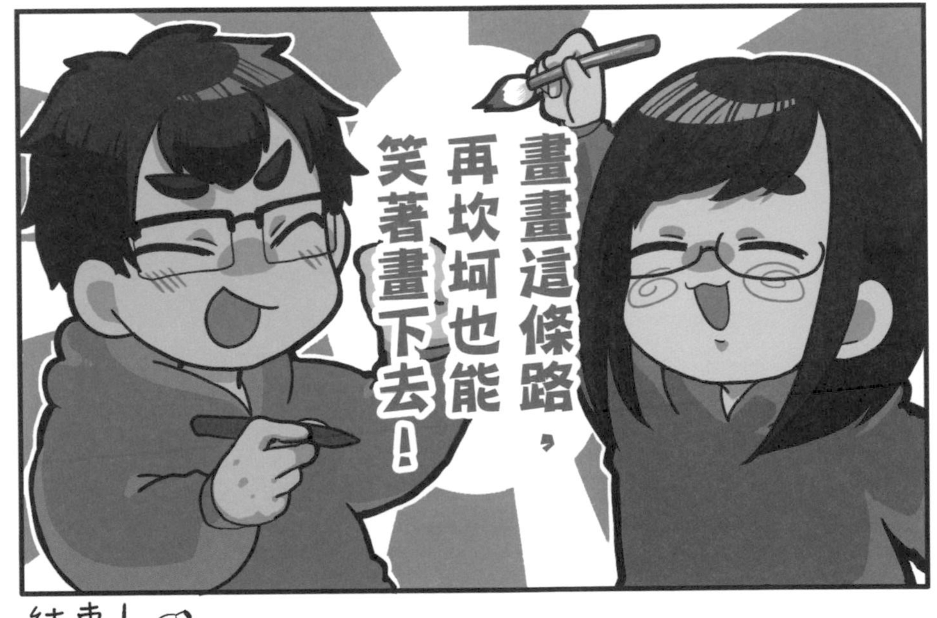
畫畫這條路，
再坎坷也能
笑著畫下去！

結束！

TITLE

畫畫這條路，再坎坷也能笑著畫下去！

STAFF

出版　瑞昇文化事業股份有限公司
作者　夏目家
譯者　沈俊傑

總編輯　郭湘齡
責任編輯　張聿雯
文字編輯　徐承義
美術編輯　許菩真
排版　洪伊珊
製版　印研科技有限公司
印刷　桂林彩色印刷股份有限公司

法律顧問　立勤國際法律事務所　黃沛聲律師
戶名　瑞昇文化事業股份有限公司
劃撥帳號　19598343
地址　新北市中和區景平路464巷2弄1-4號
電話　(02)2945-3191
傳真　(02)2945-3190
網址　www.rising-books.com.tw
Mail　deepblue@rising-books.com.tw

初版日期　2023年3月
定價　320元

ORIGINAL JAPANESE EDITION STAFF

作画仕上げアシスタント　よこたくさん / ゆか
(チームなつめさんち)
装丁デザイン　渡辺浩彰（VODALES)
進行管理　金盛美奈穂（GROVE)
企画・編集　松本佳代子（マイナビ出版)
制作補助　石川健太郎（マイナビ出版)
制作協力　GROVE 株式会社

國家圖書館出版品預行編目資料

畫畫這條路,再坎坷也能笑著畫下去!/夏目家著；沈俊傑譯. -- 初版. -- 新北市：瑞昇文化事業股份有限公司, 2023.02
128面；14.8x21公分
ISBN 978-986-401-609-9(平裝)
1.CST: 夏目家 2.CST: 漫畫家 3.CST: 傳記 4.CST: 日本

940.9931　111021358

SOREDEMO, YAPPARI E GA KAKITAI! - NATSUMESANCHI NO NANAKOROBI YAOKI
by Natsumesanchi

Original Japanese edition published by Mynavi Publishing Corporation
This Traditional Chinese edition is published by arrangement with Mynavi Publishing Corporation, Tokyo in care of Tuttle-Mori Agency, Inc., Tokyo, through Keio Cultural Enterprise Co., Ltd., New Taipei City.